テレワーク・フリーランス
の労務・業務管理Q&A

ロア・ユナイテッド法律事務所 [編]

編集代表 岩出 誠

は し が き

　政府が提唱する柔軟な働き方として、テレワークと副業や兼業、そして副業・兼業型を含むフリーランスがあります。また、フリーランスの中で、情報通信技術（ICT）の普及に伴い、インターネットを通じて、単発で仕事を請け負う「ギグワーカー」と呼ばれる労働者も増えてきています。これらが求められる背景には、情報通信技術（ICT）を活用した場所や時間にとらわれない柔軟な働き方の拡大現象がありますが、直接には、政府の働き方改革実行計画がこれらを推奨したことに由来しています。しかし、令和2年に発生し、次々と現れる変異種のため、令和3年にまですでに第5波到来といわれるCOVI-19のパンデミックによる緊急事態宣言の下で、テレワークは感染拡大防止策、コロナ禍の下での事業継続計画（BCP）策の重大な柱として、一挙に利用が拡大することとなりました。

　そこで、今までとは違った労務管理が必要となる多様な働き方、労働形態が増え、また、その利用拡大が期待されています。

　本書は、企業の人事・労務関係者、弁護士、社会保険労務士等の方々に向けて、これらの新しい働き方、労働形態を企業が活用する観点から、これらの働き方、労働形態をどのように理解すべきなのかを、最新の法令・裁判例、ガイドライン等を踏まえて、適切な労務管理を行うための実務と必要となる規定例、トラブルが発生した場合の対処法などを、総合的にＱ＆Ａで解説し、実務のニーズに応えようとするものです。

　本書は、編者代表により章立て、テーマ等の調整を行い、各執筆者は、自説を述べるのではなく、判例を中心に、できうる限り客観的に、前述の目的を狙って各自が独自に執筆しています。そのため、各所で示されている見解は各担当執筆者の個人の責任において示されたもので、執筆者全員の統一見解でも、編者たるロア・ユナイテッド法律事務所の統一見解というものではなく、各項目相互間の解説につき若干の、重複・矛盾もありますが、強いて調整を行っていないことをお断りしておきます。ただし、読者の便宜のため、最低限の調整とリファーには留意して編集しています。

　本書が、人事・労務に関係し、あるいは、これに興味ある方々にいささか

でもお役に立ち、各企業と従業員全体が、よい意味での日本的経営の根幹である人本主義の理念の下に、公正かつ規律ある企業文化を形成され、もって、まさに、職場での安全、生命と健康という、根源的な問題につき、企業の発展と従業員の福祉を向上させることに寄与できれば筆者一同の望外の喜びとするところです。

　最後に、本書の企画、刊行全般について、㈱民事法研究会の田口信義氏、編集部の田中敦司氏、当事務所の担当の吉野麻耶をはじめとする皆さんにいろいろとお骨折りいただいたことに御礼申し上げます。

　令和3年11月

　　　　編者代表　ロア・ユナイテッド法律事務所／代表パートナー弁護士

　　　　　　　　　　　岩　出　　誠

『テレワーク・フリーランスの労務・業務管理Q&A』

目 次

第1章 柔軟な働き方としてのテレワーク、フリーランス、副業等の概要

第2章　雇用型テレワークの労務管理

第3章 自営型テレワークの業務管理

第4章　副業・兼業の労務・業務管理

第5章 フリーランスの業務管理

凡　例

【法　令】

労基法	労働基準法
労基則	労働基準法施行規則
均等法	雇用の分野における男女の均等な機会及び待遇の確保等に関する法律
労組法	労働組合法
労契法	労働契約法
パート有期法	短時間労働者及び有期雇用労働者の雇用管理の改善等に関する法律
派遣法	労働者派遣事業の適正な運営の確保及び派遣労働者の保護等に関する法律
最賃法	最低賃金法
安衛法	労働安全衛生法
安衛規則	労働安全衛生規則
労災法	労働者災害補償保険法
労災則	労働者災害補償保険法施行規則
労総施策法	労働施策の総合的な推進並びに労働者の雇用の安定及び職業生活の充実等に関する法律
厚年法	厚生年金法
健保法	健康保険法
雇保法	雇用保険法
独禁法	私的独占の禁止及び公正取引の確保に関する法律
下請法	下請代金支払遅延等防止法
特定商取引法	特定商取引に関する法律
個人情報保護法	個人情報の保護に関する法律
民訴法	民事訴訟法
通則法	法の適用に関する通則法

【指針・告示等】

テレワーク指針	テレワークの適切な導入及び実施の推進のためのガイドライン（厚生労働省、令和3年3月25日）

テレワークモデル就業規則
「テレワークモデル就業規則〜作成の手引き〜」（厚生労働省労働基準局）掲載の就業規則

平成30在宅指針	情報通信技術を利用した事業場外勤務の適切な導入及び実施のためのガイドライン（厚生労働省、平成30年 2 月。改定版がテレワーク指針）
フリーランス指針	フリーランスとして安心して働ける環境を整備するためのガイドライン（内閣官房・公正取引委員会・中小企業庁・厚生労働省、令和 3 年 3 月26日）
自営型指針	自営型テレワークの適正な実施のためのガイドライン（厚生労働省、平成30年 2 月22日）
自営型パンフレット	自営型テレワークの適正な実施のためのガイドラインパンフレット（厚生労働省、令和元年 6 月、令和 3 年 8 月最新版）
柔軟報告	柔軟な働き方に関する検討会報告（厚生労働省、平成29年12月25日）
副業・兼業指針	副業・兼業の促進に関するガイドライン（厚生労働省、平成30年 1 月、令和 2 年 9 月 1 日改定）
副業・兼業指針Q＆A	
	「副業・兼業の促進に関するガイドライン」Q＆A（厚生労働省、令和 3 年 7 月）
検討会報告書	これからのテレワークでの働き方に関する検討会報告書（厚生労働省、令和 2 年12月25日）
派遣元指針	派遣元事業主が講ずべき措置に関する指針（平成11年労働省告示第137号、令和 2 年厚生労働省告示第347号改正）
派遣先指針	派遣先が講ずべき措置に関する指針（平成11年労働省告示第138号、令和 2 年厚生労働省告示第346号改正）
パワハラ指針	事業主が職場における優越的な関係を背景とした言動に起因する問題に関して雇用管理上講ずべき措置等についての指針（令和 2 年 1 月15日厚生労働省告示第 5 号）
セクハラ指針	事業主が職場における性的な言動に起因する問題に関して雇用管理上講ずべき措置についての指針（平成18年10月11日厚生労働省告示第615号、令和 2 年 1 月15日厚生労働省告示第 6 号改正）
優越的地位濫用ガイドライン	
	優越的地位の濫用に関する独占禁止法上の考え方（公正取引委員会、平成22年11月30日、平成29年 6 月16日改正）
下請法ガイドライン	下請代金支払遅延等防止法に関する運用基準（平成15年12月11日公正取引委員会事務総長通達第18号、平成28年12月14日同通

達第15号改正）

【出　典】

民集	最高裁判所民事判例集
労判	労働判例
労経速	労働経済判例速報
労ジャ	労働判例ジャーナル
判タ	判例タイムズ
菅野	菅野和夫『労働法〔第12版〕』（弘文堂、2019年）

【その他】

経団連	日本経済団体連合会
連合	日本労働組合総連合会
厚労省	厚生労働省
国交省	国土交通省
経産省	経済産業省
労基署	労働基準監督署

第1章

柔軟な働き方としてのテレワーク、フリーランス、副業等の概要

Ⅰ　柔軟な働き方

Q1-1-1　柔軟な働き方とこれが求められる背景

　柔軟な働き方とはどのようなもので、それが求められる背景にはどのような背景がありますか。

A　柔軟な働き方としては、テレワークと副業や兼業があります。これらが求められる背景には、情報通信技術（ICT）を活用した場所や時間にとらわれない柔軟な働き方の拡大現象がありますが、直接には、政府の「働き方改革実行計画」（平成29年3月28日働き方改革実現会議決定）がこれらを推奨したことに由来しています。

　そのような中、令和2年に発生したCOVID-19のパンデミックによる緊急事態宣言の下で、テレワークは感染拡大防止策、コロナ禍の下での事業継続計画（BCP）策の重大な柱として、一挙に利用が拡大することとなりました。

1　情報通信技術（ICT）の進化に伴う柔軟な働き方の拡大

　柔軟な働き方としては、大きくは①情報通信技術（ICT）の進化に伴うテレワークの拡大と、②新たな技術の開発、オープンイノベーションや起業の手段となるだけでなく、人生100年時代を迎え（政府の「人づくり革命　基本構想」（平成30年6月13日人生100年時代構想会議とりまとめ））、第2の人生の準備としても有効な副業や兼業の拡大があります。

2　柔軟な働き方が求められる直接の背景

　テレワークと副業や兼業が求められる背景としては、社会現象としての前述の背景だけでなく、政府の「働き方改革実行計画」（平成29年3月28日働き方改革実現会議決定）の「5．柔軟な働き方がしやすい環境整備」で、「テレワー

クは、時間や空間の制約にとらわれることなく働くことができるため、子育て、介護と仕事の両立の手段となり、多様な人材の能力発揮が可能となる。副業や兼業は、新たな技術の開発、オープンイノベーションや起業の手段、そして第2の人生の準備として有効である。我が国の場合、テレワークの利用者、副業・兼業を認めている企業は、いまだ極めて少なく、その普及を図っていくことは重要である。

　他方、これらの普及が長時間労働を招いては本末転倒である。労働時間管理をどうしていくかも整理する必要がある。ガイドラインの制定など実効性のある政策手段を講じて、普及を加速させていく」と宣言したことがあります。

　これに沿い、厚労省により、平成30年2月22日「在宅ワークの適正な実施のためのガイドライン」を改正した「情報通信技術を利用した事業場外勤務の適切な導入及び実施のためのガイドライン」（平成30在宅指針）が策定され、同時に、「自営型テレワークの適正な実施のためのガイドライン」（自営型指針）も策定されました。

　その後さらに厚労省は、雇用型テレワークにつき、令和3年3月25日、平成30在宅指針を改定した「テレワークの適切な導入及び実施の推進のためのガイドライン」（テレワーク指針）を公表し、「良質なテレワークが導入され、定着していくことが期待される」としています。

3　COVID-19のパンデミック対策としてのテレワーク利用の急拡大

　そのような中、テレワークを一挙に拡大させたのは、COVID-19のパンデミック感染防止対策と、コロナ禍の下での事業継続計画（BCP）策の重大な柱としてのテレワークの利用でした。

　政府の新型コロナウイルス感染症対策本部決定「新型コロナウイルス感染症対策の基本的対処方針」（令和2年3月28日、令和3年9月28日改正）は、「三　新型コロナウイルス感染症対策の実施に関する重要事項」「(3)　まん延防止」のため、「4）　職場への出勤等」①で「在宅勤務（テレワーク）の活用……により、出勤者数の7割削減を目指すこと」として、当初からテレワークを推奨しています（同年9月30日をもって発出されていた緊急事態宣言が終了し、

同年11月19日の改正で「7割削減」の目標はなくなったものの、新たな変異株であるオミクロン株の出現によりテレワークの要請はさらに高まると考えられる）。

　これにより、一部でもテレワークを導入した企業は、急速に拡大し、"在宅勤務・テレワークを「行っている」割合は、新型コロナウイルス感染症の問題が発生する前の通常月（26.2%）と比較して、概ね倍増し"たとされています（独立行政法人労働政策研究・研修機構（JILPT）の令和3年1月18日「新型コロナウイルス感染拡大の仕事や生活への影響に関する調査（JILPT第3回）」。なお、平成25年6月26日（平成30年6月21日一部改定）新型インフルエンザ等及び鳥インフルエンザ等に関する関係省庁対策会議（現新型インフルエンザ等に関する関係省庁対策会議）「新型インフルエンザ等対策ガイドライン」として整理された中の「事業者・職場における新型インフルエンザ対策ガイドライン」でも、「在宅勤務（テレワーク）」が推奨されていましたが、今回のような普及には至っていませんでした。）。

　その中で、今まで見えていなかった課題が明らかになり、後述の令和2年12月25日「これからのテレワークでの働き方に関する検討会」報告（厚労省HP掲載）を経て、その内容が、令和3年3月25日公表のテレワーク指針に反映されています。

（岩出　誠）

4

情報通信技術（ICT）を利用した事業場外勤務の拡大

Q 情報通信技術（ICT）を利用した事業場外勤務はどのように拡大してきたのでしょうか。

A 昭和59年以降にテレワークの黎明期を迎えましたが、バブル崩壊で低迷した後、平成18年9月に安倍首相（当時）が所信表明演説の中で「テレワーク人口の倍増を目指す」などと宣言した頃から、再びテレワークに関心が集まりだしました。しかし、普及が遅々として進まない中、令和2年に発生したCOVID-19のパンデミックによる緊急事態宣言の下で、テレワークは感染拡大防止策とコロナ禍の中での事業継続計画（BCP）実現策として、一挙に利用が拡大することとなりました。

1　テレワークの黎明期からパンデミック前まで

わが国でのテレワークは、後述するように、昭和59年頃に黎明期を迎えた後、バブル経済期にブームといえるほどの状況を記録することになりましたが、バブル崩壊後、急速にシュリンクしてしまっていました。ところが、平成18年9月に第一次安倍政権下で、安倍首相（当時）が所信表明演説の中で「自宅での仕事を可能にするテレワーク人口の倍増を目指すなど、世界最高水準の高速インターネット基盤を戦略的にフル活用し、生産性を大幅に向上させます」と宣言した頃から、再びテレワークに関心が集まりだした経緯があります（総務省情報通信国際戦略局情報通信経済室「テレワークの動向と生産性に関する調査研究報告書」3頁（平成22年3月））。

2　COVID-19のパンデミック下での急拡大

しかし、その後も、テレワークの普及は進んでいませんでしたが、"新型コロナウイルス感染症の問題が発生する前の通常月では、7割超（73.8%）が在宅勤務・テレワークを「行っていない」と回答していたものの、その割

合は「5月の第2週（5／7～13）」（6.2％）にかけて顕著に低下し、1／3超（37.0％）が「5日（以上）」と回答するなど「在宅勤務・テレワーク」が急速に拡がった様子が浮かび上がる”とされ、“総じて、在宅勤務・テレワークを「行っている（同）」割合は、新型コロナウイルス感染症の問題が発生する前の通常月（26.2％）と比較して、概ね倍増したところ（55％程度）で（あくまでも調査時点の現状を前提にした）定常状態となっている様子がうかがえる”と報告されています（独立行政法人労働政策研究・研修機構（JILPT）の令和3年1月18日「新型コロナウイルス感染拡大の仕事や生活への影響に関する調査（JILPT第3回)」)。

（岩出　誠）

Ⅱ　テレワーク

Q1-2-1　テレワークの意義と課題

Q　テレワークとはどのようなもので、どのような課題があるのでしょうか。

A　テレワークとは、労働者が情報通信技術（ICT）を利用して行う事業場外勤務をいいます。在宅勤務、サテライトオフィス勤務、モバイル勤務といった分類があります。テレワークを行ううえでの課題として、労働時間の管理、仕事と仕事以外の切り分け、長時間労働の防止等の点が挙げられています。

1　テレワークの意義

　労働者が情報通信技術（ICT）を利用して行う事業場外勤務を「テレワーク」と呼んでいます。

　テレワークは、業務を行う場所に応じて、①労働者の自宅で業務を行う在宅勤務、②労働者の属するメインのオフィス以外に設けられたオフィスを利用するサテライトオフィス勤務、③ノートパソコンや携帯電話等を活用して臨機応変に選択した場所で業務を行うモバイル勤務といった分類がされています（テレワーク指針2参照）。

2　テレワークのメリット

　テレワークのいずれの勤務形態でも、①労働者が所属する事業場での勤務に比べて、働く時間や場所を柔軟に活用することが可能であり、②通勤時間の短縮およびこれに伴う精神的・身体的負担の軽減、③仕事に集中できる環境での就労による業務効率化およびこれに伴う時間外労働の削減、④育児や

介護と仕事の両立の一助となる等、労働者にとって仕事と生活の調和を図ることが可能となるといったメリットがあります（テレワーク指針１参照）。

　また、使用者にとっても、①業務効率化による生産性の向上、②育児・介護等を理由とした労働者の離職の防止や、③遠隔地の優秀な人材の確保、④オフィスコストの削減等のメリットがあります（テレワーク指針１参照）。

　特に、令和２年から続くコロナ禍の中では、BCP（事業継続計画）の観点から、「自然災害・感染症流行時等における事業継続性の確保」の意義が大きく認識されました（三菱 UFJ リサーチ＆コンサルティング（厚労省委託事業）「令和２年度テレワークの労務管理に関する総合的実態調査研究事業報告書」（以下、「令和２年実態調査」という））。

3　テレワークの課題の概要

　平成27年６月公表の独立行政法人労働政策研究・研修機構「情報通信機器を利用した多様な働き方の実態に関する調査」によると、テレワークを行ううえでの問題や課題等について、企業側からは「労働時間の管理が難しい」、「情報セキュリティの確保に問題がある」等の点が、労働者側からは「仕事と仕事以外の切り分けが難しい」、「長時間労働になりやすい」等の点がそれぞれ挙げられています。特に労働時間の管理や長時間労働の問題については、働き方改革実行計画（平成29年３月28日働き方改革実現会議決定）においても、テレワークが長時間労働につながるおそれがあることが指摘されています。そこで、テレワークにおける適切な労務管理の実施は、テレワークの普及の前提となる重要な要素であるため、平成30在宅指針において留意すべき点が示されました。

　さらに、前述のコロナ禍の中での令和２年実態調査により、新たな課題として、使用者の労働時間管理面での平成30在宅指針の改善のみならず、「同僚や部下とのコミュニケーションがとりにくい」、「上司とのコミュニケーションがとりにくい」、「在宅勤務で可能な業務が限られる」、平成30在宅指針の啓発用パンフレット掲載のモデル在宅勤務就業規則では原則禁止という誤解を与えかねない表現（「テレワーク勤務規程（時間外及び休日労働等）第○条　在宅勤務者については、原則として時間外労働、休日労働及び深夜労働をさ

せることはない」等の記載）があった時間外・深夜・休日労働への規制緩和等の課題や、テレワークを行うことによって生じる費用（通信費、機器費用、サテライトオフィス使用料等）の負担の問題、人材育成や人事評価等も含めた適切な労務管理の課題も見えてきました（「これからのテレワークでの働き方に関する検討会報告書」（検討会報告書、令和 2 年12月25日））。

　そこで、令和 3 年 3 月25日のテレワーク指針への改正がなされるに至りました。ただし、後述のとおり、テレワーク指針においても残された課題が多くあります。

（岩出　誠）

Q1-2-2 リモートワークとテレワーク

Q リモートワークという言葉も聞きますが、テレワークとの関係はどうなっていますか。

A リモートワークという言葉は、欧米でよく使われ、国内でも IT 企業を中心に利用されています。これに対してテレワークは、もともと政府が中心になって、平成12年からは日本テレワーク協会が普及させてきた言葉です。

1 「リモートワーク」と「テレワーク」に実質的差異はない

　リモートワークとテレワークも、ICT（情報通信技術）を活用した多様な働き方を指す言葉としては、実質的には差異はありません。

　リモートワークは、欧米でよく使われる言葉で、オンライン会議（講義）も、リモート会議（講義）などとして使われ（NHK 実践ビジネス英語2020年12月23日版でも、"remote work" には注がなく、"Telework telecommute telecommuter 在宅勤務、遠隔勤務" と注があるのも、native Speaker では "remote work" が一般的であることを示唆しています）、国内でも IT 企業を中心に利用されています。これに対してテレワークは、もともと政府が中心になって、平成12年からは日本テレワーク協会が普及させてきた言葉です。

2 政府での「テレワーク」の普及

　政府のテレワークの用語例として、総務省では「テレワーク人口等に関する調査」（平成14年3月）、情報通信国際戦略局情報通信経済室「テレワークの動向と生産性に関する調査研究報告書」（平成22年3月）などで、国交省では「テレワーク・SOHO の推進による地域活性化のための総合的支援方策検討調査」（平成15年3月）や平成25年度以降の「テレワーク人口実態調査」で使われています。

　厚労省では、「情報通信機器を活用した在宅勤務の適切な導入及び実施の

ためのガイドラインの策定について」（平成16年３月５日付け基発0305003号）、
「情報通信機器を活用した在宅勤務の適切な導入及び実施のためのガイドラ
イン」（平成20年７月28日基発0728001号）の中でテレワークという用語が使わ
れていたことを経て、「情報通信技術を利用した事業場外勤務の適切な導入
及び実施のためのガイドライン」（平成30在宅指針、平成30年２月22日）、更には、
「テレワークの適切な導入及び実施の推進のためのガイドライン」（テレワー
ク指針、令和３年３月25日）と普及してきた用語です。そこで、本書では、最
新ガイドラインへの対応と実務的課題を探るべく、テレワーク指針に沿って
テレワークという用語を使って解説を行います

（岩出　誠）

テレワークの契約形態による類型──雇用型、自営型

 テレワークの契約形態による類型にはどのようなものがありますか。

テレワークの契約形態による類型として、「雇用型テレワーク」と「自営型テレワーク」に大別されています。

1　契約形態による類型の変化

テレワークの契約形態による類型についての政府の分析をみると、平成16年3月5日付け基発第0305003号「情報通信機器を活用した在宅勤務の適切な導入及び実施のためのガイドライン」では雇用関係を前提としたものでしたが、平成20年7月28日基発第0728001号「情報通信機器を活用した在宅勤務の適切な導入及び実施のためのガイドライン」では、「非雇用の『在宅就業』」についての言及がありました。政府が明確に契約形態による2類型に言及し始めたのは、総務省が平成22年3月の情報通信国際戦略局情報通信経済室「テレワークの動向と生産性に関する調査研究報告書」（以下、「テレワーク報告」という）1頁にて、「『雇用型テレワーク』と『自営型テレワーク』に大別される」と明言した頃からです。

その後、厚労省の平成29年12月25日「柔軟な働き方に関する検討会報告」（柔軟報告）で、雇用型テレワーク、自営型（非雇用型）テレワークの各ガイドラインの策定が示され、現在に至るまでその類型による分析が利用されています（令和3年のテレワーク指針、後述のフリーランス指針などに至っています）。

2　「雇用型テレワーク」と「自営型テレワーク」の意義

「雇用型テレワーク」とは、企業・官公庁・団体などの社員・職員といった、組織に雇用される従業員（ワーカー）による柔軟な働き方の形態です。

　これに対して、「自営型テレワーク」とは、個人事業者や小規模事業者など（自営業者と呼ばれることが多い）がICTを活用して行う柔軟な働き方の形態です（テレワーク報告1頁）。自営型テレワークは、後述のフリーランス指針の対象者と重なり、令和3年の厚労省「自営型テレワークの適正な実施のためのガイドライン」（自営型指針）、フリーランス指針の各ガイドラインへの留意が求められます。

（岩出　誠）

Q1-2-4　テレワークの稼働場所や勤務形態による類型

 テレワークの稼働場所や勤務形態による類型にはどのようなものがありますか。

 テレワークの稼働場所や勤務形態による類型としては、在宅勤務、サテライトオフィス勤務、モバイル勤務に類型化されています。

　テレワークの稼働場所や勤務形態による類型としては、以下に解説するように、在宅勤務、サテライトオフィス勤務、モバイル勤務に分類されています。このように、「テレワーク」には、いくつもの典型的な類型があり、必ずしも在宅勤務を指すわけではない点に留意する必要があります。

1　在宅勤務

　労働者の自宅で業務を行うことです。通勤を要しないことから、事業場での勤務の場合に通勤に要する時間を有効に活用できます。また、たとえば育児休業明けの労働者が短時間勤務等と組み合わせて勤務することが可能となること、保育所の近くで働くことが可能となること等から、仕事と家庭生活との両立に資する働き方となっています。また、コロナ禍の中では、感染拡大を防止しつつ事業を継続する重要な手段として重要視されています。

2　サテライトオフィス勤務

　労働者の属するメインのオフィス以外に設けられたオフィスを利用する勤務形態です。自宅の近くや通勤途中の場所等に設けられたサテライトオフィスでの勤務は、通勤時間を短縮しつつ、在宅勤務やモバイル勤務以上に作業環境の整った場所で就労可能な働き方です。

　コロナ禍の中で、恒常的なサテライトオフィスだけでなく、不動産業でも、事務所スペースの縮小への対応策としてのレンタルやシェアリング形態によるサテライトオフィス提供事業なども台頭し（たとえば、令和2年9月3日のJR東日本が公表した「STAION WORK」事業等）、利用範囲が拡大し、環境も

整備されつつあります。

3　モバイル勤務

　ノートパソコンや携帯電話等を活用して臨機応変に選択した場所で業務を行う勤務形態です。労働者が自由に働く場所を選択できる、外勤における移動時間を利用できる等、働く場所を柔軟に運用することで、業務の効率化を図ることが可能な働き方です。

（岩出　誠）

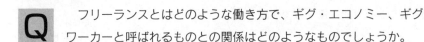

III　フリーランス

Q1-3-1　フリーランスの意義

Q　フリーランスとはどのような働き方で、ギグ・エコノミー、ギグワーカーと呼ばれるものとの関係はどのようなものでしょうか。

A　フリーランスとは、法令上の用語ではなく、定義はさまざまです。フリーランス指針では、実店舗がなく、雇人もいない自営業主や一人社長であって、自身の経験や知識、スキルを活用して収入を得る者を指しています。その中で、情報通信技術（ICT）の普及に伴い、インターネットを通じて、単発で仕事を請け負う「ギグワーカー」と呼ばれる労働者が増えてきています。

1　「雇用関係によらない働き方」に関する研究会報告書

平成29年3月の経産省の「『雇用関係によらない働き方』に関する研究会

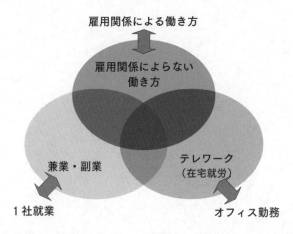

（出典：経産省「『雇用関係によらない働き方』に関する研究会報告書」5頁）

報告書」が前頁図のように、「これまでの"常識"であった、雇用関係による働き方、1社のみでの就業、オフィスでの勤務のそれぞれを変化させるものとして、『雇用関係によらない働き方』、『兼業・副業』、『テレワーク（在宅就労）』の3つが互いに折り重なり、『時間・場所・契約にとらわれない、柔軟な働き方』につながっていき、日本型雇用システムを見直す契機となる」ものと位置づけその利用促進を提唱しました。

2　雇用類似の働き方に関する検討会報告

　平成30年3月30日には、厚労省が、「『雇用類似の働き方に関する検討会』報告書」を公表し、自営型テレワークやフリーランスといった、雇用関係によらない働き方、クラウドソーシングを利用した働き方など、新しい働き方と呼ばれる形態が普及する以前からも、雇用関係によらない働き方である個人請負等の存在や、このような「雇用」と「自営」の中間的な働き方の増加の指摘、その保護等の検討の必要性が指摘されました。さらに、厚労省は、令和2年12月25日、「雇用類似の働き方に係る論点整理等に関する検討会　これまで（令和元年6月中間整理以降）の議論のご意見について」を公表し、一覧性のあるガイドラインについて、内閣官房、公正取引委員会、中小企業庁、厚生労働省連名で策定するとする方針が示され、次のフリーランス指針の公表に至りました。

　なお、上記の第9回検討会等で提出された独立行政法人労働政策研究・研修機構（JILPT）の「雇用類似の働き方の者に関する調査・試算結果等（速報）」によれば、「ギグワーカー」を含むフリーランスの労働者は、全国でおよそ170万人いて、このうち本業として働いている人は130万人、副業としている人は40万人ほどと推計されています。

3　フリーランス指針

　以上の検討を経て、令和3年3月26日、内閣官房・公正取引委員会・中小企業庁・厚生労働省「フリーランスとして安心して働ける環境を整備するためのガイドライン」（フリーランス指針）が発出されることになりました。厚労省の自営型指針との関係にも留意すべきです。　　　　　　　　　（岩出　誠）

Q1-3-2 フリーランスの類型——独立系フリーランスと副業系フリーランス等

Q フリーランスにはどのような類型があるのでしょうか。

A フリーランス指針で定義された「実店舗がなく、雇人もいない自営業主や一人社長であって、自身の経験や知識、スキルを活用して収入を得る者」としてのフリーランスについては、まず、独立系フリーランスと副業系フリーランスとの類型に大別できますが、その実態は非常に多様です。

1　フリーランス白書2018

　フリーランスの実態を知るうえでは、フリーランス指針策定にあたっても参考とされた一般社団法人プロフェッショナル＆パラレルキャリア・フリーランス協会が作成した「プロフェッショナルな働き方・フリーランス白書2018」（以下、「フリーランス白書」という）が参考となります。

2　フリーランス白書による２大類型

　フリーランス白書によれば、フリーランスについては、「フリーランス」の意味を広義でとらえ、「特定の企業や団体、組織に専従しない独立した形態で、自身の専門知識やスキルを提供して対価を得る人」と定義したうえで、まず、独立系フリーランスと副業系フリーランスとの類型に大別しています。
　第1には、「独立系フリーランス」（雇用関係なし）につき、「企業や組織に属さず雇用関係を持たない独立系フリーランスには、法人経営者（法人成りしている人）、個人事業主、すきまワーカー（開業届未提出の個人）がいて、たいていが業務委託契約や準委任契約で仕事を請け負う。取引先によって様々な肩書や職種で多岐にわたる仕事をし、複線的にキャリアを築いているパラレルキャリア」との類型を指摘しています。
　第2には、「副業系フリーランス」（雇用関係あり）につき、「基本的に主と

なる企業や組織に雇用され、すきま時間を使って個人の名前で仕事をしている。副業系フリーランスには、1社に雇用されながら起業する人、1社に雇用されながら他の組織や個人と契約を結ぶ人、2社以上に雇用される人」と類型化しています。

3　多様なフリーランスの類型

　フリーランス白書によれば、独立系フリーランスにしろ、副業系フリーランスにしろ、その実態は非常に多様で、職種別類型（クリエイティブフリーランス、ビジネスフリーランス、職人フリーランス）、業務範囲（契約単位）別類型（タスク型（スポット型）、プロジェクト型、ミッション型）、さまざまなパラレルキャリア類型（副業・兼業として、水平型パラレルキャリア、垂直型パラレルキャリア）と類型化してその特徴を紹介しています（詳細はフリーランス白書参照）。

4　自営型テレワーカー

　独立系フリーランスのうち、自営型テレワーク（注文者から委託を受け、情報通信機器を活用して主として自宅または自宅に準じた自ら選択した場所において、成果物の作成または役務の提供を行う就労）で稼働する自営型テレワーカーについては、第3章で詳述する自営型テレワーカーが入ることとなります（自営型指針参照）。

（岩出　誠）

IV　副業・兼業

Q1-4-1　副業・兼業の促進の理由

 　副業・兼業の利用の促進が政府やマスコミで盛んに取り上げられている理由は何でしょうか。

A　直接には、厚労省の柔軟報告による促進策があります。背景理由としては、労働者にとっては、主体的に自らの働き方を考え、選択できるように、また企業にとっては、優秀な人材を活用する手段ともなりうることを目指しています。

1　柔軟な働き方に関する検討会報告の影響

　平成29年12月15日の厚労省「柔軟な働き方に関する検討会報告」（柔軟報告）が、「柔軟な働き方」の選択肢として、「労働者が主体的に自らの働き方を考え、選択できるよう、副業・兼業を促進することが重要である」、「企業にとって優秀な人材を活用する手段ともなりうる」との観点から、副業・兼業の普及を促進すべく、ガイドラインの策定を求めました。これを受けて、平成30年1月「副業・兼業の促進に関するガイドライン」（副業・兼業指針、令和2年9月改定）が公表されたのが、マスコミでも盛んに取り上げられる直接的な理由となっています。

2　副業・兼業の促進の背景

　副業・兼業の促進の背景としては、柔軟報告は、次のように指摘し、副業・兼業指針やモデル就業規則改定の必要性等の経緯を説明しています。

　すなわち、「副業・兼業を希望する労働者が年々増加する一方、多くの企業では、副業・兼業を認めていない現状にある。業種や職種によってさまざ

まな実情があるが、社会の変化に伴い企業と労働者との関係が変化していく
中、労働者が主体的に自らの働き方を考え、選択できるよう、副業・兼業を
促進することが重要である。また、労働者の活躍をひとつの企業内に限定し
ない副業・兼業は、企業にとって優秀な人材を活用する手段ともなりうる。

　労働者が副業・兼業を行う理由は、自分がやりたい仕事であること、十分
な収入の確保等さまざまであり、業種や職種によって仕事の内容、収入等も
様々な実情があるが、自身の能力を一企業にとらわれずに幅広く発揮したい、
スキルアップを図りたいなどの希望を持つ労働者がいることから、こうした
労働者については、長時間労働、企業への労務提供上の支障や企業秘密の漏
洩等を招かないよう留意しつつ、雇用されない働き方も含め、その希望に応
じて幅広く副業・兼業を行える環境を整備することが重要である。そこで、
行政として、

①　厚生労働省で示しているモデル就業規則の規定を、労務提供上の支障や
　　企業秘密の漏洩が生じる場合等以外は副業・兼業を認める内容に改めるこ
　　と
②　労働者と企業それぞれの留意点とその対応方法を示すこと
③　労働者が副業・兼業を実現している好事例を周知していくこと
が必要である。

　このため、……副業・兼業の現状や促進の方向性、労働者と企業それぞれ
の留意点と対応方法等を盛り込んだガイドラインを策定するとともに、モデ
ル就業規則を改定し、広く周知を図っていくことが必要と考える。また、い
ずれの形態の副業・兼業においても、長時間労働にならないよう、……留意
して行われることが必要である。

　また、現行制度の解釈については、誰がどのような場合にどのような義務
を負うのか、早期に具体的な整理を示すべきである」。

2　令和2年9月の副業・兼業指針改定

　柔軟報告において、副業・兼業の促進に際して次のような制度的な課題が
あるとしていました。

「○労働時間・健康管理（労働時間通算）

- ・　労働時間通算の在り方については、通達（昭和23年5月14日基発第769号）発出時と社会の状況や労働時間法制が異なっているという社会の変化を踏まえて、見直すべきである。

○労災保険

- ・複数就業者の労災保険給付額について、災害が発生した就業先の賃金分のみを算定基礎としているという課題があり、副業・兼業先の賃金を合算して補償できるよう、検討すべきである。

○雇用保険、社会保険

- ・　雇用保険の複数就業者の適用について、検討すべきである。
- ・　併せて、社会保険の複数就業者の適用について、検討すべきである」。

　これらの課題への解決策が、令和2年9月の副業・兼業指針の改定で、法令改正も含めて盛り込まれました。

（岩出　誠）

Q1-4-2 副業・兼業の類型——雇用型、フリーランス、起業型

 副業・兼業の類型にはどのようなる類型があるのでしょうか。

 　副業・兼業の形は、正社員、パート・アルバイト、会社役員、フリーランス、起業による自営業主等さまざまです。

1　副業の類型

　副業・兼業の形は、正社員、パート・アルバイト、会社役員、フリーランス、起業による自営業主等さまざまです。

2　副業・兼業の形態による法的規制の相違

　副業・兼業の形態・類型は、副業・兼業の許可制や届出制等自体に関しては相違がありません。しかし、第4章で詳述するように、副業・兼業の許可や届出を受理し実際に副業・兼業が開始された後、副業・兼業が正社員、パート・アルバイト、派遣を問わず雇用型で行われる場合には、雇用形態の如何を問わず、労働時間をはじめとした労働法令の規制、労災保険、社会保険制度の適用関係で煩雑な規制があり、大きな相違が生まれてきます。

　そこで、企業によっては、フリーランス等の非雇用型に限定して副業・兼業の許可や届出を受理するしくみを採用しているところもあります。

（岩出　誠）

第2章

雇用型テレワークの労務管理

I　労務管理上の課題

Q 2-1-1　テレワークの課題の概要

Q　テレワークの課題とはどのようなものかについて、概要を教えてください。

A　①企業が感じた課題としては、「できる業務が限られる」、「従業員同士の間でコミュニケーションが取りづらい」、「紙の書類・資料が電子化されていない」が、②労働者が感じた課題としては、「会社トップの意識改革」、「経費の負担」、「適切な労働時間管理」等が挙げられています。

1　COVID-19拡大対策としてのテレワークの普及と課題

　テレワークは、政府によって長年推進されてきたにもかかわらず普及が進みませんでしたが、COVID-19の感染者数増加に伴い令和 3 年 4 月 7 日に緊急事態宣言が発令されたことを契機として、COVID-19拡大対策として一挙に広まりました。この経験からは、働き方の観点から、テレワークの際の労働時間管理のあり方や社内コミュニケーションの不足への対応など、さまざまな検討課題も見えてきました。

2　テレワークの課題の概要

　令和 2 年12月25日の厚労省の「これからのテレワークでの働き方に関する検討会報告書」（検討会報告書）では、企業がテレワークで感じた課題として、「できる業務が限られる」、「従業員同士の間でコミュニケーションが取りづらい」、「紙の書類・資料が電子化されていない」等が多く出されています。
　また令和 3 年 1 月19日の経団連の「2020年人事・労務に関するトップ・マネージメント調査結果」では、「テレワークの実施により明らかになった課題」

で回答割合が高い順では「従業員同士のコミュニケーション」、「業務手法におけるデジタル化（諸手続の電子化、ペーパレス化等）」、「労働時間管理」、「従業員の人事評価」、「ICT環境の整備」、「従業員の育成」、「テレワークの対象とする範囲（部署・業務等）の見直し」、「従業員の健康管理（メンタルを含む）」、「業務上の情報セキュリティーの確保」が挙げられています。

　さらに令和2年6月30日の連合の「テレワークに関する調査2020」では、「テレワークを継続する上での課題」として、「会社トップの意識改革」（31.3%）、「経費の負担」（28.6%）、「適切な労働時間管理」（24.2%）等が挙げられています。

　テレワークの課題を踏まえた、平成30在宅指針に示された留意点、平成30在宅指針の啓発用パンフ掲載の在宅勤務就業規則での時間外労働、休日労働および深夜労働の原則禁止という誤解を与えかねない表現と、その後のテレワーク指針における時間外・休日・深夜においてテレワークを行うこともあり得ることを前提とした記載への変更等については、Q1-2-1を参照してください。

　テレワーク指針においても、テレワークの課題に対する留意点として、①テレワークの導入に際しての留意点、②労務管理上の留意点、③テレワークのルールの策定と周知、④さまざまな労働時間制度の活用、⑤テレワークにおける労働時間管理の工夫、⑥テレワークにおける安全衛生の確保、⑦テレワークにおける労働災害の補償、⑧テレワークの際のハラスメントへの対応、⑨テレワークの際のセキュリティへの対応について指摘しています。

（村林　俊行）

Q2-1-2　テレワークのメリット・デメリット

 Q　テレワークのメリットとデメリットについて教えてください。

A　テレワークのメリットとしては、労働者とっては「通勤時間の短縮及びこれに伴う精神的・身体的負担の軽減」等が、使用者にとっては「育児・介護等を理由とした労働者の離職の防止、遠隔地の優秀な人材の確保」のほか「自然災害・感染症流行時等における事業継続性の確保」等があります。デメリットとしては、「同僚や部下とのコミュニケーションがとりにくい」、「上司とのコミュニケーションがとりにくい」、「在宅勤務で可能な業務が限られる」等が挙げられます。

1　テレワークのメリット

　令和2年6月30日の東京都の「テレワーク導入実態調査」によれば、企業からはテレワークの導入によって「従業員の通勤時間、勤務中の移動時間の削減」（91.3%）、「非常時の事業継続に備えて（新型コロナウイルス、地震等）」（88%）、「その他通勤に支障がある従業員への対応」（68.7%）、「育児中の従業員への対応」（68.4%）に効果があった等との回答がありました。

　令和2年6月30日発表の連合の「テレワークに関する調査2020」（以下、「連合調査」という）では、「通勤時間がないため、時間を有効に使用できる」（74.6%）、「自由な服装で仕事をすることができる」（48%）、「自分の好きな時間に仕事をすることができる」（25.6%）、「好きな場所で仕事ができる」（19.8%）等との回答がありました。

　テレワーク指針では、①従業員にとって、テレワークのいずれの勤務形態でも、「オフィスでの勤務に比べて、働く時間や場所を柔軟に活用することが可能であり、通勤時間の短縮及びこれに伴う精神的・身体的負担の軽減、仕事に集中できる環境での業務の実施による業務効率化につながり、それに伴う時間外労働の削減、育児や介護と仕事の両立の一助となる等、労働者に

とって仕事と生活の調和を図ることが可能となるといったメリット」が指摘されています（テレワーク指針1参照）。また、②使用者にとっても、「業務効率化による生産性の向上にも資すること、育児・介護等を理由とした労働者の離職の防止や、遠隔地の優秀な人材の確保、オフィスコストの削減等のメリット」が指摘されています（テレワーク指針1参照）。

　特に、令和2年から続くコロナ禍の中では、BCP（事業継続計画）の観点から、「自然災害・感染症流行時等における事業継続性の確保」の意義が大きく認識されていたことはQ1-2-1で解説したとおりです。

　なお、コロナ禍での特例ではなくテレワークを制度化した例もでてきています。たとえば富士通株式会社では、親の介護や配偶者の事情で遠隔地に移住せざるを得ず退社するケースがあったことを踏まえて、部署やポストも変わらず、テレワークで仕事を継続できるように遠隔勤務を認め、東京都内の本社に所属しながら奈良県や福岡県から働く社員もいるとのことです（令和3年1月19日付日本経済新聞）。

2　テレワークのデメリット

　連合調査では、「通常の勤務より長時間労働になることがあった」（51.5％）、「時間外・休日労働をしたにも関わらず申告しない者が65.1％もいた」、「勤務時間とそれ以外の時間の区別がつけづらい」（44.9％）、「運動不足になる」（38.8％）、「上司、同僚とのコミュニケーションが不足する」（37.6％）等との回答がありました。

　また令和2年12月25日の検討会報告書では、従業員調査から出てきたデメリットとして、「同僚や部下とのコミュニケーションがとりにくい」、「上司とのコミュニケーションがとりにくい」、「在宅勤務で可能な業務が限られる」等の割合が高かったとされています。

　業務効率や生産性の変化については、令和3年1月19日の経団連の「2020年人事・労務に関するトップ・マネージメント調査結果」では、「上がった」（20.2％）、「下がった」（26.8％）と拮抗しています。下がった原因としては、コミュニケーションが希薄化し、やりがいが失われることもあるものと思われます。

（村林　俊行）

Q2-1-3 テレワークの対象者の選定

 テレワークの対象者選定の際の留意点について教えてください。

A テレワークの対象者選定に際しては、①使用者が命ずる場合や労働者がテレワークを希望する場合があるが、テレワークを行わせる業務上の必要性と労働者のプライバシー保護につき配慮しつつ、労働者本人の納得のうえで、対応することが必要となります。また、②正規労働者と非正規労働者との間で不合理な待遇差を設けることは避けるべきです。さらに、③在宅での勤務は生活と仕事の線引きが困難になる等の理由から在宅勤務を希望しない労働者については、サテライトオフィス勤務やモバイル勤務を利用することも考えられ、新入社員、中途採用の社員および異動直後の社員は、業務を円滑に進める観点から、コミュニケーションの円滑化に特段の配慮をすることが望ましいものといえます。

1 テレワークの対象と根拠

テレワークの実施に際しては、使用者が命ずる場合や労働者がテレワークを希望する場合があります。

⑴ 使用者がテレワークを命ずる場合

そもそも使用者がテレワークを命ずることができるかどうかを検討するに際しては、①平時であるか、新型コロナウイルス感染症拡大期のような緊急事態下であるか、②就業規則上の根拠の有無・個別同意の有無について検討する必要があります。

まず緊急事態下におけるテレワークについては、緊急事態下の臨時的な措置であることを重視すれば、就業規則上の根拠や労働者の同意がなくても、会社は命ずることができると解釈することとなり得ます。この見解からしても、平時においてテレワークを命ずるに際しては、就業規則上の根拠は必要と解されやすく、配転命令と同様の基準または通常の配転命令よりは限定的

に考えてその有効性を判断するものと解されます。もとより、いずれの場合でも、使用者によるテレワーク対象者選定に関する使用者の裁量に対しては、均等均衡待遇原則（労基法3条）、男女差別禁止（均等法6条1号）、不当労働行為禁止（労組法7条等）に反してはならない等の制約はあります。

これに対して、テレワークでの就労場所が労働者の私的領域にあることから、労働者のプライバシーへの配慮をする必要性が高いことを重視すれば、緊急事態下であるか否かにかかわらず、また就業規則上の根拠があるか否かを問わず、労働者の同意なくしてテレワークを行わせることができないものと解釈することとなり得ます。

これらの解釈については、定説があるわけではなく、テレワークを行わせる業務上の必要性と労働者のプライバシー保護の調和の観点より、その中間的な考え方も出てくるものと解されます。

(2)　労働者がテレワークを希望する場合

一般には労働者に就労請求権はないものと解されており（日本自転車振興会事件・東京地判平9・2・4労判712号12頁等）、テレワーク請求権も認められないものと解されます。ただし、使用者によるテレワーク対象者選定に関する使用者の裁量に対しては、安全配慮義務（労契法5条）、均等均衡待遇原則（労基法3条）、男女差別禁止（均等法6条1号）、不当労働行為禁止（労組法7条等）の観点から、テレワークを認めないことが違法となる余地はあります。

また、テレワークを希望する労働者が出社できない場合において、当該労働者に不利益処分を課すことができるかどうかについては、解雇の場合には労契法16条、17条、懲戒処分の場合には労契法15条に即して判断されることとなります。

(1)(2)のいずれの場合にも、実際にテレワークを実施するにあたっては、労働者本人の納得のうえで、対応することが肝要です。

2　その他の留意点

テレワークの対象者に関する留意点として、テレワーク指針3(3)においては、以下の点についても指摘しています。

　テレワーク就労についても、正規労働者と非正規労働者との間で不合理な待遇差を設けることはできないので、パート有期法8条、9条、派遣法30条の3の不合理な待遇の相違に該当するかどうかについて判断されることになります。「テレワークの対象者を選定するに当たっては、正規雇用労働者、非正規雇用労働者といった雇用形態の違いのみを理由としてテレワーク対象者から除外することのないよう留意する必要があ」ります。

　また、雇用形態にかかわらず、企業内でテレワークを実施できる者に偏りが生じてしまう場合もありますが、その場合においても「労働者間で納得感を得られるよう、テレワークを実施する者の優先順位やテレワークを行う頻度等について、あらかじめ労使で十分に話し合うことが望ましい」ものといえます。

　さらに、「在宅での勤務は生活と仕事の線引きが困難になる等の理由から在宅勤務を希望しない労働者については、サテライトオフィス勤務やモバイル勤務を利用することも考えられ」ます。

　加えて、「新入社員、中途採用の社員及び異動直後の社員は、業務について上司や同僚等に聞きたいことが多く、不安が大きい場合もあ」ります。そのため、「業務を円滑に進める観点から、テレワークの実施に当たっては、コミュニケーションの円滑化に特段の配慮をすることが望ましい」ものといえます。ここにいう「特段の配慮」の内容ですが、テレワーク指針のもとになった令和2年12月25日の検討会報告書によれば、「対面と比較してコミュニケーションが取りづらい側面のあるテレワークのみではなく、出社と組み合わせる等の対応が考えられる」と記載されていることが参考となります。

（村林　俊行）

Q2-1-4　派遣労働者へのテレワークの適用

派遣労働者にテレワークを適用する際の留意点について教えてください。

派遣労働者へのテレワークの適用については、厚労省「派遣労働者等に係るテレワークに関するQ&A」において、①契約内容等、②訪問巡回・住所の把握、③苦情処理、④労務管理、⑤同一労働同一賃金、⑥機器の整備等、⑦労働者派遣事業者の内勤社員に係るテレワークについて、それぞれ留意点を記載しています。

　派遣労働者へのテレワークの適用については、厚労省が令和2年8月26日に「派遣労働者等に係るテレワークに関するQ&A」（令和3年2月4日更新）を出しており、①契約内容等、②訪問巡回・住所の把握、③苦情処理、④労務管理、⑤同一労働同一賃金、⑥機器の整備等、⑦労働者派遣事業者の内勤社員に係るテレワークについて、それぞれ留意点を記載しています。以下、①〜⑦に関する主な留意点を記載します。

　①契約内容等については、派遣労働者がテレワークにて就業する場合の派遣労働契約上の記載の仕方について、派遣就業の場所を記載する必要がありますが（派遣法26条1項2号）、個人情報保護の観点から、派遣労働者の自宅の住所まで記載する必要がないことに留意する必要があります。

　②訪問巡回・住所の把握については、派遣先指針（第2の2(2)）や派遣元指針（第2の5）において定期的に派遣労働者の就業場所を巡回することが要請されていますが、自宅でテレワークを実施している場合には、派遣労働者のプライバシーに配慮する必要があるので、電話、メール、ウエブ面談等により就業状況を確認することができる場合には派遣労働者の自宅への巡回は必要がないとされています。

　③苦情処理については、自宅でテレワークを実施している派遣労働者より苦情申出を受けた場合には、必要な助言や指導を行うに際して、必ずしも派遣労働者の自宅に出向く必要はなく、電話、メール、ウエブ面談の活用をす

ることで行うことができるものとされています。

　④労務管理については、テレワークを行う場合の、派遣先における派遣労働者の労働時間の把握について、通常の取扱いと同様に、派遣先管理台帳に派遣就業をした日ごとの始業および終業時刻並びに休憩時間等を記載して、派遣元事業主に通知する必要があるとしています。

　⑤同一労働同一賃金については、テレワークの対象者を選定するにあたっては、派遣労働者であることのみを理由として派遣労働者をテレワーク対象者から除外することのないよう留意する必要があります。テレワーク就労についても、正規労働者と派遣労働者との間で不合理な待遇差を設けることはできないので、派遣法30条の 3 の不合理な待遇の相違に該当するかどうかについて判断されることになります。なお、同条は、あくまでも派遣元事業主に対する規制であることには注意を要します。

　⑥機器の整備等については、派遣労働者が自宅でテレワークを実施する際の PC やインターネット環境等の設備に係る費用負担に関して、派遣労働者に一方的な負担を強いることは望ましくなく、仮に派遣労働者に負担させる場合にもあらかじめ労使で十分に話し合い、派遣元事業主の就業規則に規定するとともに、テレワークによる労働者派遣の就業条件の明示の際に派遣労働者に説明することが望ましいとされています。

　⑦労働者派遣事業者の内勤社員に係るテレワークについては、派遣元事業主の事務所に所属する内勤社員が自宅でテレワークを実施する場合には、当該事業所の業務を自宅から遠隔で実施するものであることから、基本的には当該自宅は事業所には該当しないものとされています。

（村林　俊行）

Ⅱ　労働基準関係法令の適用 および留意点等

1　労働基準関係法令の適用と就業場所等

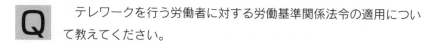

Q2-2-1 テレワーク労働者への労働基準関係法令の適用

Q テレワークを行う労働者に対する労働基準関係法令の適用について教えてください。

A テレワークを行う労働者に対しても、労基法、最賃法、安衛法、労災法等の労働基準関係法令が適用されます。

　労基法上の労働者は、テレワークを行う場合であっても同法（労働時間、年次有給休暇、割増賃金等）、労契法（労働契約の内容の変更、就業規則による労働契約の内容の変更等）、最賃法、安衛法（健康診断等）、労災法等の労働基準関係法令が適用されます（テレワーク指針5(1)）。そのため、使用者は、労働者がテレワークを行う場合においてもこれらの法令を遵守する必要があります。

　また、使用者は、テレワークを円滑に実施するために、労使協議を経たうえでテレワークのルールを就業規則に定めて、労働者に周知することが望ましいものといえます。

（村林　俊行）

Q2-2-2　テレワーク労働者と事業場の適用関係

　テレワークを行う労働者に対する事業場の適用関係について教えてください。

　テレワークを行う労働者に対しても、事業場の適用関係については、通常の労働者と同様に判断されます。

　労基法は、労働者保護の観点より「事業又は事業所」に使用される労働者の労働関係について規制しています（同法9条参照）。ここに事業とは、「工場、鉱山、事務所、店舗等の如く、一定の場所において相関連する組織のもとに業として継続的に行われる作業の一体をいう」ものとされています（昭22・9・13発基17号通達）。また一の事業であるか否かは「主として場所的観念によって決定すべきもので、同一の場所にあるものは原則として一個の事業とし、場所的に分散しているものは原則として別個の事業とする」とされています（同通達）。しかし、場所的に分散していても著しく小規模で独立性のないものは、直近上位の機構と一括して一の事業とされます（同通達）。

　労働者が自宅等においてテレワークを行う場合には、テレワークを行う場所がどこでも、当該労働者が属する事業場は上記基準により判断されることとなります。

　最低賃金についても、テレワークを行う場所がどこであるかは問題とならず、当該労働者が属する事業場がある都道府県の最低賃金が適用されることになります（テレワーク指針5(2)）。

（村林　俊行）

Q2-2-3　テレワーク労働者への労働条件の明示

 　テレワークを行う労働者に対する労働条件を明示する際の留意点を教えてください。

A 　テレワークを行う労働者に対する労働条件を明示する際の留意点としては、「就業の場所」として自宅やサテライトオフィス等、テレワークを行う場所を明示することが必要または望ましいこととなることです。また、業務内容や労働者の都合に合わせて働く場所を柔軟に運用する場合には、就業の場所についての許可基準を示したうえで、「使用者が許可する場所」といった形で明示することも可能です。

　使用者は、労働者に対し、労働契約を締結する際、賃金や労働時間のほかに、就業の場所に関する事項等を明示しなければなりません（労基法15条、労基則5条1項1号の3）。

1　就労の開始時にテレワークを行わせることとする場合

　使用者が労働者に対し就労の開始時にテレワークを行わせることとする場合には、就業の場所として自宅やサテライトオフィス等、テレワークを行う場所を明示しなければなりません（テレワーク指針5(3)）。

2　労働者が就労の開始後にテレワークを行うことを予定している場合

　労働者が就労の開始後にテレワークを行うことを予定している場合には、使用者は、自宅やサテライトオフィス等、テレワークを行うことが可能である就業の場所を明示することが望ましいものとされています（テレワーク指針5(3)）。

3　労働者が専らモバイル勤務をする場合等、業務内容や労働者の都合に合わせて働く場所を柔軟に運用する場合

　労働者が専らモバイル勤務をする場合等、業務内容や労働者の都合に合わせて働く場所を柔軟に運用する場合には、使用者は、就業の場所についての許可基準を示したうえで、「使用者が許可する場所」といった形で明示することも可能とされています（平成30在宅指針2⑵ア）。

4　テレワークの実施とあわせて、始業および終業の時刻の変更等を行う場合

　なお、テレワークの実施とあわせて、始業および終業の時刻の変更等を行うことを可能とする場合には、就業規則に記載するとともに、その旨を明示しなければならないものとされています（労基則5条1項2号）。

（村林　俊行）

2　労働時間制度の適用と留意点

Q2-2-4　通常の労働時間制度における留意点

Q　テレワークを行う労働者に対して、通常の労働時間制度を適用する場合の留意点について教えてください。

A　テレワークを行う労働者に対して通常の労働時間制度を適用するに際しては、①労働時間の柔軟な取扱い、②労働時間の適正な把握（特に自己申告制の場合）、③いわゆる中抜け時間の取扱いについて決めておく必要があります。

1　テレワーク労働者と労働時間制度

　テレワークを行う従業員に適用される労働時間制については、①通常の労働時間制、②みなし労働時間制（裁量労働制＜専門業務型・企画業務型＞・事業場外みなし労働時間制）、③変形労働時間制、④フレックスタイム制、⑤高度プロフェッショナル労働制のいずれも実施可能であることから、このうちどの制度を用いて時間管理を行うのか決める必要があります（テレワーク指針6⑴）。

2　通常の労働時間制度を適用する場合の労働時間の柔軟な取扱い

　通常の労働時間制度を適用する場合には、始業および終業時刻を定める必要がありますが、テレワーク労働者において必ずしも一律の時間に労働する必要がない場合もあります。そのため、テレワーク指針6⑵アでは、始業および終業の時刻についてテレワークを行う労働者ごとに自由度を認めることも考えられることを前提として、使用者があらかじめ就業規則に定めておくことによって、テレワークを行う際に労働者が始業および終業の時刻を変更することができるようにすることが可能であるものとしています。

3　労働時間の適正な把握

　テレワークは、働く場所や時間を柔軟に活用することを通じて業務遂行を効率化することができますが、集中して作業した結果長時間労働になる可能性があります。そのため、使用者としては、テレワークで働く労働者が過度な長時間労働にならず、健康管理の観点からも、労働時間を適切に把握することが必要となります。他方、使用者が個々の労働者の仕事の遂行状況等を詳細に把握することは、現実的ではありません。そのため、労働時間の管理方法については、労使で話し合いを行い、両者にとって負担感のない、簡便な方法での把握・管理が志向されていました（令和2年12月25日の検討会報告書）第4(3)）。

　この点平成30在宅指針においては、「通常の労働時間制度に基づきテレワークを行う場合についても、使用者は、その労働者の労働時間について適正に把握する責務を有し、みなし労働時間制が適用される労働者や労基法第41条に規定する労働者を除き、『労働時間の適正な把握のために使用者が講ずべき措置に関するガイドライン』（平成29年1月20日策定）に基づき、適切に時間管理を行わなければならない」と記載されていました（同指針2(2)イ(ｱ)(ⅰ)）。

　テレワーク指針では、テレワークにおける労働時間管理の考え方として、テレワークでは使用者による現認ができないこと等を指摘し、使用者がテレワークの場合における労働時間の管理方法をあらかじめ明確にしておくことを推奨しつつ、平成30在宅指針を踏まえた労働時間の把握に関する原則的な考え方が示されています（テレワーク指針7(1)(2)）。つまり、使用者は始業・終業時刻の報告や記録の方法をあらかじめ決めておく必要がありますが、①客観的な記録による把握、②労働者の自己申告による把握の方法を示しています。

　①としては、原則的な方法としてパソコンの使用時間の記録等の客観的な記録を基礎として把握する方法等が示されています。また、情報通信機器やサテライトオフィスを使用しており、その記録が労働者の始業および終業の時刻を反映している場合には、客観性を確保しつつ、労務管理を簡便に行う

方法として、⑧労働者がテレワークに使用する情報通信機器の使用時間の記録等により、労働時間を把握する方法、⑥使用者が労働者の入退場の記録を把握することができるサテライトオフィスにおいてテレワークを行う場合には、サテライトオフィスへの入退場の記録等により労働時間を把握する方法が示されています。

　②については、①で労働時間を把握することができない場合に行うものとして、その際の留意点を示しています。特に、「労働者からの自己申告により把握した労働時間が実際の労働時間と合致しているか否かについて、パソコンの使用状況など客観的な事実と、自己申告された始業・終業時刻との間に著しい乖離があることを把握した場合には、所要の労働時間の補正をすること」とされています。具体的には、「申告された時間以外の時間にメール送信されている、申告された始業・終業時刻の外で長時間パソコンが起動していた記録がある等の事実がある場合」が挙げられています。これは、「労働時間の適正な把握のために使用者が講ずべき措置に関するガイドライン」（以下、「労働時間把握指針」という）および検討会報告書の以下の指摘を受けて記載されたものです。

　つまり、一方では労働時間把握指針においては、「自己申告により把握した労働時間が実務の労働時間と合致しているか否かについて、必要に応じて実態調査を実施し、所要の労働時間の補正をすること。特に、入退場記録やパソコンの使用時間の記録など、事業場内にいた時間の分かるデータを有している場合に、労働者からの自己申告により把握した労働時間と当該データで分かった事業場内にいた時間との間に著しい乖離が生じているときには、実態調査を実施し、所要の労働時間の補正をすること」（同指針4(3)ウ）とされていました。他方、検討会報告書では、「テレワークの場合における労働時間管理について、労使双方にとって負担感のない、簡便な方法で把握・管理できるようにする観点から、成長戦略会議の実行計画（令和2年12月1日）において指摘されているように、自己申告された労働時間が実際の労働時間と異なることを客観的な事実により使用者が認識している場合を除き、労働基準法との関係で、使用者は責任を問われないことを明確化する方向で検討を進めることが適当である」とされていました。

　さらに、テレワーク指針では、申告された労働時間が実際の労働時間と異なることを、たとえば、申告された時間以外の時間にメール送信されている、申告された始業・終業時刻の外で長時間パソコンが起動していた記録がある等の事実により使用者が認識していない場合には、当該申告された労働時間に基づき時間外労働の上限規制を遵守し、かつ、同労働時間を基に賃金の支払等を行っていれば足りるものとされています。そうすると、たとえば使用者がメール送信されていることやパソコンが起動していた記録がある等の客観的記録があり、これらの記録を把握できるにもかかわらず把握せずに、労働者の自己申告された労働時間のみに基づいて労働時間を把握した場合には所要の労働時間の補正は必要ないようにも読めます。しかし、労働時間把握指針においては、そのような場合には実態調査を実施し、所要の労働時間の補正をすることとされており、労基署の実務においても同様な指導を行うことがあること等からすれば、やはり自己申告をされた労働時間が実態と乖離していることを容易に客観的記録を把握することにより認識できたのであれば、実態の労働時間を基にした賃金の支払いがなされることが検討されてしかるべきものと解されます（ビジネスガイド2021年6月号「新テレワークガイドラインの注目・改定ポイントと実務」参照）。

　テレワークにおける労働者の自己申告により労働時間を簡便に把握する方法としては、一日の終業時に始業時刻および終業時刻をメール等にて報告されることが考えられます（テレワーク指針7⑵）。一般的にも、始業および終業の際に上司に電話や電子メールで連絡を入れる方法がとられていることが多いようです。

4　いわゆる中抜け時間の扱い

　テレワークにおいては、労働者が業務から離れる時間が生じやすいところ、そのような時間につき使用者が業務の指示をしないこととして、労働者が自由に利用することが保障されているのであれば休憩時間として取り扱うこともできます。そこで、このようないわゆる「中抜け時間」の取扱いについて決めておく必要があります。平成30在宅指針では、中抜け時間について、休憩時間として扱い、始業時間の繰上げまたは終業時間の繰下げを行うこと、

時間単位の年次有給休暇として取り扱うことが例示されていました。また検討会報告書では、「テレワークを自宅で行う際には生活の場所で仕事を行うという性質上、中抜けが生ずることも想定される。このことから、取扱いについて混乱が生じないよう、中抜け時間があったとしても、労働時間について、少なくとも始業時間と終業時間を適正に把握・管理すれば、労働基準法の規制との関係で、問題はないことを確認しておくことが適当である」とされていました。

　テレワークの中抜け時間の把握方法としては、1日の終業時に労働者から報告させることが考えられます。ただし、中抜け時間を休憩時間として扱う場合においても、通常のオフィス勤務の際の中抜けの場合（たとえば、トイレ、短時間の喫煙、お茶飲み等）よりも厳格に時間管理を行うことは現実的ではないので、たとえば労働時間に算入しない場合を「〇分以上の離席の場合」というように限定する必要があるものと解されます。

　テレワーク指針では、平成30年在宅指針の方法に加えて、中抜け時間を把握せずに、始業および終業の時刻のみ把握する方法が記載されました（テレワーク指針7(4)ア）。

　なお、始業および終業の時刻に関する事項は、就業規則の必要的記載事項なので（労基法89条1号）、中抜け時間の取扱いについてもあらかじめ就業規則等において定めておくことが重要です。

（村林　俊行）

Q2-2-5　通勤時間や出張旅行中の移動時間中のテレワークを行う時間

Q 通勤時間や出張旅行中の移動時間中にテレワークを行う時間は、労働時間といえるのか教えてください。

A 通勤時間や出張旅行中の移動時間中にテレワークを行う場合、これらの時間については、使用者の明示または黙示の指揮命令下で行われるものは労働時間に該当します。

　労基法上の労働時間とは、労働者が使用者の指揮命令下に置かれている時間をいいます（三菱重工業＜会社側上告＞事件・最判平12・3・9民集54巻3号801頁等）。そして、この労働時間の基準の下、一般には、自宅から事業場への通勤時間や自宅から客先への直行直帰の時間については労働時間には該当せず、労務提供先間の移動時間は労働時間に該当するものと解されています。問題は、テレワークを行う場合に、自宅等と別の労務提供先（事業場や客先）へ移動する時間が労働時間に該当するかどうかです。

　この点テレワーク指針では記載がありませんが、平成30在宅指針では、「テレワークの性質上、通勤時間や出張旅行中の移動時間に情報通信機器を用いて業務を行うことが可能である。これらの時間について、使用者の明示又は黙示の指揮命令下で行われるものについては労働時間に該当する」とされています。

（村林　俊行）

Q2-2-6 勤務時間の一部でテレワークを行う際の移動時間

 Q 勤務時間の一部でテレワークを行う際の移動時間は、労働時間といえるのか教えてください。

A 勤務時間の一部でテレワークを行う際の移動時間は、労働者による自由利用が保障されている時間については、労働時間には該当しないものと取り扱うことが考えられますが、使用者が労働者に対し業務に従事するために必要な就業場所間の移動を命じ、その間の自由利用が保障されていない場合の移動時間は、労働時間に該当するものとされています。

　労基法上の労働時間とは、労働者が使用者の指揮命令下に置かれている時間をいいます（三菱重工業＜会社側上告＞事件・最判平12・3・9民集54巻3号801頁等）。そして、この労働時間の基準の下、一般には、自宅から事業場への通勤時間や自宅から客先への直行直帰の時間については労働時間には該当せず、労務提供先間の移動時間は労働時間に該当するものと解されています。問題は、たとえば、午前中のみ自宅やサテライトオフィスでテレワークを行った後、午後からオフィスに出勤する場合等、勤務時間の一部でテレワークを行う際の移動時間が労働時間に該当するかどうかです。

　この点テレワーク指針は、「こうした場合の就業場所間の移動時間について、労働者による自由利用が保障されている時間については、休憩時間として取り扱うことが考えられる。一方で、例えば、テレワーク中の労働者に対して、使用者が具体的な業務のために急きょオフィスへの出勤を求めた場合など、使用者が労働者に対し業務に従事するために必要な就業場所間の移動を命じ、その間の自由利用が保障されていない場合の移動時間は、労働時間に該当する」とされています（テレワーク指針7⑷イ）。

（村林　俊行）

Q2-2-7　テレワークへのフレックスタイム制の利用

Q テレワークを行う場合にフレックスタイム制を利用する場合の留意点について教えてください。

A テレワークを行う場合にフレックスタイム制を利用する場合には、フレックスタイム制が労働者にとって仕事と生活の調和を図ることが可能となるといったメリットがあることを踏まえて、労働者の仕事と生活の調和に最大限資することが可能となるということに留意して運用する必要があります。

　フレックスタイム制とは、労働者が1か月等の単位期間の中で一定時間数（契約期間）労働することを条件として、1日の労働時間を自己の選択する時に開始し、かつ終了できる制度です（労基法32条の3）。通常は、出退勤のなされるべき時間帯（フレキシブルタイム）が定められ、全員が必ず勤務すべき時間帯（コアタイム）を定める場合も多いです。

　フレックスタイム制の下では、あらかじめ働く時間の総量（総労働時間）を決めたうえで、労働者が日々の出退勤時刻や働く長さを自由に決めることができるため、労働者が仕事と生活の調和を図りながら効率的に働くことができます。

　テレワークとフレックスタイム制との関係については、令和2年12月25日の検討会報告書では、「企業がテレワークを積極的に導入するよう、テレワークガイドラインにおいては、テレワークの特性に適した労働時間管理として、フレックスタイム制、事業場外みなし労働時間制がテレワークになじみやすい制度であることを示すことが重要である」としていました。

　テレワーク指針においても、「フレックスタイム制は、労働者が始業及び終業の時刻を決定することができる制度であり、テレワークになじみやすい制度である。特に、テレワークには、働く場所の柔軟な活用を可能とすることにより、例えば、次のように、労働者にとって仕事と生活の調和を図ることが可能となるといったメリットがあるものであり、フレックスタイム制を

活用することによって、労働者の仕事と生活の調和に最大限資することが可能となる。

・在宅勤務の場合に、労働者の生活サイクルに合わせて、始業及び終業の時刻を柔軟に調整することや、オフィス勤務の日は労働時間を長く、一方で在宅勤務の日は労働時間を短くして家庭生活に充てる時間を増やすといった運用が可能

・一定程度労働者が業務から離れる中抜け時間についても、労働者自らの判断により、その時間分その日の終業時刻を遅くしたり、清算期間の範囲内で他の労働日において労働時間を調整したりすることが可能

・テレワークを行う日についてはコアタイム（労働者が労働しなければならない時間帯）を設けず、オフィスへの出勤を求める必要がある日・時間についてはコアタイムを設けておくなど、企業の実情に応じた柔軟な取扱いも可能」としています（テレワーク指針6(2)イ）。

フレックスタイム制については、コアタイムを（労働する義務のある時間帯）設けるかどうか、設けない場合には1日当たりの最低限仕事をしなければならない時間（たとえば1日最低1時間等）を規定するか検討する必要があります。

なお、フレックスタイム制の導入にあたっては、就業規則等に始業および終業の時刻をその労働者の決定に委ねる旨定めるとともに、労使協定において、対象労働者の範囲、清算期間、清算期間における総労働時間、標準となる1日の労働時間等を定める必要があります（労基法32条の3第1項）。

（村林　俊行）

Q2-2-8 テレワークへの事業場外みなし労働時間制の利用

Q テレワークを行う場合に事業場外みなし労働時間制を利用する場合の留意点について教えてください。

A 事業場外みなし労働時間制は、テレワークになじみやすい制度であり、テレワークを行う場合に事業場外みなし労働時間制を利用する場合には、従業員が自宅で勤務する場合に煩雑な時間管理を回避することができ、一定程度自由な働き方をする労働者にとっては、柔軟なテレワークを行うことが可能となるということに留意して運用する必要があります。

　事業場外みなし労働時間制とは、労働者が業務の全部または一部を事業場外で従事し、使用者の指揮監督が及ばないために、当該業務に係る労働時間の算定が困難な場合に、使用者のその労働時間に係る算定義務を免除し、その事業場外労働については「特定の時間」を労働したとみなすことのできる制度です（労基法38条の2）。

　事業場外みなし労働時間制は、労働時間の算定が困難な事業場外労働について、その算定の便宜を図った制度ですが、テレワークにおいて一定程度自由な働き方をする労働者にとっては、柔軟に働くことが可能となります。

　テレワークと事業場外みなし労働時間制との関係については、検討会報告書では、「企業がテレワークを積極的に導入するよう、テレワークガイドラインにおいては、テレワークの特性に適した労働時間管理として、フレックスタイム制、事業場外みなし労働時間制がテレワークになじみやすい制度であることを示すことが重要である」と指摘するとともに、「事業場外みなし労働時間制については、制度を利用する企業や労働者にとって、その適用の要件がわかりやすいものとなるよう、具体的な考え方をテレワークガイドラインにおいて明確化する必要がある」との方向性も示していました。

　テレワーク指針においても、「事業場外みなし労働時間制は、労働者が事業場外で業務に従事した場合において、労働時間を算定することが困難なと

きに適用される制度であり、使用者の具体的な指揮監督が及ばない事業場外で業務に従事することとなる場合に活用できる制度である。テレワークにおいて一定程度自由な働き方をする労働者にとって、柔軟なテレワークを行うことが可能となる」としています（テレワーク指針6⑵ウ）。

　テレワークにおける事業場外みなし労働時間制を適用する要件である①情報通信機器が、使用者の指示により常時通信可能な状態におくこととされていないこと、②随時使用者の具体的な指示に基づいて業務を行っていないことについては、Q2-2-9、Q2-2-10で説明します。

（村林　俊行）

Q2-2-9　事業場外みなし労働時間制の要件(1)──情報通信機器が、使用者の指示により常時通信可能な状態におくこととされていないこと

Q 「情報通信機器が、使用者の指示により常時通信可能な状態におくこととされていないこと」の意味について教えてください。

A 「情報通信機器が、使用者の指示により常時通信可能な状態におくこととされていないこと」とは、情報通信機器を通じた使用者の指示に即応する義務がない状態を意味しますが、テレワーク指針においては、どのような場合であればこの要件を満たすのかにつき、より具体的・積極的に記載されるところとなりました。

1　テレワークに事業場外みなし労働時間制が適用されるための要件

　テレワークにおいては、①情報通信機器が、使用者の指示により常時通信可能な状態におくこととされていないこと、②随時使用者の具体的な指示に基づいて業務を行っていないこと、のいずれの要件も満たす場合には、事業場外みなし労働時間制を適用することができるものとされています（平成30在宅指針2(2)イ(イ)、テレワーク指針6(2)ウ）。

　しかし、平成30在宅指針2(2)イ(イ)においては、①②の要件について詳細な解説がなされていましたが、日本語が難解でわかりにくいとの意見が出ていました。また、現代においてはほとんどの労働者が携帯電話やスマートフォンを所持しており、使用者から労働者にいつでも連絡可能である以上、「労働時間を算定し難い」（労基法38条の2第1項）場合には該当せず、事業場外みなし労働時間制の適用される余地はないのではないかとの疑義もあり、携帯電話を持っていた労働者に対しては「労働時間を算定し難いとき」とはいえないとして事業場外みなし労働時間制の適用を否定した裁判例もありました（阪急トラベル・サポート（派遣添乗員・第2）事件・最判平26・1・24労判1088号5頁等参照）。

この点近時のナック事件判決（東京地判平30・1・5労経速2345号3頁）では、
①原告の業務内容、②訪問スケジュールを上司が決定していないこと、③訪
問スケジュールの共有の程度（詳細さ）、④訪問の回数・時間に関する裁量、
⑤個々の訪問を終えた後は、携帯電話の電子メールや電話で結果が報告され
たが、出張報告書の内容は簡易で、訪問状況が網羅的かつ具体的に報告され
ていたわけではなく、出張報告書に顧客スタンプがあっても本当に訪問の事
実があったことを客観的に保証するものではないこと等から、原告の事業場
外労働は労働時間を算定し難い場合に当たると判示し、携帯電話を保有する
営業社員に事業場外みなし制の適用が認められるものとしていました。

　このような状況も受けたのか、検討会報告書では、テレワークと事業場外
みなし労働時間制との関係について「事業場外みなし労働時間制については、
制度を利用する企業や労働者にとって、その適用の要件がわかりやすいもの
となるよう、具体的な考え方をテレワークガイドラインにおいて明確化する
必要がある」との方向性を示していました。このような指摘を受けて、テレ
ワーク指針においては、情報通信機器を労働者が所持していることのみを
もって、制度が適用されないことはないことを明記しつつ、上記①②の要件
について、どのような場合であれば①②の要件を満たすのかにつき、より具
体的・積極的に記載されるところとなりました（テレワーク指針6(2)ウ）。

2　「情報通信機器が、使用者の指示により常時通信可能な状態におく こととされていないこと」とは

　事業場外みなし労働時間制の①の要件である「情報通信機器が、使用者の
指示により常時通信可能な状態におくこととされていないこと」とは、情報
通信機器を通じた使用者の指示に即応する義務がない状態であることを意味
し、この使用者の指示には黙示の指示を含むものとされています（平成30在
宅指針2(2)イ(イ)）。

　ここでの「使用者の指示に即応する義務がない状態」とは、使用者が労働
者に対して情報通信機器を用いて随時具体的指示を行うことが可能であり、
かつ、使用者からの具体的な指示に備えて待機しつつ実作業を行っている状
態または手待ち状態で待機している状態にはないことを意味します（平成30

在宅指針2(2)イ(イ))。

　テレワーク指針6(2)ウにおいては、情報通信機器を労働者が所持していることのみをもって、制度が適用されないことはないことを明記しつつ、以下のとおり記載しています。つまり「この解釈については、以下の場合については、いずれも①を満たすと認められ、情報通信機器を労働者が所持していることのみをもって、制度が適用されないことはない。

・　勤務時間中に、労働者が自分の意思で通信回線自体を切断することができる場合

・　勤務時間中は通信回線自体の切断はできず、使用者の指示は情報通信機器を用いて行われるが、労働者が情報通信機器から自分の意思で離れることができ、応答のタイミングを労働者が判断することができる場合

・　会社支給の携帯電話等を所持していても、その応答を行うか否か、又は折り返しのタイミングについて労働者において判断できる場合」としています。

　なお、ここに「情報通信機器」とは、使用者が支給したものか、労働者個人が所有するものか等を問わず、労働者が使用者と通信するために使用するパソコンやスマートフォン・携帯電話端末等を指します（平成30在宅指針2(2)イ(イ))。

（村林　俊行）

Q2-2-10　事業場外みなし労働時間制の要件⑵——随時使用者の具体的な指示に基づいて業務を行っていないこと

Q 「随時使用者の具体的な指示に基づいて業務を行っていないこと」の意味について教えてください。

A 「随時使用者の具体的な指示に基づいて業務を行っていないこと」にいう「具体的な指示」には、たとえば、当該業務の目的、目標、期限等の基本的事項を指示することや、これら基本的事項について所要の変更の指示をすることは含まれないものとされていますが、テレワーク指針においては、どのような場合であればこの要件を満たすのかにつき、より具体的・積極的に記載されるところとなりました。

　テレワークにおいては、①情報通信機器が、使用者の指示により常時通信可能な状態におくこととされていないこと、②随時使用者の具体的な指示に基づいて業務を行っていないこと、のいずれの要件も満たす場合には、事業場外みなし労働時間制を適用することができるものとされています（平成30在宅指針2⑵イ(イ)、テレワーク指針6⑵ウ）。

　事業場外みなし労働時間制の②の要件である「随時使用者の具体的な指示に基づいて業務を行っていないこと」にいう「具体的な指示」には、たとえば、当該業務の目的、目標、期限等の基本的事項を指示することや、これら基本的事項について所要の変更の指示をすることは含まれないものとされています（平成30在宅指針2⑵イ(イ)）。

　テレワーク指針6⑵ウにおいては、平成30在宅指針をより具体的・積極的に記載して、「以下の場合については②を満たすと認められる。
・　使用者の指示が、業務の目的、目標、期限等の基本的事項にとどまり、一日のスケジュール（作業内容とそれを行う時間等）をあらかじめ決めるなど作業量や作業の時期、方法等を具体的に特定するものではない場合」としています。

（村林　俊行）

Q2-2-11 事業場外みなし労働制での「当該業務の遂行に通常必要とされる時間」の法的問題

Q 「当該業務の遂行に通常必要とされる時間」にまつわる法的問題について教えてください。

A 「当該業務の遂行に通常必要とされる時間」とは、通常の状態でその業務を遂行するために客観的に必要とされる時間をいいます。これにまつわる法的問題として、1日の労働時間のうち、一部を事業場内で行い、他を事業場外で行った場合の労働時間の問題があり、事業場内の労働時間と事業場外における当該業務の遂行に通常必要とされる時間と合算して当日の労働時間を把握する必要があります。

1　事業場外みなし労働時間制が適用される場合の労働時間

　事業場外みなし労働時間制が適用される場合においては、所定労働時間労働したものとみなされます（労基法38条の2第1項）。ただし、当該事業を遂行するためには通常所定労働時間を超えて労働することが必要となる場合においては、当該業務の遂行に通常必要とされる時間労働したものとみなすものとされています（同項ただし書）。また、この場合において事業場の労使協定があるときは、その協定で定める時間を当該業務の遂行に通常必要とされる時間とみなしています（同条2項）。「当該業務の遂行に通常必要とされる時間」は、業務の実態を最もよくわかっている労使間で、その実態を踏まえて協議したうえで決めることが適当であるためです。

　ここに「当該業務の遂行に通常必要とされる時間」とは、通常の状態でその業務を遂行するために客観的に必要とされる時間をいいます（昭63・1・1基発1号通知）。

　なお、携帯電話貸与と労働時間に関する裁判においては、事故対応のために携帯電話を貸与された場合に、携帯の連絡可能時間全体が労働時間と主張されることがありますが、裁判例は、具体的に事案を見て、労働時間該当性

を否定している例が出ていました。つまり都市再生機構事件（東京地判平29・11・10労経速2339号3頁）では、次のような事実を認定して、労働時間該当性を否定していました。①被告が原告に対し本件施設に3時間以内に到着するよう自宅またはその周辺に待機するよう明示の指示をしたことはない。本件マニュアルには「（連絡）～3時間」に現地に集合する旨記載のある資料が存在するが、これは事故等が起きたときの対応の目安を記載したものと解するのが自然である。3時間以内に現地集合するための待機の必要性について疑問があれば容易に質問できたはずであるが、そのような質問は、時間外手当が支払われていないと被告に指摘した平成27年12月4日まで行われていない。原告としても、上記資料により待機が指示されていたわけではないと理解していたことを推測させる。③さらに、被告貸与の携帯電話の携帯を指示されたからといって、携帯電話に連絡があるのは事故等が起こった場合のことであり、利用者からの問合せのように通常起きることが予測されているものではない。平成25年度から27年度を見ても、1件も連絡が必要となる事故等は起きておらず、原告の担当期間にも携帯電話にメールや電話がきたことはなかった。業務の性質としても待機が必要なものとはいえず、待機の指示があったとはいえない。原告は休日に常に自宅に待機していたわけではなく、外出していたことを認めており、原告としても自宅待機の指示はなかったと認識していたといえる。したがって、原告は、本件業務を担当していたとしても、休日につき、労働からの解放が保障されていたというべきであり、使用者の指揮命令下に置かれていたとはいえないから、原告の主張する時間外労働は労働時間とはいえないと判示しています。

2 「当該業務の遂行に通常必要とされる時間」にまつわる諸問題

　テレワークにおいて事業場外みなし労働時間制が適用される場合にも、当該事業を遂行するためには通常所定労働時間を超えて労働することが必要となる場合においては、当該業務の遂行に通常必要とされる時間労働したものとみなす必要があります（労基法38条の2第1項ただし書）。問題は、①当該業務の遂行に通常必要とされる時間の判定の問題とともに、②1日の労働時間のうち、一部を事業場内で行い、他を事業場外で行った場合の労働時間の

問題があります。

　①については、労使協定の締結と届出を行うことのより回避することができます（労基法38条の２第２項）。ただし、平成30在宅指針２(2)イ(イ)では、「事業場外みなし労働時間制が適用される場合、所定労働時間又は業務の遂行に通常必要とされる時間労働したものとみなすこととなるが、労働者の健康確保の観点から、勤務状況を把握し、適正な労働時間管理を行う責務を有する。その上で、必要に応じ、実態に合ったみなし時間となっているか労使で確認し、結果に応じて、業務量を見直したり、労働時間の実態に合わせて労使協定を締結又は見直したりすること等が適当である」とされています。

　②については、事業場内の労働時間について労働時間の適正な把握を行い、事業場外における当該業務の遂行に通常必要とされる時間と合算して当日の労働時間を把握する必要があります（昭63・1・1基発1号通知、平成30在宅指針２(2)イ(イ)）。また、労使協定では、事業場外における業務の遂行に通常必要とされる時間のみ協定することとなり、事業場内での労働時間との合算協定は認められません（昭63・3・14基発150号通達［解釈例規］）。このように、一部事業場内労働を含む事業場外労働を行わせる場合には、労働時間の把握が煩雑なこともあるので、事業場外みなし労働時間制が適用される場合を終日事業場外労働のケースに限定することも検討に値するものと解されます。

（村林　俊行）

Q2-2-12 専門業務型裁量労働制、企画業務型裁量労働制

 専門業務型裁量労働制、企画業務型裁量労働制によりテレワークを行う場合の留意点について教えてください。

専門業務型裁量労働制、企画業務型裁量労働制によりテレワークを行う場合には、対象労働者について、労働時間だけではなく労働する場所についても労働者の自由な選択に委ねていくことができます。ただし、労働者の健康確保の観点から、決議や協定において定めるところにより、勤務状況を把握し、適正な労働時間管理を行うとともに、休日労働・深夜労働等の規制（労基法36条、37条）が及びます。

1 専門業務型裁量労働制、企画業務型裁量労働制とは

専門業務型裁量労働制とは、業務の性質上その遂行の方法を大幅に労働者の裁量に委ねる必要があるため、当該業務の遂行の手段および時間配分の決定等に関し使用者が具体的な指示をすることが困難な業務として法令に定められた一定の業務の範囲内で対象業務を労使協定で定め、実際に対象業務に労働者を就かせたときに、労使協定であらかじめ定めた時間働いたものとみなす制度です（労基法38条の3第1項）。

企画業務型裁量労働制とは、事業の運営に関する事項についての企画・立案・調査・分析の業務であって、業務の性質上これを適切に遂行するには、その遂行の方法を大幅に労働者の裁量に委ねる必要があるため、業務の遂行の手段や時間配分の決定等に関し使用者が具体的な指示をしないこととする業務を労使委員会の決議により定め、対象業務を適切に遂行するための知識、経験等を有する労働者を当該業務に就かせたときに、労使委員会であらかじめ定めた時間働いたものとみなす制度です（労基法38条の4第1項）。

2 専門業務型裁量労働制、企画業務型裁量労働制とテレワーク

両裁量労働制の要件を満たし、制度の対象となる労働者についても、テレ

ワークを行うことは可能です。ただし、いずれの裁量労働時間制についても、通常の労働時間制や変形労働時間制のような時間管理は必要ありませんが、使用者は労働者の健康確保の観点から、決議や協定において定めるところにより、勤務状況を把握し、適正な労働時間管理を行う責務を有するとともに、休日労働・深夜労働等の規制（労基法36条、37条）が及びます。

　平成30在宅指針 2 (2)イ(ウ)では、「裁量労働制の要件を満たし、制度の対象となる労働者についても、テレワークを行うことが可能である。この場合、労使協定で定めた時間又は労使委員会で決議した時間を労働時間とみなすこととなるが、労働者の健康確保の観点から、決議や協定において定めるところにより、勤務状況を把握し、適正な労働時間管理を行う責務を有する。その上で、必要に応じ、労使協定で定める時間が当該業務の遂行に必要とされる時間となっているか、あるいは、業務量が過大もしくは期限の設定が不適切で労働者から時間配分の決定に関する裁量が事実上失われていないか労使で確認し、結果に応じて、業務量等を見直すことが適当である」としています。

　テレワーク指針 6 (3)では、「裁量労働制及び高度プロフェッショナル制度は、業務遂行の方法、時間等について労働者の自由な選択に委ねることを可能とする制度である。これらの制度の対象労働者について、テレワークの実施を認めていくことにより、労働する場所についても労働者の自由な選択に委ねていくことが考えられる」としています。

（村林　俊行）

Q2-2-13 テレワークでの休憩時間の取扱い

 テレワークを行う労働者に関する休憩時間の取扱いについて留意すべき点について教えてください。

A テレワークを行う労働者に関する休憩時間の取扱いについても、原則として労働者に一斉に付与することになりますが、労使協定により、一斉付与の原則を適用除外とすることも可能なので、検討すべきです。

1 休憩時間に関する規定

労基法上は、休憩について、1日の労働時間が6時間を超える場合においては45分以上、8時間を超える場合においては1時間以上の休憩時間を労働時間の途中に与えなければなりません（労基法34条1項）。また、この休憩時間については、原則として一斉に与えなければならないものとし（一斉付与の原則）、事業場の労使協定によって適用除外することができるものとしています（同法34条2項）。休憩の一斉付与の原則の趣旨は、休憩時間の効果を上げることと、労働時間と休憩時間の監督の便宜にあるものとされています（菅野483頁）。

2 テレワークと休憩時間

テレワークを行う労働者についても、労基法の休憩を与えなければなりません。しかし、テレワークでは、事業場における労働とは異なり、働く場所や時間を柔軟に活用することが可能であり、業務を効率的に行える側面があります。特に在宅勤務やモバイル勤務にて労務提供を行う場合には、育児や介護と仕事の両立を行う必要があるなど休憩時間を一斉に付与することがふさわしくないケースもあります。このような場合には、休憩について一斉付与するのではなく、労使協定を締結することにより、個々に付与することも検討してしかるべきです。

この点平成30在宅指針2(2)ウでは、「労働基準法第34条第2項では、原則

として休憩時間を労働者に一斉に付与することを規定しているが、テレワークを行う労働者について、労使協定により、一斉付与の原則を適用除外とすることが可能である。なお、一斉付与の原則の適用を受けるのは、労働基準法第34条に定める休憩時間についてであり、労使の合意により、これ以外の休憩時間を任意に設定することも可能である。また、テレワークを行う労働者について、本来休憩時間とされていた時間に使用者が出社を求める等具体的な業務のために就業場所間の移動を命じた場合、当該移動は労働時間と考えられるため、別途休憩時間を確保する必要があることに留意する必要がある」としています。

　またテレワーク指針7(4)ウでも、「労働基準法第34条第2項は、原則として休憩時間を労働者に一斉に付与することを規定しているが、テレワークを行う労働者について、労使協定により、一斉付与の原則を適用除外とすることが可能である」としています。

（村林　俊行）

Q2-2-14 時間外・休日労働の労働時間管理

 テレワークを行う労働者に関する時間外・休日労働の労働時間管理に関して留意すべき点について教えてください。

A テレワークを行う労働者に対しても、労働時間の原則および週休制の原則が適用され、使用者は時間外・（法定）休日労働をさせる場合には、三六協定の締結・届出や割増賃金の支払が必要となり、また、深夜に労働させる場合には、深夜労働に係る割増賃金の支払が必要となります。そのため、使用者は、労働者の労働時間の状況を適切に把握し、必要に応じて労働時間や業務内容等について見直すことが望ましいです。

1 時間外・休日労働の原則

使用者は原則として、休憩時間を除き、1日に8時間、1週間に40時間を超えて労働させてはいけません（労基法32条1項・2項）。

また、使用者は、少なくとも毎週1日の休日か、4週間を通じて4日以上の休日を与えなければなりません（労基法35条1項・2項）。

2 テレワークにおける時間外・休日労働の労働時間管理

テレワークを行う労働者についても、労基法の労働時間の原則および週休制の原則が適用されます。そのため、使用者は、テレワークを行う労働者に対しても、時間外・（法定）休日労働をさせる場合には、三六協定の締結・届出や割増賃金の支払が必要となり、また、深夜に労働させる場合には、深夜労働に係る割増賃金の支払が必要となります。そのことから、使用者は、労働者の労働時間の状況を適切に把握し、必要に応じて労働時間や業務内容等について見直すことが望ましいといえます。

この点平成30在宅指針2(2)エでは、「テレワークについて、実労働時間やみなされた労働時間が法定労働時間を超える場合や、法定休日に労働を行わせる場合には、時間外・休日労働に係る三六協定の締結、届出及び割増賃金

の支払が必要となり、また、現実に深夜に労働した場合には、深夜労働に係る割増賃金の支払が必要となる（労働基準法第36条及び第37条）。

このようなことから、テレワークを行う労働者は、業務に従事した時間を日報等において記録し、使用者はそれをもって当該労働者に係る労働時間の状況の適切な把握に努め、必要に応じて労働時間や業務内容等について見直すことが望ましい」としています。

またテレワーク指針7(4)エでも、「テレワークの場合においても、使用者は時間外・休日労働をさせる場合には、三六協定の締結、届出や割増賃金の支払が必要となり、また、深夜に労働させる場合には、深夜労働に係る割増賃金の支払が必要である。このため、使用者は、労働者の労働時間の状況を適切に把握し、必要に応じて労働時間や業務内容等について見直すことが望ましい」としています。

なお、事業場によっては就業規則等により時間外等に業務を行う場合には事前に申告し使用者の許可を得なければならず、かつ、時間外等に業務を行った実績について事後に使用者に報告しなければならないとされているところもあります。このような事業場において、労働者が時間外等に業務を行う場合の事前申告がなく、または事後の使用者への報告がない場合には、当該労働者の時間外等の労働は、労働時間には該当しないといえる場合も出てきます。

この点平成30在宅指針2(2)エでは、「事業場において、時間外等の労働について労働者からの事前申告がなかった場合又は事前に申告されたが許可を与えなかった場合であって、かつ、労働者から事後報告がなかった場合について、次の全てに該当する場合には、当該労働者の時間外等の労働は、使用者のいかなる関与もなしに行われたものであると評価できるため、労働基準法上の労働時間に該当しないものである。

① 時間外等に労働することについて、使用者から強制されたり、義務付けられたりした事実がないこと。

② 当該労働者の当日の業務量が過大である場合や期限の設定が不適切である場合等、時間外等に労働せざるを得ないような使用者からの黙示の指揮命令があったと解し得る事情がないこと。

③　時間外等に当該労働者からメールが送信されていたり、時間外等に労働しなければ生み出し得ないような成果物が提出されたりしている等、時間外等に労働を行ったことが客観的に推測できるような事実がなく、使用者が時間外等の労働を知り得なかったこと。

ただし、上記の事業場における事前許可制及び事後報告制については、以下の点をいずれも満たしていなければならない。

①　労働者からの事前の申告に上限時間が設けられていたり、労働者が実績どおりに申告しないよう使用者から働きかけや圧力があったりする等、当該事業場における事前許可制が実態を反映していないと解し得る事情がないこと。

②　時間外等に業務を行った実績について、当該労働者からの事後の報告に上限時間が設けられていたり、労働者が実績どおりに報告しないように使用者から働きかけや圧力があったりする等、当該事業場における事後報告制が実態を反映していないと解し得る事情がないこと」としています。

（村林　俊行）

3　長時間労働対策

Q 2 - 2 -15　時間外・休日・深夜労働と長時間労働対策

Q　テレワークを行う労働者に対する長時間労働等を防ぐ対策として、時間外・休日・深夜労働の取扱いをどのようにしたらよいか教えてください。

A　テレワークを労働者に対して長時間労働等を防ぐための手法としては、業務の効率化やワーク・ライフ・バランスの実現の観点から、その趣旨を踏まえ、労使の合意により、時間外・休日・深夜の労働が可能な時間帯や時間数をあらかじめ使用者が設定することも有効です。

1　長時間労働対策

　テレワークは、業務の効率化に伴い、時間外労働の削減につながることが期待されますが、①労働者が使用者と離れた場所で勤務をするため相対的に使用者の管理の程度が弱くなることや、②業務に関する指示や報告が時間帯にかかわらず行われやすくなり、労働者の仕事と生活の時間の区別が曖昧となり、労働者の生活時間帯の確保に支障が生ずるといったおそれが指摘されています。そのため、労働者のワーク・ライフ・バランスの確保に配慮するとともに、長時間労働による健康障害防止を図ることに留意する必要があります。

　テレワーク指針7⑷オにおいては、テレワークにおける長時間労働等を防ぐ手法としては、①メール送付の抑制等、②社内システムへのアクセス制限、③時間外・休日・所定外深夜労働についての手続、④長時間労働等を行う労働者への注意喚起、⑤その他（勤務間インターバル制度）が考えられるものとしています。

2　テレワークを行う際の時間外・休日・所定外深夜労働についての手続等

　平成30在宅指針2(3)③では、テレワークにおける長時間労働等を防ぐ手法としては「テレワークを行う際の時間外・休日・深夜労働の原則禁止等」を挙げていました。つまり、同指針では「業務の効率化やワークライフバランスの実現の観点からテレワークの制度を導入する場合、その趣旨を踏まえ、時間外・休日・深夜労働を原則禁止とすることも有効である。この場合、テレワークを行う労働者に、テレワークの趣旨を十分理解させるとともに、テレワークを行う労働者に対する時間外・休日・深夜労働の原則禁止や使用者等による許可制とすること等を、就業規則等に明記しておくことや、時間外・休日労働に関する三六協定の締結の仕方を工夫することが有効である」としていました。

　しかし、令和2年12月25日の検討会報告書では、「規制改革実施計画（令和元年6月21日閣議決定）において指摘されているように、現行のテレワークガイドラインには所定労働時間内の労働を深夜に行うことまで原則禁止としているという誤解を与えかねない表現がある。『原則禁止』との誤解を与えないようにしつつ、長時間労働対策の観点も踏まえてどのようにテレワークガイドラインに記載するかについては、労働者において深夜労働等を会社に原則禁止としてほしいという一定のニーズがあることも踏まえながら、工夫を行う必要がある。その一方で、たとえ個人が深夜労働を選択できたとしても、他者は業務時間ではない場合もあることに配慮し、プライベートを侵害しないようにすることも重要である」としていました。

　このような指摘を踏まえてテレワーク指針7(4)オ(ウ)では、項目を「テレワークを行う際の時間外・休日・深夜労働の原則禁止等」から「時間外・休日・所定外深夜労働についての手続」に変更して、「通常のオフィス勤務の場合と同様に、業務の効率化やワークライフバランスの実現の観点からテレワークを導入する場合にも、その趣旨を踏まえ、労使の合意により、時間外等の労働が可能な時間帯や時間数をあらかじめ使用者が設定することも有効である。この場合には、労使双方において、テレワークの趣旨を十分に共有

するとともに、使用者が、テレワークにおける時間外等の労働に関して、一定の時間帯や時間数の設定を行う場合があること、時間外等の労働を行う場合の手続等を就業規則等に明記しておくことや、テレワークを行う労働者に対して、書面等により明示しておくことが有効である」と記載するに至りました。

　もとより、テレワークを行う際に時間外・休日・深夜労働の原則禁止等ができるのであれば、長時間労働の抑制にとって有効であることは明らかであり、その検討も排除するものではありません。

（村林　俊行）

Q2-2-16　長時間労働対策の具体的な方法

 テレワークを行う労働者に対する長時間労働等を防ぐ対策にはどのようなものがありますか。その方法と留意点を教えてください。

テレワークを行う労働者に対して長時間労働等を防ぐための手法としては、①メール送付の抑制等、②社内システムへのアクセス制限、③時間外・休日・所定外深夜労働についての手続、④長時間労働等を行う労働者への注意喚起、⑤その他（勤務間インターバル制度）が考えられます（テレワーク指針7(4)オ）。

テレワークを行う労働者に対しては、ワーク・ライフ・バランスの確保に配慮するとともに、長時間労働による健康障害防止を図ることに留意する必要があります。そのため、長時間労働対策を検討するに際しても、テレワークにおいて長時間労働が生じる原因を踏まえて、以下の対策が検討されるべきです。

1　メール送付の抑制

まず、上司等による時間外・休日・深夜における業務に関する指示や報告がメールや電話等によって行われることが挙げられることから、その制限を行うこと等を検討する必要があります。

そのため、テレワークを行う労働者に対して長時間労働等を防ぐための手法としては、役職者、上司、同僚、部下等から時間外等にメールのみならず電話等での方法によるものも含め、時間外等における業務の指示や報告のあり方について、業務上の必要性、指示や報告が行われた場合の労働者の対応の要否等について、各事業場の実情に応じ、使用者がルールを設けることが考えられます。

この点テレワーク指針7(4)オ(ア)においては、「テレワークにおいて長時間労働が生じる要因として、時間外等に業務に関する指示や報告がメール等によって行われることが挙げられる。このため、役職者、上司、同僚、部下等

から時間外等にメールを送付することの自粛を命ずること等が有効である。メールのみならず電話等での方法によるものも含め、時間外等における業務の指示や報告の在り方について、業務上の必要性、指示や報告が行われた場合の労働者の対応の要否等について、各事業場の実情に応じ、使用者がルールを設けることも考えられる」としています。

2　社内システムへのアクセス制限

テレワークを行う際に、企業等の社内システムに外部のパソコン等からアクセスする形態をとる場合が多いことを踏まえると、そのアクセスを制限することを検討する必要があります。

そのため、テレワークを行う労働者に対して長時間労働等を防ぐための手法としては、所定外深夜・休日は事前に許可を得ない限り企業等の社内システムに外部からアクセスできないよう使用者が設定することが考えられます。

この点テレワーク指針7⑷オ⑷においては、「テレワークを行う際に、企業等の社内システムに外部のパソコン等からアクセスする形態をとる場合が多いが、所定外深夜・休日は事前に許可を得ない限りアクセスできないよう使用者が設定することが有効である」としています。

3　時間外・休日・所定外深夜労働についての手続

これについては、Q2-2-15をご参照ください。

4　長時間労働等を行う労働者への注意喚起

テレワークを行う労働者に対して長時間労働を抑制するためには、端的に長時間労働が生じるおそれのある労働者や、休日・所定外深夜労働が生じた労働者に対して、使用者が注意喚起を行うことが有効といえます。具体的には、管理者が労働時間の記録を踏まえて行う方法や、労務管理のシステムを活用して対象者に自動で警告を表示するような方法が検討されてもよいものと考えます。

この点テレワーク指針7⑷オ㊂においては、「テレワークにより長時間労働が生じるおそれのある労働者や、休日・所定外深夜労働が生じた労働者に

対して、使用者が注意喚起を行うことが有効である。具体的には、管理者が労働時間の記録を踏まえて行う方法や、労務管理のシステムを活用して対象者に自動で警告を表示するような方法が考えられる」としています。

5　その他（勤務間インターバル制度）

　そのほかのテレワークを行う労働者に対して長時間労働等を防ぐための手法としては、勤務間インターバル制度の採用が検討されてもよいものと解されます。勤務間インターバル制度とは、1日の勤務終了後、翌日の出社までの間に、一定時間以上の休息時間（インターバル）を設けることで、働く方の生活時間や睡眠時間を確保する制度です。

　この点テレワーク指針7(4)オ(オ)においては、「勤務間インターバル制度はテレワークにおいても長時間労働を抑制するための手段の一つとして考えられ、この制度を利用することも考えられる」としています。

（村林　俊行）

【参考資料1】　テレワークモデル就業規則（時間外労働等）

第3章　在宅勤務時の労働時間等

（在宅勤務時の労働時間）

第5条　在宅勤務時の労働時間については、就業規則第○条の定めるところによる。

2　前項にかかわらず、会社の承認を受けて始業時刻、終業時刻及び休憩時間の変更をすることができる。

3　前項の規定により所定労働時間が短くなる者の給与については、育児・介護休業規程第○条に規定する勤務短縮措置時の給与の取扱いに準じる。

（休憩時間）

第6条　在宅勤務者の休憩時間については、就業規則第○条の定めるところによる。

（所定休日）

第7条　在宅勤務者の休日については、就業規則第○条の定めるところによる。

（時間外及び休日労働等）

第8条　在宅勤務者が時間外労働、休日労働及び深夜労働をする場合は所定の手続を経て所属長の許可を受けなければならない。

2　時間外及び休日労働について必要な事項は就業規則第○条の定めるところによる。

3　時間外、休日及び深夜の労働については、給与規程に基づき、時間外勤務手当、休日勤務手当及び深夜勤務手当を支給する。

（欠勤等）

第9条　在宅勤務者が、欠勤をし、又は勤務時間中に私用のために勤務を一部中断する場合は、事前に申し出て許可を得なくてはならない。ただし、やむを得ない事情で事前に申し出ることができなかった場合は、事後速やかに届け出なければならない。

2　前項の欠勤、私用外出の賃金については給与規程第○条の定めるところによる。

出典：テレワークモデル就業規則

Ⅲ　労働安全衛生法の適用および留意点

Q2-3-1 安全衛生関係法令の適用（テレワークにおける安全衛生の確保）

 テレワークにおいて、安全衛生関係法令の適用はあるのでしょうか。また、留意する点があれば教えてください。

 労基法上の労働者については、テレワークを行う場合においても、安衛法、労災法等の労働基準関係法令が適用されます。

　テレワーク指針では、自宅等におけるテレワークの場合、事務所衛生基準規則等は一般的には適用されないとされています。もっとも、テレワークでは、労働者が上司等とコミュニケーションをとりがたい、上司等が労働者の心身の変調に気づきにくいという状況となる場合が多いため、事業者は、テレワーク指針の「（別紙１）テレワークを行う労働者の安全衛生を確保するためのチェックリスト（事業者用）」（本Q末尾掲載）を活用する等により、健康相談体制の整備や、コミュニケーションの活性化のための措置を実施することが望ましいとされています。

　また、自宅等においても、安全衛生に配慮したテレワークが実施されるよう「（別紙２）自宅等においてテレワークを行う際の作業環境を確認するためのチェックリスト（労働者用）」（本Q末尾掲載）を活用すること等により、作業環境に関する状況の報告を求めるとともに、必要な場合には、労使が協力して改善を図ったりサテライトオフィス等の活用を検討することが重要であるとされています。

1　労働安全衛生上留意すべき点

　テレワークの実施には大きなメリットがある一方、在宅勤務の場合、日常

生活の場で仕事を行うこととなるため、テレワークを行う労働者は心身にストレスを感じやすいといわれています。また、テレワーク中心の働き方をする場合、周囲に同僚や上司がおらず、対面の場合と比較してコミュニケーションをとりづらい場合があるため、業務上の不安や孤独を感じること等により、心身の健康に影響を与えるおそれがあり、その変化に気づきにくいともいわれています。

　このように、テレワークにおいては、メンタルヘルスの不調や、その重症化を防ぐために、オンライン上で双方向のコミュニケーションをとりやすくすることなどにより、職場の上司、同僚、産業医等に相談しやすい環境をつくることが重要です。

　また、テレワークにおける自宅での作業環境については、パソコンの配置や照明、温度や湿度環境について事業主による管理が行き届かないことがあります。どのような状況であれば適切な作業環境が確保されているといえるのかについて、労使が協力してテレワークを行う労働者の自宅の作業環境を確認し、改善を図ることが重要です。さらに、雇入れ時などに行う安全衛生教育、健康診断や長時間労働者に対する面接指導等の健康管理、ストレスチェック等のメンタルヘルス対策については、働く場所にかかわらず実施する必要があります。

　このほか、自宅が狭い場合等テレワークを実施するために必要な作業環境の整備が困難である場合や、生活と仕事の線引きが困難になることにより問題が生じる場合もあり、そのような場合には、サテライトオフィス等を活用することが有効であると考えられます。各企業においては、サテライトオフィス等を使用する場合の考え方について、企業としてルールを定めておくことが望ましいといえます。

2　テレワーク指針

(1)　テレワーク指針の策定

　令和3年3月25日に、使用者が適切に労務管理を行い、労働者が安心して働くことができる良質なテレワークを推進するため、労務管理を中心に、労使双方にとって留意すべき点、望ましい点等を明らかにしたテレワーク指針

が公表されました。新型コロナウイルス感染症対策として、テレワークの重要性や位置づけが大きく変わったことに伴い、平成30在宅指針を改定したものです。

　ここでは自宅等でテレワークを行う際のメンタルヘルス対策や作業環境整備等にあたって事業者・労働者が活用できるわかりやすいチェックリストが作成されています。

　以下、安全衛生にかかわるテレワーク指針の内容を説明します。

3　テレワークにおける安全衛生の確保

(1)　安全衛生関係法令の適用

　テレワーク指針は、安衛法等の関係法令等においては、安全衛生管理体制を確立し、職場における労働者の安全と健康を確保するために必要となる具体的な措置を講ずることを事業者に求めており、自宅等においてテレワークを実施する場合においても、事業者は、これら関係法令等に基づき、労働者の安全と健康の確保のための措置を講ずる必要があります（同指針8(1)）。

　労働者を雇い入れたとき（雇入れ後にテレワークの実施が予定されているとき）または労働者の作業内容を変更し、テレワークを初めて行わせるときは、テレワーク作業時の安全衛生に関する事項を含む安全衛生教育を行うことが重要といえます。

　具体的には、①健康相談を行うことができる体制の整備（安衛法13条の3）、②労働者を雇い入れたときまたは作業内容を変更したときの安全または衛生のための教育（同法59条）、③必要な健康診断とその結果等を受けた措置（同法66条～66条の7）、④過重労働による健康障害を防止するための長時間労働者に対する医師による面接指導とその結果等を受けた措置（同法66条の8、66条の9）および面接指導の適切な実施のための労働時間の状況の把握（同法66条の8の3）、面接指導の適切な実施のための時間外・休日労働時間の算定と産業医への情報提供（安衛規則52条の2）、⑤ストレスチェックとその結果等を受けた措置（安衛法66条15の10）、⑥労働者に対する健康教育および健康相談その他労働者の健康の保持増進を図るために必要な措置（同法69条）等の実施により、労働者の安全と健康の確保を図ることが重要です。

その際、必要に応じて、情報通信機器を用いてオンラインで実施することも有効です。なお、労働者を雇い入れたとき（雇入れ後にテレワークの実施が予定されているとき）または労働者の作業内容を変更し、テレワークを初めて行わせるときは、テレワーク作業時の安全衛生に関する事項を含む安全衛生教育を行うことが重要です。また、一般に、労働者の自宅等におけるテレワークにおいては、危険・有害業務を行うことは通常想定されないものですが、これが行われる場合においては、当該危険・有害業務に係る規定の遵守が必要となります。

(2)　自宅等でテレワークを行う際のメンタルヘルス対策の留意点

テレワークでは、労働者が上司等とコミュニケーションをとりにくい、上司等が労働者の心身の変調に気づきにくいという状況となり得ます。

このような状況のもと、円滑にテレワークを行うためには、テレワーク指針の「（別紙1）テレワークを行う労働者の安全衛生を確保するためのチェックリスト（事業者用）」（【参考資料2】）を活用する等により、健康相談体制の整備や、コミュニケーションの活性化のための措置を実施することが望ましいといえます。

また、労働者の心の健康の保持増進のための指針に規定されている「心の健康づくり計画」の策定にあたっては、テレワークにより生じやすい状況を念頭においたメンタルヘルス対策についても記載し、計画的に取り組むことが望ましいといえます。

テレワーク指針は、平成30在宅指針に比べ、テレワークにおけるメンタルヘルス対策が重視された形になっています（同指針8(2)）。

(3)　自宅等でテレワークを行う際の作業環境整備

テレワークを行う作業場が、労働者の自宅等事業者が業務のために提供している作業場以外である場合には、事務所衛生基準規則、安衛規則（一部、労働者を就業させる建設物その他の作業場に係る規定）および「情報機器作業における労働衛生管理のためのガイドライン」（令和元年7月12日基発0712第3号）は一般には適用されないことが、明らかにされました（テレワーク指針8(3)）。したがって、自宅等で行われるテレワークにおいては、これらの衛生基準に従ったものにする法令上の義務はないことになっています。

他方で、これらの衛生基準と同等の作業環境となるよう、事業者はテレワークを行う労働者に教育・助言等を行い、「（別紙２）自宅等においてテレワークを行う際の作業環境を確認するためのチェックリスト（労働者用）」（【参考資料２】）が追加され、これを活用すること等により、自宅等の作業環境に関する状況の報告を求めるとともに、必要な場合には、労使が協力して改善を図るまたはサテライトオフィス等の活用を検討することが重要になります。

⑷　事業者が実施すべき管理に関する事項

事業者は、労働者がテレワークを初めて実施するときは、上記チェックリストを活用する等により、⑴から⑶までが適切に実施されることを労使で確認したうえで、作業を行わせることが重要であるといえます。

また、事業者による取組が継続的に実施されていることおよび自宅等の作業環境が適切に維持されていることを、上記のチェックリストを活用する等により、定期的に確認することが望ましいといえます。

（難波　知子）

【参考資料２】　テレワーク安全衛生関係チェックリスト

（別紙１）テレワークを行う労働者の安全衛生を確保するためのチェックリスト【事業者用】

1　このチェックリストは、労働者にテレワークを実施させる事業者が安全衛生上、留意すべき事項を確認する際に活用いただくことを目的としています。

2　労働者が安全かつ健康にテレワークを実施する上で重要な事項ですので、全ての項目に☑が付くように努めてください。

3　「法定事項」の欄に「◎」が付されている項目については、労働安全衛生関係法令上、事業者に実施が義務付けられている事項ですので、不十分な点があれば改善を図ってください。

4　適切な取組が継続的に実施されるよう、このチェックリストを用いた確認を定期的（半年に１回程度）に実施し、その結果を衛生委員会等に報告してください。

すべての項目について確認し、当てはまるものに☑を付けてください。

項　　　　　目	法定事項
1　安全衛生管理体制について	
（1）　衛生管理者等の選任、安全・衛生委員会等の開催	
□　業種や事業場規模に応じ、必要な管理者等の選任、安全・衛生委員会等が開催されているか。	◎
□　常時使用する労働者数に基づく事業場規模の判断は、テレワーク中の労働者も含めて行っているか。	◎
□　衛生管理者等による管理や、安全・衛生委員会等における調査審議は、テレワークが通常の勤務とは異なる点に留意の上、行っているか。	
□　自宅等における安全衛生上の問題（作業環境の大きな変化や労働者の心身の健康に生じた問題など）を衛生管理者等が把握するための方法をあらかじめ定めているか。	
（2）　健康相談体制の整備	
□　健康相談を行うことができる体制を整備し、相談窓口や担当者の連絡先を労働者に周知しているか。	
□　健康相談の体制整備については、オンラインなどテレワーク中の労働者が相談しやすい方法で行うことができるよう配慮しているか。	
□　上司等が労働者の心身の状況やその変化を的確に把握できるような取組を行っているか（定期的なオンライン面談、会話を伴う方法による日常的な業務指示等）	
2　安全衛生教育について	
（1）　雇入れ時の安全衛生教育	
□　雇入れ時にテレワークを行わせることが想定されている場合には、雇入れ時の安全衛生教育にテレワーク作業時の安全衛生や健康確保に関する事項を含めているか。	◎
（2）　作業内容変更時教育	
□　テレワークを初めて行わせる労働者に対し、作業内容変更時の安全衛生教育を実施し、テレワーク作業時の安全衛生や健康確保に関する事項を教育しているか。 　　※作業内容に大幅な変更が生じる場合には、必ず実施してください。	
（3）　テレワーク中の労働者に対する安全衛生教育	
□　テレワーク中の労働者に対してオンラインで安全衛生教育を実施する場合には、令和	

3年1月25日付け基安安発0125第2号、基安労発0125第1号、基安化発0125第1号「インターネット等を介したeラーニング等により行われる労働安全衛生法に基づく安全衛生教育等の実施について」に準じた内容としているか。	

3　作業環境

　(1)　サテライトオフィス型

□　労働安全衛生規則や事務所衛生基準規則の衛生基準と同等の作業環境となっていることを確認した上でサテライトオフィス等のテレワーク用の作業場を選定しているか。	◎

　(2)　自宅

□　別添2のチェックリスト（労働者用）を参考に労働者に自宅の作業環境を確認させ、問題がある場合には労使が協力して改善に取り組んでいるか。また、改善が困難な場合には適切な作業環境や作業姿勢等が確保できる場所で作業を行うことができるよう配慮しているか。	

　(3)　その他（モバイル勤務等）

□　別添2のチェックリスト（労働者用）を参考に適切な作業環境や作業姿勢等が確保できる場所を選定するよう労働者に周知しているか。	

4　健康確保対策について

　(1)　健康診断

□　定期健康診断、特定業務従事者の健診等必要な健康診断を実施しているか。	◎
□　健康診断の結果、必要な事後措置は実施しているか。	◎
□　常時、自宅や遠隔地でテレワークを行っている者の健康診断受診に当たっての負担軽減に配慮しているか。（労働者が健診機関を選択できるようにする等）	

　(2)　長時間労働者に対する医師の面接指導

□　関係通達に基づき、労働時間の状況を把握し、週40時間を超えて労働させた時間が80時間超の労働者に対して状況を通知しているか。	◎
□　週40時間を超えて労働させた時間が80時間超の労働者から申出があった場合には医師による面接指導を実施しているか。	◎
□　面接指導の結果、必要な事後措置を実施しているか。	◎
□　テレワーク中の労働者に対し、医師による面接指導をオンラインで実施することも可能であるが、その場合、医師に事業場や労働者に関する情報を提供し、円滑に映像等が送受信可能な情報通信機器を用いて実施しているか。なお、面接指導を実施する医師は産業医に限られない。 ※詳細は平成27年9月15日付け基発0915第5号「情報通信機器を用いた労働安全衛生法第66条の8第1項、第66条の8の2第1項、法第66条の8の4第1項及び第66条の10第3項の規定に基づく医師による面接指導の実施について」（令和2年11月19日最終改正）を参照。	◎

　(3)　その他（健康保持増進）

□　健康診断の結果、特に健康の保持に努める必要があると認める労働者に対して、医師または保健師による保健指導を実施しているか。	
□　THP（トータル・ヘルスプロモーション・プラン）指針に基づく計画は、テレワークが通常の勤務とは異なることに留意した上で策定され、当該計画に基づき計画的な取組を実施しているか。	

5　メンタルヘルス対策　※項目1(2)及び6(1)もメンタルヘルス対策の一環として取り組んでください。

　(1)　ストレスチェック

□	ストレスチェックを定期的に実施し、結果を労働者に通知しているか。また、希望者の申し出があった場合に面接指導を実施しているか。（労働者数50人未満の場合は努力義務）※面接指導をオンラインで実施する場合には、4(2)4ポツ目についても確認。	◎
□	テレワーク中の労働者が時期を逸することなく、ストレスチェックや面接指導を受けることができるよう、配慮しているか。（メールやオンラインによる実施等）	
□	ストレスチェック結果の集団分析は、テレワークが通常の勤務と異なることに留意した上で行っているか。	
	(2)　心の健康づくり	
□	メンタルヘルス指針に基づく計画は、テレワークが通常の勤務とは異なることに留意した上で策定され、当該計画に基づき計画的な取組を実施しているか。	
6　その他		
	(1)　コミュニケーションの活性化	
□	同僚とのコミュニケーション、日常的な業務相談や業務指導等を円滑に行うための取組がなされているか。（定期的・日常的なオンラインミーティングの実施等）	
	(2)　緊急連絡体制	
□	災害発生時や業務上の緊急事態が発生した場合の連絡体制を構築し、テレワークを行う労働者に周知しているか。	

※　ご不明な点がございましたら、お近くの労働局又は労働基準監督署の安全衛生主務課にお問い合わせください。

記　入　日：令和　　　年　　　月　　　日

記入者職氏名：＿＿＿＿＿＿＿＿＿＿＿＿＿＿＿＿＿

R3.3.25版

（別紙2）自宅等においてテレワークを行う際の作業環境を確認するためのチェックリスト【労働者用】

1　このチェックリストは、自宅等においてテレワークを行う際の作業環境について、テレワークを行う労働者本人が確認する際に活用いただくことを目的としています。

2　確認した結果、すべての項目に☑が付くように、不十分な点があれば事業者と話し合って改善を図るなどにより、適切な環境下でテレワークを行うようにしましょう。

すべての項目について【観点】を参考にしながら作業環境を確認し、当てはまるものに☑を付けてください。

1　作業場所やその周辺の状況について
□ (1)　作業等を行うのに十分な空間が確保されているか。 　　【観点】 　　・作業の際に手足を伸ばせる空間があるか。 　　・静的筋緊張や長時間の拘束姿勢、上肢の反復作業などに伴う疲労やストレスの解消のために、体操やストレッチを適切に行うことができる空間があるか。 　　・物が密集している等、窮屈に感じないか。
□ (2)　無理のない姿勢で作業ができるように、机、椅子や、ディスプレイ、キーボード、マウス等について適切に配置しているか。 　　【観点】 　　・眼、肩、腕、腰に負担がかからないような無理のない姿勢で作業を行うことができるか。
□ (3)　作業中に転倒することがないよう整理整頓されているか。

【観点】
- ・つまづく恐れのある障害物、畳やカーペットの継ぎ目、電源コード等はないか。
- ・床に書類が散らばっていないか。
- ・作業場所やその周辺について、すべり等の危険のない、安全な状態としているか。

□ (4)　その他事故を防止するための措置は講じられているか。

【観点】
- ・電気コード、プラグ、コンセント、配電盤は良好な状態にあるか。配線が損傷している箇所はないか。
- ・地震の際などに物の落下や家具の転倒が起こらないよう、必要な措置を講じているか。

2	作業環境の明るさや温度等について

□ (1)　作業を行うのに支障ない十分な明るさがあるか。

【観点】
- ・室の照明で不十分な場合は、卓上照明等を用いて適切な明るさにしているか。
- ・作業に使用する書類を支障なく読むことができるか。
- ・光源から受けるギラギラしたまぶしさ（グレア）を防止するためにディスプレイの設置位置などを工夫しているか。

□ (2)　作業の際に、窓の開閉や換気設備の活用により、空気の入れ換えを行っているか。

□ (3)　作業に適した温湿度への調整のために、冷房、暖房、通風等の適当な措置を講ずることができるか。

【観点】
- ・エアコンは故障していないか。
- ・窓は開放することができるか。

□ (4)　石油ストーブなどの燃焼器具を使用する時は、適切に換気・点検を行っているか。

□ (5)　作業に支障を及ぼすような騒音等がない状況となっているか。

【観点】
- ・テレビ会議等の音声が聞き取れるか。
- ・騒音等により著しく集中力を欠くようなことがないか。

3	休憩等について

□ (1)　作業中に、水分補給、休憩（トイレ含む）を行う事ができる環境となっているか。

4	その他

□ (1)　自宅の作業環境に大きな変化が生じた場合や心身の健康に問題を感じた場合に相談する窓口や担当者の連絡先は把握しているか。

※　ご不明な点がございましたら、お近くの労働局又は労働基準監督署の安全衛生主務課にお問い合わせください。

記　入　日：令和　　　年　　　月　　　日
記入者職氏名：_____

R3.3.25版

出典：テレワーク指針

Q2-3-2 自宅等でテレワークを行う際の作業環境整備の留意点

Q 自宅等でテレワークを行う場合、作業環境の整備にはどのような点に留意する必要があるでしょうか。

A テレワーク指針の「(別紙 2)自宅等においてテレワークを行う際の作業環境を確認するためのチェックリスト(労働者用)」を活用し、自宅等の作業環境に関する状況の報告を求める等して、事務所衛生基準規則等の衛生基準と同様の環境となるように、労使協力のうえ整備することが重要です。

1　法令の適用

　テレワーク指針においては、テレワークを行う作業場が、労働者の自宅等、事業者が業務のために提供している作業場以外である場合には、事務所衛生基準規則、安衛規則(一部、労働者を就業させる建設物その他の作業場に係る規定)および「情報機器作業における労働衛生管理のためのガイドライン」(令和元年 7 月12日基発0712第 3 号)は一般には適用されないことが明らかにされました(同指針 8 (3))。

　したがって、自宅等で行われるテレワークにおいては、これらの衛生基準に従ったものにする法令上の義務はないことになっています。

2　作業基準

(1)　自宅等においてテレワークを行う際の作業環境を確認するためのチェックリスト(労働者用)

　もっとも、これらの衛生基準と同等の作業環境となるよう、事業者はテレワークを行う労働者に教育・助言等を行い、テレワーク指針の「(別紙 2)自宅等においてテレワークを行う際の作業環境を確認するためのチェックリスト(労働者用)」(Q 2 - 3 - 1 【参考資料 2 】)を活用すること等により、自宅

等の作業環境に関する状況の報告を求めるとともに、必要な場合には、労使が協力して改善を図る、または、サテライトオフィス等の活用を検討することが重要であるとされています。

(2)　チェックリストの具体的内容

　自宅等においてテレワークを行う際の作業環境を確認するためのチェックリストの内容は下記のようになっています。このチェックリストを参考に、労使協力のうえ、テレワークにおける作業環境を整備すべきといえます。

1　作業場所やその周辺の状況について
 (1)　作業等を行うのに十分な空間が確保されているか。
 【観点】
 ・作業の際に手足を伸ばせる空間があるか。
 ・静的筋緊張や長時間の拘束姿勢、上肢の反復作業などに伴う疲労やストレスの解消のために、体操やストレッチを適切に行うことができる空間があるか。
 ・物が密集している等、窮屈に感じないか。
 (2)　無理のない姿勢で作業ができるように、机、椅子や、ディスプレイ、キーボード、マウス等について適切に配置しているか。
 【観点】
 ・眼、肩、腕、腰に負担がかからないような無理のない姿勢で作業を行うことができるか。
 (3)　作業中に転倒することがないよう整理整頓されているか。
 【観点】
 ・つまづく恐れのある障害物、畳やカーペットの継ぎ目、電源コード等はないか。
 ・床に書類が散らばっていないか。
 ・作業場所やその周辺について、すべり等の危険のない、安全な状態としているか。
 (4)　その他事故を防止するための措置は講じられているか。
 【観点】
 ・電気コード、プラグ、コンセント、配電盤は良好な状態にあるか。配線が損傷している箇所はないか。
 ・地震の際などに物の落下や家具の転倒が起こらないよう、必要な措置

を講じているか。

2　作業環境の明るさや温度等について

(1)　作業を行うのに支障ない十分な明るさがあるか。

【観点】

・室の照明で不十分な場合は、卓上照明等を用いて適切な明るさにしているか。

・作業に使用する書類を支障なく読むことができるか。

・光源から受けるギラギラしたまぶしさ（グレア）を防止するためにディスプレイの設置位置などを工夫しているか。

(2)　作業の際に、窓の開閉や換気設備の活用により、空気の入れ換えを行っているか。

(3)　作業に適した温湿度への調整のために、冷房、暖房、通風等の適当な措置を講ずることができるか。

【観点】

・エアコンは故障していないか。

・窓は開放することができるか。

(4)　石油ストーブなどの燃焼器具を使用する時は、適切に換気・点検を行っているか。

(5)　作業に支障を及ぼすような騒音等がない状況となっているか。

【観点】

・テレビ会議等の音声が聞き取れるか。

・騒音等により著しく集中力を欠くようなことがないか。

3　休憩等について

(1)　作業中に、水分補給、休憩（トイレ含む）を行う事ができる環境となっているか。

4　その他

(1)　自宅の作業環境に大きな変化が生じた場合や心身の健康に問題を感じた場合に相談する窓口や担当者の連絡先は把握しているか。

（難波　知子）

IV 労働災害の補償に関する留意点

Q2-4-1 テレワークにおける労災の扱い

Q テレワーク中に、労災が発生した場合、どのような扱いになるのでしょうか。また、テレワークにおける労災に備え、留意する点はありますか。

A 労働契約に基づいて事業主の支配下にあることによって生じたテレワークにおける災害は、業務上の災害として労災保険給付の対象となります。ただし、私的行為等、業務以外が原因であるものについては、業務上の災害とは認められません。在宅勤務を行っている労働者等、テレワークを行う労働者については、この点を十分理解していない可能性もあるため、使用者はこの点を十分周知することが望ましいといえます。

使用者は、情報通信機器の使用状況などの客観的な記録や労働者から申告された時間の記録を適切に保存するとともに、労働者が負傷した場合の災害発生状況等について、使用者や医療機関等が正確に把握できるよう、当該状況等を可能な限り記録しておくことを労働者に対して周知することが重要です。

1 テレワークと労災保険法

テレワークで業務に従事している従業員にも通常の従業員と同様に労災法が適用されます。そして、業務上災害と認定されるためには、業務遂行性と業務起因性の二つの要件を満たすことが必要です。業務上と認められるためには業務起因性が認められなければならず、その前提条件として業務遂行性が認められる必要があります。

この点、業務遂行性は、労働者が労働契約に基づいて事業主の支配下にあ

る状態をいい、災害発生時に仕事をしていたかどうかが問われます。また、業務起因性は業務または業務行為を含めて、労働者が労働契約に基づいて事業主の支配下にある状態に伴って危険が現実化したものと経験則上認められることをいいます。

テレワーク勤務においても、業務遂行性と業務起因性を鑑み、負傷や疾病が発生した具体的状況によって、個別に労働災害の適否が判断されます。

テレワークが労災として認められた事例としては、たとえば、「自宅で所定労働時間にパソコン業務を行っていたが、トイレに行くため作業場所を離席した後、作業場所に戻り椅子に座ろうとして転倒した事案」があります。これは、業務行為に付随する行為に起因して災害が発生しており、私的行為によるものとも認められないため、業務災害と認められています。

他方、たとえ就業時間内であっても、自宅内のベランダで洗濯物を取り込む際や業務に関係のないプライベートな郵便物を受け取る際に、転んでケガをした場合、休憩時間中に子どもと遊んでいて、ケガをした場合等、私的行為が原因であるものは、業務上の災害とはなり得ません。

2　使用者としてなすべき事項

(1)　使用者として留意すべき事項

従業員がテレワークをしている場合、就業状況を直接確認できませんので、使用者としては、情報通信機器の使用状況などの客観的な記録や労働者から申告された時間の記録を適切に保存するとともに、労働者が負傷した場合の災害発生状況等について、使用者や医療機関等が正確に把握できるよう、当該状況等を可能な限り記録しておくことを労働者に対してあらかじめ周知しておくことが重要です。

(2)　具体的な対応

具体的には、まず、①業務時間と私的時間の峻別が必要です。テレワークで業務をしている際に、業務時間なのか、私的時間なのかを分けることが必要です。上司とのコミュニケーションを密に行う、業務日報などを記載する、時間管理ツールを使用する等により、業務時間の把握を行うことが必要になります。時間を明確に分けられれば業務遂行性に関しては説明しやすくなっ

てきます。

　次に、②業務時間の記録・業務進捗の適時報告などの管理体制の整備が必要となります。これにより、傷病が労務時間内のものか、そうではないのかを判断することができます。

　業務時間や業務内容の記録については、適切なツールの導入や、テレワーク時の定時連絡のルールづくりなど総合的な管理体制の整備が求められます。業務の詳細の記録や報告、共有ができるタスク管理やスケジュール管理ツールなどを導入して活用することが必要になります。

　さらに、③業務場所の特定も重要です。在宅勤務においては、カフェ、レストランやホテルなどでの仕事を原則禁止する、モバイルワークでは自宅での仕事を原則禁止するなどの方法が考えられます。顧客から緊急の対応を求められ、外出の必要が生じたなどの場合は、上司に時間や場所を報告するなど外出時のルールを決めておくことも重要となってきます。

（難波　知子）

Q2-4-2　テレワークでの通勤災害

 テレワークでも通勤災害が認められるのでしょうか。具体的にどのような場面が想定されますか。

A モバイルワークやサテライトオフィス勤務の場合には、自宅から就業場所への移動中の事故は、通勤災害になり得ます。

在宅勤務の場合、自宅が就業場所ですので、就業場所への移動が生じ得ず通勤災害が認められる可能性は低いといえます。

もっとも、テレワーク従事者に対して、業務上の必要性などから会社への出社を求めた場合の通勤は、通勤そのものです。そこで発生した傷病は通勤災害となり得ます。

1　通勤災害とは？

通勤災害とは、労働者が通勤により被った負傷、疾病、障害または死亡をいいます。

この場合の「通勤」とは、就業に関し、下記①～③に掲げる移動を、合理的な経路および方法により行うことをいい、業務の性質を有するものを除くものとされていますが、移動の経路を逸脱し、または移動を中断した場合には、逸脱または中断の間およびその後の移動は「通勤」とはなりません。

① 住居と就業の場所との間の往復

② 就業の場所から他の就業の場所への移動

③ 住居と就業の場所との間の往復に先行し、または後続する住居間の移動（単身赴任者が家族が住む帰省先住居に帰る移動間等）

ただし、逸脱または中断が日常生活上必要な行為であって、日用品の購入その他これに準ずる行為等厚生労働省令で定めるやむを得ない事由により行うための最小限度のものである場合は、逸脱または中断の間を除き合理的な経路に復した後は「通勤」となります。

このように、通勤災害とされるためには、その前提として、労働者の就業

に関する移動が労災法における通勤の要件を満たしている必要があります。

2　テレワークと通勤災害

　テレワークも、「在宅勤務」、「モバイルワーク」、「サテライトオフィス勤務」、その中でもさまざまな形態が想定されます。モバイルワークは顧客先やカフェ等、サテライトオフィス勤務は会社外のワーキングスペースなどでの勤務となり、自宅以外での勤務の場合、通勤を要します。この通勤時に何らかの事故に遭った場合には、通勤災害となります。

　他方、在宅勤務の場合、自宅が就業場所ですので、「通勤災害」が認められる場面が生じ得ず、これが認められる可能性は低いと考えられます。

　もっとも、テレワーク従事者に対して、業務上の必要性などから会社への出社を求めた場合には、通勤そのものです。そこで発生した傷病は通勤災害となるといえるでしょう。

（難波　知子）

V　テレワークにおける人事評価・人材育成

Q2-5-1 テレワーク実施に際しての人事評価上の問題

Q テレワークの広がりによって、企業の人事評価にどのような問題が生じたのでしょうか。

A テレワークの広がりにより、フェイストゥーフェイスの働き方から、非対面での働き方に変容したことから、労働者個々の業務遂行状況や、成果を生み出す過程で発揮される能力を把握しづらいという問題が顕在化しています。

1　人事評価とは

　人事評価とは、従業員の能力・成果を評価して賃金・処遇を決定することをいいます。人事評価は、昇給額・賞与額の決定の場面はもちろん、従業員の配置の場面でも作用します。また、企業の人事制度にはさまざまなものがあり、たとえば、職能資格制度（企業における職務遂行能力のレベルに応じて分類して資格等級を設定し、序列化する制度）などが設けられることもあります。

　本Qでは、まず人事評価（人事考課権）に対する制約法理の一般論を確認したうえで、テレワーク時代における人事評価の問題点について解説します。具体的なテレワーク時代の人事評価の方法については、次のＱ2-5-2にて解説します。

2　人事評価に対する制約法理

(1)　人事評価の裁量性

　法律上は、労働者の国籍、信条または社会的身分を理由として、賃金等の労働条件の差別的取扱いをしてはならないという均等待遇や（労基法3条）、

労働者が女性であることを理由として、賃金について男性と差別的取扱いをしてはならないという男女同一賃金の原則（労基法4条）、昇進等に関する男女差別的取扱いの禁止（均等法6条）等が定められていますが、一般に人事評価には、使用者の広い裁量が認められています。

(2)　公正評価配慮義務

上記のように、人事評価に関しては、使用者に広い裁量が認められるものの、裁判例では、こうした裁量権への制限法理が形成されています。ニーシーニールセン・コーポレーション事件（東京地判平16・3・31労判873号33頁）では、成果主義的賃金制度における賃金引下げについて、引下げの仕組みに合理性があり、対象者の意見を聞くなど手続も公正であると認められることを要求しています。また、日本システム開発研究所事件（東京高判平20・4・9労判959号6頁）では、年俸制について、使用者と労働者との間で新年度の賃金額の合意が成立しない場合は、年俸額決定のための成果・業績評価基準、年俸額決定手続、減額の限界の有無、不服申立手続等が制度化されて就業規則等に明示され、かつ、その内容が公正な場合に限り、使用者に評価決定権があると判示しています。

このように、人事評価にあたっては、公正な評価がなされているかという観点から、その裁量権の濫用の有無が判断される傾向にあります。公正かつ客観的な評価制度の整備・開示、それに基づく公正な評価の実施、評価結果の開示、説明といった点が重要になると解されます。

(3)　評価すべきでない事実を評価する場合

上記の客観的な評価制度に基づく公正な評価という点と関連しますが、所定の評価要素以外の要素に基づいて評価をしたり、評価期間対象外の事実を考慮したりする場合、人事評価が違法とされる場合があります。裁判例では、経営陣の批判発言を繰り返したことについて、その対象期間での評価にとどまらず、その後の期間でも考慮して低査定としたことを違法と判断した例があります（マナック事件・広島高判平成13・5・23労判811号21頁）。

人事評価に裁量が認められるとはいえ、契約上定めた人事考課基準を明らかに逸脱するような場合には、違法とされる場合があるので注意が必要です。

2　テレワークがもたらした人事評価の問題点

　2020年初頭の新型コロナウイルス感染症の影響により、政府からテレワークの推進が提唱され、多くの企業でテレワークが導入されました。その結果、従前は会議室にてメンバーが一同に会してなされていた会議がオンライン会議に変わるなど、コロナ前の働き方から大きく変容しています。このような働き方の変容により、テレワークにおける人事評価上の問題点が明らかになってきました。

　たとえば、上司の部下に対するマネジメント上の課題を指摘できます。すなわち、コロナ前であれば、同一フロアにいる上司が部下の働きぶりを直接確認することができ、その仕事の進捗状況をきめ細かく確認することが容易でした。しかし、テレワークの普及により、フェイストゥーフェイスの働き方から、非対面での働き方に変容したため、労働者個々の業務遂行状況や、成果を生み出す過程で発揮される能力を把握しづらいという問題が顕在化しました。

　また、上司・部下のコミュニケーションの課題も存在します。同一フロアで勤務しているのであれば、たとえば、部下の電話内容から取引先とのトラブルを早期に察知したり、部下の会話などから、従業員同士の人間関係のトラブルを察知できる場合があります。そのうえで、改善に向けたコミュニケーションを早々に開始することができますが、テレワークの普及により、そうした気づきの遅れ、コミュニケーションがとりにくくなるという懸念があります。また、職場での懇親会の機会も少なくなり、職場外におけるコミュニケーションを図る機会も減少していることも指摘できます。

（織田　康嗣）

Q2-5-2 テレワーク実施に際しての人事評価の方法

Q テレワークを実施する際に、人事評価実施にあたっての留意点はどのようなものでしょうか。

A 人事評価ルールの明確化、部下に求める内容や水準等をあらかじめ具体的に示し、目標を明確化するともに、きめ細かな進捗確認を行うことが求められます。また、人事評価において、オフィス勤務との差別的な取扱いがなされないよう配慮することも必要です。

1　テレワーク時代の人事評価

(1)　人事評価ルールの明確化

テレワークでは、Q2-5-1に述べたように、労働者個々人の業務遂行状況や能力等を把握しづらい側面があります。そこで、企業が、人事評価に関する具体的なルールを決めて、これを遵守すること、また、評価制度の趣旨や評価対象・評価手法等の具体的内容について労働者に説明することが望ましいといえます。

Q2-5-1に述べたとおり、人事評価の手法に関しては、企業の裁量が大きい一方、公正評価配慮義務も課されています。そのため、特にテレワークが中心となっている労働者に関する人事評価について、評価者および被評価者が懸念を抱くことのないように、評価制度および賃金制度を明確にすることが望ましいといえるでしょう。

(2)　目標の明確化およびきめ細かな進捗確認

次に、明確化された人事評価ルールの中で、目標を明確化することが重要といえます。ただし、抽象的な目標を掲げるのみでは適切な人事評価を行うことはできません。全社的な目標を各部署、所属する個人目標といった形でブレークダウンしたうえで、目標を設定していくことが検討されます。上司は、部下に求める内容や水準等をあらかじめ具体的に示しておくとともに、評価対象期間中には、必要に応じてその達成状況等について確認する機会を

柔軟に設けることが望ましいといえるでしょう。

　それに加えて、行動（プロセス）評価も重要であり、テレワークだからといって成果のみで評価することは、被評価者の希望に沿わないことも想定されます。テレワークであっても、上司が部下との間で積極的にコミュニケーションをとり、十分なフィードバックを行うことが肝要です。特に、行動面や勤務意欲、態度等の情意面を評価するのであれば、評価対象となる具体的な行動等の内容や評価の方法をあらかじめ見える化し、具体的に示すことが重要です（たとえば、「チームへの貢献」を評価する場合、「メール等によりチーム員へ情報提供を行うこと」が、評価対象となる具体的な行動の1つであることを示す等）。

〈テレワーク指針4(1)（抜粋）〉

　テレワークは、非対面の働き方であるため、個々の労働者の業務遂行状況や、成果を生み出す過程で発揮される能力を把握しづらい側面があるとの指摘があるが、人事評価は、企業が労働者に対してどのような働きを求め、どう処遇に反映するかといった観点から、企業がその手法を工夫して、適切に実施することが基本である。

　例えば、上司は、部下に求める内容や水準等をあらかじめ具体的に示しておくとともに、評価対象期間中には、必要に応じてその達成状況について労使共通の認識を持つための機会を柔軟に設けることが望ましい。特に行動面や勤務意欲、態度等の情意面を評価する企業は、評価対象となる具体的な行動等の内容や評価の方法をあらかじめ見える化し、示すことが望ましい。加えて、人事評価の評価者に対しても、非対面の働き方において適正な評価を実施できるよう、評価者に対する訓練等の機会を設ける等の工夫が考えられる。

(3)　オフィス勤務との差別的な取扱いの禁止

　テレワークを行う場合の人事評価方法を、出社の場合の評価方法と区別する際は、誰もがテレワークを行えるようにすることの妨げにならないように留意しつつ設定する必要があります。たとえば、テレワークを行わずに出社していることのみを理由として、労働者を高く評価することは適切な人事評価とはいえません。

　また、テレワークにおいては、残業を原則禁止とする場合も少なくありませんが、テレワークを行う者に対し、時間外・休日・深夜のメール等に対応しなかったことのみを理由として不利益な人事評価を行うこともまた適切とはいえません。

〈テレワーク指針4(1)（抜粋）〉

　テレワークを実施している者に対し、時間外、休日又は所定外深夜（以下「時間外等」という。）のメール等に対応しなかったことを理由として不利益な人事評価を行うことは適切な人事評価とはいえない。

　なお、テレワークを行う場合の評価方法を、オフィスでの勤務の場合の評価方法と区別する際には、誰もがテレワークを行えるようにすることを妨げないように工夫を行うとともに、あらかじめテレワークを選択しようとする労働者に対して当該取扱いの内容を説明することが望ましい。（テレワークの実施頻度が労働者に委ねられている場合などにあっては）テレワークを実施せずにオフィスで勤務していることを理由として、オフィスに出勤している労働者を高く評価すること等も、労働者がテレワークを行おうとすることの妨げになるものであり、適切な人事評価とはいえない。

2　ジョブ型雇用への転換

　テレワークによる働き方が広まったことから、「ジョブ型雇用」への見直しに注目が集まっています。「ジョブ型雇用」とは、多くの場合、職務内容を明確化した職種別の採用がなされ、職務によって賃金が決定される（職務給が導入される）場合を指して論じられています（内閣府規制改革会議「ワーキング・グループ報告」では、ジョブ型正社員について、「無限定正社員に対し、(1)職務が限定されている、(2)勤務地が限定されている、(3)労働時間が限定されている（フルタイムであるが時間外労働なし、フルタイムでなく短時間）、いずれかの要素（または複数の要素）を持つ正社員」と定義づけています）。

　これに対して、「メンバーシップ型雇用」とは、職務内容と賃金を切り離し、職務を特定せずに採用するような場合を指します。伝統的な日本型の雇用はこれに当たる場合が多く、同じ会社で勤務する「就社」の色合いが強いとい

えます。

　テレワークの広がりにより、個々の労働者の業務遂行状況や、成果を生み出す過程をきめ細かく確認することが困難となり、成果に対する評価を求める向きもあります。その関係で「職務」に対する評価により採用を行う、職務給を支払うといった「ジョブ型雇用」への関心が高まっているようです。

　しかし、大きな流れとして「ジョブ型雇用」への変容があるとしても、人材確保の観点からジョブ型雇用を検討する場面と、リモートワークにおける人事評価構築の場面は別のはずです。喫緊の課題に対しては、テレワーク指針でも示されている目標の明確化や、評価の方法の見える化、きめ細かな進捗確認を行うことが重要であると考えられます。こうした事項はテレワークによって初めて提唱されたものではなく、従前から公正評価配慮義務を履行するために求められてきた事項ともいえます。「ジョブ型雇用」への転換という大きな変革の前に、まずはテレワークの導入に伴い、あらためて自社の人事評価システムを見直すことが肝要といえるでしょう。

（織田　康嗣）

Q2-5-3 テレワーク実施に際しての人材育成上の問題

Q 　テレワークを広く実施した場合の人材育成上の問題点として、どのような点が挙げられますか。テレワークが広く実施され、対面での教育の機会が減っている場合、人材育成はどのように行えばよいのでしょうか。

A 　テレワークの広がりにより、対面での研修の機会が減り、OJTの機会も減っています。OFF JT による教育と OJT による教育を効果的に組み合わせ、オンラインによる場合には、デジタルの特性を活かした教育を行うべきです。また、テレワークによる労働環境においては、より自律性が求められるため、セルフマネジメントの能力向上を図る教育を行うことも重要です。

1　テレワークにおける人材育成の問題点

　テレワークの広がりにより、新入社員の入社式がオンライン形式で行われたり、各種研修のオンライン対応が求められたりしています。従前対面で研修や社員教育を行っていた会社にとっては、画面越しでは思うような研修が進められず、研修を受ける社員本人にとっても質問がしにくく、不安が大きいという声も上がっているようです。

　テレワークの拡大により、「職場の先輩の背中を見て覚える」といった経験をする機会が減っていることも想定されます。対面での OJT（On the Job Training）を中心に教育している場合、新入社員、中途採用及び異動直後の社員に対し、オンラインのみでは、必要な研修・教育を行うことが困難な状況が生じています。

2　テレワークにおける人材育成の留意点

(1)　OJT との組み合わせ

　職場の上司や先輩が実際の仕事を通じて教育を行う OJT の必要性・

重要性はテレワーク下においても変わりません。人材育成においては、実際に仕事をする人の姿を見て学ぶことが重要という側面があり、意識的に対面の状況下で OJT を行うなどの工夫が必要です。

　テレワークにおいて、OFF JT（Off the Job Training、外部の研修会社の研修プログラム等の職場を離れて行う教育）を活用する場面も増えてきますが、必要な場面では OJT と組み合わせて、効果的な人材育成を行う必要があります。

(2)　オンラインの特性を活かした人材育成

　オンラインでの方法を用いて研修・教育を行う場合には、オンラインの特性を活かした方法を積極的に取り入れるべきです。下記のテレワーク指針でも述べられていますが、先輩社員の営業の姿を大人数の後輩社員がオンラインで見て学ぶ・動画にしていつでも学べるようにする等、デジタルの特性を活かした教育を検討すべきでしょう。

〈テレワーク指針 4 (3) （抜粋）〉

　テレワークを推進する上で、社内教育等についてもオンラインで実施することも有効である。オンラインでの人材育成は、例えば、「他の社員の営業の姿を大人数の後輩社員がオンラインで見て学ぶ」「動画にしていつでも学べるようにする」等の、オンラインならではの利点を持っているため、その利点を活かす工夫をすることも有用である。

(3)　テレワークを効果的にするための育成

　テレワークにおいては、上司や同僚と同一空間で仕事をしないため、より自律性の高い働き方が求められます。周囲と雑談する中で情報交換を行ったり、周囲に合わせた時間管理を行ったりすることが困難となるため、セルフマネジメントの力が重要となります。テレワークが広く浸透した働き方においては、下記ガイドラインでも指摘されているように、積極的・自律的に情報収集、課題把握、課題解決ができる、自分で適切に時間管理を行うことができるなど、自律的に業務を遂行できる人材の育成に取り組むことが望ましいといえるでしょう。

　また、上司にとっても、テレワークの拡大により、同一空間にいない部下

に対するマネジメントが困難になっています。上司からの指導、教育の場面においては、前述のとおり、「背中を見て覚えさせる」ことが困難になっているため、「言語化」して理解させることが重要になっているといえます。テレワークを実施する際には、上司においても、適切な業務指示ができるようにする等、管理職のマネジメント能力向上に取り組むことが望ましいといえます。

〈テレワーク指針4(4)〉

> テレワークの特性を踏まえると、勤務する時間帯や自らの健康に十分に注意を払いつつ、作業能率を勘案して、自律的に業務を遂行できることがテレワークの効果的な実施に適しており、企業は、各労働者が自律的に業務を遂行できるよう仕事の進め方の工夫や社内教育等によって人材の育成に取り組むことが望ましい。
>
> 併せて、労働者が自律的に働くことができるよう、管理職による適切なマネジメントが行われることが重要であり、テレワークを実施する際にも適切な業務指示ができるようにする等、管理職のマネジメント能力向上に取り組むことも望ましい。例えば、テレワークを行うに当たっては、管理職へのマネジメント研修を行うことや、仕事の進め方として最初に大枠の方針を示す等、部下が自律的に仕事を進めることができるような指示の仕方を可能とすること等が考えられる。

3　テレワークを実施するための人材育成

テレワークを実施する際には、新たな機器やオンライン会議ツール、ビジネスチャットツール等を使用する場合があり、一定のITスキルが求められます。テレワーク導入により業務効率が低下することのないよう、テレワークの実施にあたっては、特にデジタルに慣れ親しんでいない世代、社員に対する一定の配慮をし、テレワーク導入初期の段階には必要な研修を行うことも有用です。

〈テレワーク指針 4 (3)(抜粋)〉

> 　テレワークを実施する際には、新たな機器やオンライン会議ツール等を使用する場合があり、一定のスキルの習得が必要となる場合があることから、特にテレワークを導入した初期あるいは機材を新規導入したとき等には、必要な研修等を行うことも有用である。

4　その他

　労基法89条 7 号では、就業規則の相対的必要記載事項として、「職業訓練に関する定めをする場合においては、これに関する事項」を列挙しており、教育訓練に関する定めをする場合には、就業規則に記載する必要があります。

　就業規則本則で職業訓練に関する一般的な定めがおかれていることも少なくないですが、テレワークを行う労働者について、社内教育や研修制度に関する特別の定めをする場合には、その旨を就業規則に規定する必要があります。厚労省のテレワークモデル就業規則においては、以下のような規定が置かれています。

〈テレワークモデル就業規則〉

> 第○条　会社は、在宅勤務者に対して、業務に必要な知識、技能を高め、資質の向上を図るため、必要な教育訓練を行う。
> 2　在宅勤務者は、会社から教育訓練を受講するよう指示された場合には、特段の事由がない限り指示された教育訓練を受けなければならない。

（織田　康嗣）

VI　テレワークにおけるハラスメント

Q2-6-1　テレワークにおけるパワーハラスメント

 パワハラ型のリモートハラスメントの問題について教えてください。

A 　不相当な態様によるメール・チャット、業務時間外のメールやチャットを強要する、不必要なオンライン面談を設定し、その容姿や部屋の様子を映すよう強要する等の行為は、リモートハラスメントに該当する場合があります。

1　リモートハラスメントとは

　テレワークの普及により、上司から部下に対する指示命令もオンラインやメールで行われることがあります。また、社内会議もオンラインで実施されることが少なくありません。従来とは異なるオンラインでの就業環境においては、新しいタイプのハラスメントが問題視されるようになりました。具体的には、業務時間外のメールやチャットを強要される、不必要なオンライン面談を設定し、その容姿を映すよう強要される等の行為です。これらのハラスメントについて、本書では、オンライン環境で生じる「リモートハラスメント」と定義します。

　リモートハラスメントにも、パワーハラスメントの要素をもつ「パワハラ型」とセクシュアルハラスメントの要素をもつ「セクハラ型」に分類できます。とはいえ、リモートハラスメントだからといって、従前のハラスメント該当性の判断枠組みと異なるわけではありません。

　本Qではパワハラ型、次のQ2-6-2でセクハラ型のリモートハラスメントの問題を取り上げます。各Qでは、ハラスメントの判断枠組みについて確

認しつつ、類型ごとに検討を加えることにします。

2　パワーハラスメントとは

　パワーハラスメントとは、①職場において行われる優越的な関係を背景とした言動であって、②業務上必要かつ相当な範囲を超えたものにより、③労働者の就業環境が害される行為をいいます（労総施策法30条の2第1項）。ここでいう、①から③の要素をすべて満たすものが職場におけるパワーハラスメント（以下、「パワハラ」といいます）と定義されます。

　そして、その解釈に関しては、「事業主が職場における優越的な関係を背景とした言動に起因する問題に関して雇用管理上講ずべき措置等についての指針」（パワハラ指針）が定めています。パワハラ指針によれば、上記①の要素の「職場」とは、労働者が業務を遂行する場所をいい、当該労働者が通常就業している場所以外の場所であっても、業務を遂行する場所については、「職場」に含まれると解しています。そのため、オフィスに居なくても、テレワークにより自宅で業務遂行している限りでは「職場」に該当するということになります。

　同指針では、パワハラの典型的な6類型として、以下の類型を定めています。

① 　暴行・傷害（身体的な攻撃）

② 　脅迫・名誉棄損・侮辱・ひどい暴言（精神的な攻撃）

③ 　隔離・仲間はずし・無視（人間関係からの切り離し）

④ 　業務上明らかに不要なことや遂行不可能なことの強制、仕事の妨害（過大な要求）

⑤ 　業務上の合理性なく、能力や経験とかけ離れた程度の低い仕事を命じることや仕事を与えないこと（過小な要求）

⑥ 　私的なことに過度に立ち入ること（個の侵害）

　リモートハラスメントにおいては、①が問題になることはありませんが、その他の類型のパワハラが生じることは十分あり得ます。

3　パワハラ型のリモートハラスメントの具体例

(1)　WEB カメラでの撮影の強要

　パワハラ型のリモートハラスメントとして、WEB カメラでテレワーク中の姿や部屋の中を撮影することを強要することが想定されます。WEB カメラでの不必要な撮影はセクシュアルハラスメントとしての側面を有する場合もあるでしょうが、プライバシーの観点から室内を映したくないという社員に上司が無理に見せるよう強要することは、精神的な攻撃、私的なことに過度に立ち入るものとして、パワハラに該当する可能性があります。

　ただし、前述のとおり、パワハラに該当するのは、「業務上必要かつ相当な範囲を超えた」場合に限ります。オンライン会議ツールでは、カメラを起動させる設定にしたとしても、ソフトの設定により背景を消すことも可能です。また、オンライン会議において、出席者の顔を映すことで、出席者の反応を確認する、効率的なコミュニケーションを図るという一定の合理性もあると考えられ、少なくとも顔を画面に映すことを部下に求めたことをもって、直ちにパワハラに該当するとはいえないと考えられます。

(2)　業務時間外のメール・チャットの強要

　業務時間外のメールやチャットへの即回答を要求するような行為に関しても、過大な要求に該当するなどとして、パワハラに該当し得ることはもちろん、当該時間が時間外労働として認定されることもあります。

　業務時間外の指示に関する直接の事例ではありませんが、裁判例では、飲酒を強要したこと、体調不良であったにもかかわらず自動車運転を強要したことに加え、深夜に叱責のメールを送信ないし留守電を残したこと、夏季休暇中の深夜に「お前。辞めていいよ。辞めろ。辞表を出せ。ぶっ殺すぞ、お前」などという留守電を残したことに関して、不法行為を構成すると認定し、損害賠償請求を認めた事例があります（ザ・ウィンザー・ホテルズインターナショナル事件・東京高判平25・2・27労判1072号5頁）。

　このほか、業務上の指示を突然に変更したり、独断で業務内容を決定することで、その都度対応しなければならない状況に置かれたことに加え、「不安（恐怖）抑うつ状態」と診断された後、とりあえず1週間休みなさいと言

われたものの、自宅での療養中に、業務に関する指示等をファクシミリで受けたり、店長会議に出席するように命じられたりした行為に関して、不法行為を認定した事例があります（天むす・すえひろ事件・大阪地判平20・9・11労判973号41頁）。

(3)　不相当な態様によるメール・チャット

　上司からの注意、指導が電子メール、チャット等でなされる場合、これが部下に強いストレスを与える文言・態様でなされることで生じるハラスメントも存在します。不必要に多数の社員を CC に入れたうえで、部下に人格的な非難を加えるメールを送信するような行為が典型例です（パワハラ指針においても、「相手の能力を否定し、罵倒するような内容の電子メール等を当該相手を含む複数の労働者宛てに送信すること」は、精神的な攻撃に該当する例として列挙されています）。

　裁判例では、「意欲がない、やる気がないなら、会社を辞めるべきだと思います」などと記載した電子メールを被害者とその職場の同僚に送信した行為に関して、退職勧告とも、会社にとって不必要な人間であるとも受け取られるおそれのある表現が盛り込まれており、これが本人のみならず同じ職場の従業員十数名にも送信されていること、「あなたの給料で業務職が何人雇えると思いますか。あなたの仕事なら業務職でも数倍の実績を挙げますよ。……これ以上、当 SC に迷惑をかけないで下さい」という表現が含まれていたことにも鑑み、不法行為を構成すると判断した事例があります（三井住友海上火災保険事件・東京高判平17・4・20労判914号82頁）。

　このほか、社内チャット（チャットワーク）において、「今日な、○○星人が朝からやばくてさ…昼もうっさかったやろ？」、「○○さんはほんま個室に閉じこもっててwガチで精神医療センター入ってほしいわー！笑」などと同僚の陰口を書き込んでいた行為に関して、被害者に対して直接送信されたものではなかったうえ、加害者以外の人物が両者間のチャットページを閲覧することは基本的に想定されていなかったといえるものの、社内において、チャットワークの画面を閲覧することができる者の範囲に限定が加えられていなかったことからすると、被害者が本件書き込みの内容を閲覧する一定の可能性があったというべきであり、かかる事情の下では、チャットワーク上

への書き込みによって、個人の人格を傷つけることがないよう注意すべき義務があるというべきであり、それにもかかわらず、本件書き込みのように個人の人格を傷つける内容の表現を行うことは、過失による違法行為であるとの評価を免れないと判断した事例があります（港製器工業事件・大阪地判平30・12・20労ジャ86号44頁）。

4　おわりに

　上記のほか、特定の従業員のみオンライン飲み会に呼ばないといった行為は、パワハラ6類型のうち、「人間関係からの切り離し」に該当するといえますし、テレワークでの時間外労働を認めないことを前提としながら、過大な業務を与え、時間外労働の申告を拒否するような行為は「過大な要求」、「精神的な攻撃」に該当するといえるでしょう。

　冒頭にも述べたとおり、リモートハラスメント独自の規制や判断枠組みがあるわけではなく、従来のパワハラ該当性を検討すれば足ります。とはいえ、急なテレワークの導入により、上司がテレワークに対する理解が不十分なケースも少なくありません。企業としては、ハラスメント研修にリモートハラスメントに関する項目を追加するなど、社内のルール、従業員のリモートハラスメント防止に関する共通認識の構築に努めるべきでしょう。

（織田　康嗣）

Q2-6-2　テレワークにおけるセクシュアルハラスメント

 セクハラ型のリモートハラスメントの問題について教えてください。

A 　WEB カメラを用いて、性的動機をもってその容姿や部屋の様子を写すよう強要する行為のほか、リモートワークで使用頻度の増えたメールや SNS を通じたセクハラに注意が必要です。

1　セクシュアルハラスメントとは

　「事業主が職場における性的な言動に起因する問題に関して雇用管理上講ずべき措置についての指針」（セクハラ指針）によれば、セクシュアルハラスメント（以下、「セクハラ」といいます）とは、職場において行われる性的な言動に対する労働者の対応により当該労働者がその労働条件につき不利益を受けるもの（対価型セクハラ）、および、当該性的な言動により労働者の就業環境が害されるもの（環境型セクハラ）をいいます（均等法11条1項）。

　たとえば、対価型セクハラには、日頃から労働者に係る性的な事柄について公然と発言していたが、抗議されたため、当該労働者を降格するといった行為、環境型セクハラには、事務所内において上司が労働者の腰、胸等にたびたび触ったため、当該労働者が苦痛に感じてその就業意欲が低下している場合が該当します。

　セクハラの定義における「職場」とは、労働者が業務を遂行する場所を指すと解されており、通常就業している場所以外の場所であっても、業務を遂行する場所については、「職場」に含まれます。そのため、取引先の事務所、取引先と打合せをするための飲食店はもちろん、テレワーク中の自宅等であっても、当該労働者が業務を遂行する場所であれば、当然「職場」に含まれることになります。

2　セクハラの該当性判断

　セクハラの違法性判断については、複数の要素の相関関係によって判断されます。すなわち、その行為の態様、行為者の職務上の地位、年齢、被害者の年齢、婚姻歴の有無、両者のそれまでの関係、当該行為の行なわれた場所、その行為の反復・継続性、被害者の対応等を総合的にみて、それが社会的見地から不相当とされる程度のものである場合には、性的自由ないし性的自己決定権等の人格権を侵害するものとして、違法となります（金沢セクハラ事件・名古屋高金沢支判平8・10・20労判707号37頁）。

　また、相手との同意のうえでの性的行動であったのか否かが問題となるケースも少なくありません。基本的には、両者の関係性から、相手が抵抗できる状況にあったのか否かを考慮することになりますが、判例では、男性職員が勤務時間中に訪れたコンビニエンスストアにおいて、女性従業員の手を自らの下半身に接触させようとするなどのわいせつ行為に及んだ事案に関して、男性職員と本件従業員は、コンビニエンスストアの客と店員の関係に過ぎないから、本件従業員が終始笑顔で行動し、男性職員による身体的接触に抵抗を示さなかったとしても、それは客とのトラブルを避けるためのものであったとみる余地があり、身体的接触についての同意があったとして、これを男性職員に有利に評価することは相当ではないとした事案があります（加古川市事件・最判平成30・11・6労判1227号21頁）。

3　セクハラ型のリモートハラスメントの具体例

⑴　WEB カメラを通じたセクハラ

　セクハラ型のリモートハラスメントとして、たとえば、女性従業員を含めたオンライン会議において、女性従業員の室内の様子について執拗に言及する、女性従業員の全身を WEB カメラに映すことを求める、テレワーク中の服装について執拗に言及するといった行為が想定されます。このような行為は、労働者の意に反する性的な言動（行為）により、その就業環境が不快なものとし、能力の発揮に重大な悪影響が生じさせるものですから、環境型セクハラとして整理されるでしょう。

　なお、Q 2 - 6 - 1 で述べたとおり、合理的な理由なく、WEB カメラでテレワーク中の姿の撮影を強要することはパワハラに該当し得ますが、その動機が性的なものであれば、セクハラにも該当し得ます。

(2)　メールや SNS を通じたセクハラ

　テレワークによって、従業員同士が直接対面する機会が減っているとはいえ、メール・SNS を通じた執拗なデートへの誘い、性的な言動を含むメッセージの送信等が問題になることがあります。テレワークの普及以前から問題となっていた形態ではありますが、非対面で生じ得るセクハラ形態として、引き続き注意する必要があります。

　裁判例では、上司が部下に対して、「愛してる」などと LINE でのメッセージを送信したうえ、部下からはぐらかすような応答がされたことに対し、「もう、いい」などというメッセージを送信した行為に関して、部下を不安・困惑に陥れ、以後の就業環境を不快なものにする言動であるから、社会通念上相当性を欠く違法なセクハラ行為に当たると判断した事例があります（東京地判平成28・12・21LEX/DB インターネット）。

　このほか、アカデミックハラスメントとしての性質ももつ事例ですが、教授が女子学生に対し、メールを繰り返し発信し、また、食事に誘った行為に関して、当該女子学生に強い性的不快感を与え、修学環境を著しく汚染するという結果を生じていることを考慮し、当該教授に対する懲戒処分としての降格を有効と解した事例もあります（X 大学事件・東京高判令元・6・26判タ1467号54頁）。

　セクハラは、テレワークによって加害者と直接対面しない場面においても十分発生するものです。テレワークが増加した労務環境においては、(1)のような典型的なリモートハラスメントの態様はもちろん、メールや SNS を通じたセクハラにも引き続き注意が必要です。

（織田　康嗣）

Q2-6-3 テレワークにおけるモニタリング

Q テレワークにおいてモニタリングする場合の注意点について教えてください。また、私用メールなどの私用行為の限界について、教えてください。

A 業務上の必要性・相当性が認められる場合には、モニタリングが許容される場合があります。テレワーク中の私用メールに関しては、その利用頻度など具体的な態様を考慮したうえで、一定の範囲を超える場合には、職務専念義務違反を問うことが可能といえます。

1 テレワークとモニタリングの問題

テレワークにおいては、従業員がサボらずに業務に従事しているか、その就業状況を確認したいというニーズがあり、パソコン等へのモニタリングの限界が問題となります。また、ハラスメントを見逃すことのないよう、管理職のパソコンを定期的にチェックするというニーズも想定されます。ただし、モニタリングの程度・態様によっては、パワハラに該当したり、プライバシー侵害に該当する可能性があることに留意する必要があります。パワハラ指針では、「個の侵害」に該当する例として、「労働者を職場外でも継続的に監視」することが挙げられています。

2 モニタリングに関する裁判例

モニタリングに関する裁判例として、携帯電話のナビシステムの接続による労働者の居場所確認に関する事例があります（東起業事件・東京地判平24・5・31労判1056号19頁）。同裁判例では、外回りの多い従業員について、その勤務状況を把握し、緊急連絡や事故時の対応のために当該従業員の居場所を確認するという合理的な目的があるとしたうえで、労務提供を義務づけられる勤務時間帯およびその前後の時間帯において、本件ナビシステムを使用して勤務状況を確認することが違法であるということはできないと判断する一方、

早朝、深夜、休日、退職後のように、従業員に労務提供義務がない時間帯、期間において本件ナビシステムを利用して居場所確認をすることは、特段の必要性がない限り、許されないと判示しています。

　このほか、労働者が社内コンピュータネットワークシステムを用いて送受信を行った私的な電子メールを当該労働者の許可なく閲読したことに関して、不法行為の成立を否定した事例があります（F社Z事業部（電子メール）事件・東京地判平成13・12・3労判826号76頁）。同事例では、会社のネットワークを使用した私的メールについては、外部からの連絡に適宜即応するために必要かつ合理的な限度の範囲において社会通念上許容されるとしたうえで、この場合に期待し得るプライバシーの保護の範囲は、通常の電話装置における場合よりも相当程度軽減されることを甘受すべきであり、監視の目的、手段およびその態様等を総合考慮し、監視される側に生じた不利益とを比較考量のうえ、社会通念上相当な範囲を逸脱した監視がなされた場合に限り、プライバシー侵害となると判示しています。

　これらの裁判例を踏まえると、テレワーク勤務時における就業状況等の監視についても、一般論としては、その監視のための業務命令や措置について、業務上の必要性・相当性が認められる場合には、許容される場合があるといえます。

　しかし、テレワークでは、会社の貸与パソコンを使用する場合のほか、従業員個人が所有する私用パソコンを業務に使用する場合があります。特に後者の場合、プライベートなメールのやり取りの記録がパソコン内に保存されたり、業務時間中に予期せずプライベートなメールの着信通知がきたりすることも想定されます。会社のパソコンは業務のために用いられることを前提にしており、従業員のプライバシーの期待の程度が小さいといえますが、やむなく私用パソコンを使用せざるを得なくなっている状況下では、上記のように私用パソコンではプライベートな情報が混在するという特殊性も考慮する必要性があると解されます。

3　個人情報保護委員会Q&A

「個人情報保護委員会『個人情報の保護に関する法律についてのガイドラ

イン』及び『個人データの漏えい等の事案が発生した場合等の対応について』
に関するＱ＆Ａ」（平成29年２月16日・令和３年９月30日更新）のＱ４－６（従
業者の監督）では、従業者に対する監督の一環として、個人データを取り扱
う従業者を対象とするビデオやオンライン等による監視（モニタリング）を
実施する際の留意点として、以下の点を列挙しています。

① モニタリングの目的をあらかじめ特定したうえで社内規程等に定め、
　 従業者に明示すること
② モニタリングの実施に関する責任者およびその権限を定めること
③ あらかじめモニタリングの実施に関するルールを策定し、その内容を
　 運用者に徹底すること
④ モニタリングがあらかじめ定めたルールに従って適正に行われている
　 か、確認を行うこと

これらの点は、テレワーク勤務時におけるモニタリングの実施を検討する
場合においても、参考にすべきでしょう。

4　テレワーク勤務中の私用メール

最後に、テレワークにおける私用メール等の私的行為の限界について検討
します。テレワークにおいては、管理者が直接部下の勤務状況を監督するこ
とができないため、こうした私用メールを含む私的行為の限界が問題になる
ことがあります。

従業員は雇用契約に基づく職務専念義務を負っているところ、これを突き
詰めると、就業時間中に一切の私用メールを利用することは禁止されそうで
す。とはいえ、一切の私語を禁止することが現実的でないのと同様、私用
メールについても、その具体的な態様をもって職務専念義務違反を問題にす
べきです。

全国建設工事業国民健康保険組合北海道東支部事件（札幌地判平17・５・
26労判929号66頁）では、会社パソコンを使用した私的メールの交信が懲戒処
分の事由には該当するものの、私的メール交信は、約７か月間のうち28回に
過ぎず、１回の所要時間も短時間のものであり、内容的にも業務関連のもの
が少なくないこと、業務用パソコンの取扱規則等の定めがなかったこと、各

職員のパソコンの私的利用に対して注意や警告がなされたことはなく、管理職においても私的利用の実態があったこと等を考慮して、懲戒権の濫用として減給処分を無効と解しています。その一方で、K工業大学事件（福岡高判平17・9・14労判903号68頁）では、業務用パソコンを利用して出会い系サイトに登録したり、大量の私用メールを送受信したりしたことを理由に懲戒解雇を適法と解しています。

　このように裁判例は、私用メールの利用頻度など、その具体的な態様を個別に判断しています。テレワークによる就労状況下においても、私用メールの利用頻度などの具体的な態様を考慮したうえで、一定の範囲を超える悪質な私的行為に対しては、職務専念義務違反を問うことが可能といえます。

（織田　康嗣）

VII　テレワークの実施に際しての費用負担と社会保険料、税務等

Q2-7-1　テレワークの費用負担

 テレワークにおける通信機器等の費用負担はどうすべきでしょうか。

A テレワークに要する費用負担については、労使のどちらが負担すべきという法律の規定はなく、労使の話し合い等によって決めることになります。

テレワークを行う際に生じる費用としては、たとえば、PC等を使用する場合の通信費、機器の購入費用、サテライトオフィスの使用料等が考えられます。

このような費用を労使のどちらが負担するかについて、法律上は定められていません。そこで、費用をどちらが負担するかについては、労使の協議などで決めることになります。

労使の協議においては、テレワークの実施自体が労働者の希望に基づいて行われるものなのか、必要となる機器等が業務以外では使い道があるものなのか（業務外でも使い道があるのであれば労働者が負担すべきという要素になります）といった点が考慮要素になります。

労使協議等で決めるべき内容としては、使用者が負担するか否か、使用者が負担する場合の限度額、負担する費用の支払・請求方法等が考えられます。また、労働者に情報通信機器、作業用品その他の負担をさせる定めをする場合には、当該事項について就業規則に規定しなければならないこととされている（労基法89条5号）ので、注意が必要です。

（中村　仁恒）

Q2-7-2　テレワークと社会保険関係

 　テレワークに関して支給する在宅勤務手当等は社会保険料の算定上どのように扱われるでしょうか。

 　手当ごとに厚労省の通達が出されており、通達内容を踏まえて取り扱う必要があります。

　テレワークで支給される手当の社会保険料の取扱いを明確化するため、「標準報酬月額の定時決定及び随時改定の事務取扱いに関する事例集」（厚労省事務連絡）が令和3年4月1日改正されました。

　テレワークで支給する手当については、同事例集に沿って取り扱う必要があるため、その内容をご紹介します（以下、同事例集の解説によります）。

1　テレワークを導入した際の交通費や在宅勤務手当は社会保険料・労働保険料等の算定基礎に含めるべきか

　テレワークに要する費用負担の取扱いについては、あらかじめ労使で十分に話し合い、企業ごとの状況に応じたルールを定め、就業規則等において規定しておくことが望ましいとされています。

　テレワークを実施するにあたり新たに発生する費用等について企業が負担する場合、これら費用等を社会保険料・労働保険料等の算定基礎に含めるか否かについては、以下の内容を参考に、適切に取り扱う必要があります。

　なお、社会保険料・労働保険料等の算定基礎となる「報酬及び賞与（以下「報酬等」という。）」や「賃金」は、法律上（健保法、厚年法および労働保険徴収法）、賃金、給料、手当、賞与その他いかなる名称であるかを問わず、労働者が労働の対償として受けるすべてのものであるとされています。

　また、事業主が負担すべきものを労働者が立て替え、その実費弁償を受ける場合、労働の対償とは認められないため、報酬等・賃金に該当しないこととされています。

(1)　テレワーク対象者が一時的に出社する際に要する交通費（実費）

基本的に、当該労働日における労働契約上の労務提供地が自宅か企業かで、以下のとおり、当該交通費を社会保険料・労働保険料等の算定基礎に含めるか否かの取扱いが変わります。

① 当該労働日における労働契約上の労務の提供地が自宅の場合

　　労働契約上、当該労働日の労務提供地が自宅とされており、業務命令により企業等に一時的に出社し、その移動にかかる実費を企業が負担する場合、当該費用は原則として実費弁償と認められ、社会保険料・労働保険料等の算定基礎となる報酬等・賃金には含まれません。

② 当該労働日における労働契約上の労務の提供地が企業とされている場合

　　当該労働日は企業での勤務となっていることから、自宅から当該企業に出社するために要した費用を企業が負担する場合、当該費用は、原則として通勤手当として報酬等・賃金に含まれるため、社会保険料・労働保険料等の算定基礎に含まれます。

（参考）

当該日における労働契約上の労務の提供地	「自宅－企業」間の移動に要する費用の取扱い	社会保険料・労働保険料等の算定基礎
自宅	業務として一時的に出社する場合は実費弁償（報酬等・賃金に該当しない）	非対象
企業	通勤手当（報酬等・賃金に該当する）	対象

⑵ 在宅勤務手当

企業がテレワーク対象者に対し「在宅勤務手当」を支払う場合、当該在宅勤務手当を社会保険料・労働保険料等の算定基礎に含めるか否かの取扱いについては、当該在宅勤務手当の内容が企業ごとに異なることから、その支給要件や、支給実態などを踏まえて判断する必要がありますが、基本的な考え方は下記のとおりです。

① 在宅勤務手当が労働の対償として支払われる性質のもの（実費弁償に当たらないもの）である場合

在宅勤務手当が、労働者が在宅勤務に通常必要な費用として使用しな
かった場合でも、その金銭を企業に返還する必要がないもの（たとえば、
企業が労働者に対して毎月5000円を渡し切りで支給するもの）であれば、
社会保険料・労働保険料等の算定基礎となる報酬等・賃金に含まれると
考えられます。

② 在宅勤務手当が実費弁償に当たるようなものである場合

在宅勤務手当が、テレワークを実施するにあたり、業務に使用するパ
ソコンの購入や通信に要する費用を企業がテレワーク対象者に支払うよ
うなものの場合、その手当が、業務遂行に必要な費用にかかる実費分に
対応するものと認められるのであれば、当該手当は実費弁償に当たるも
のとして、社会保険料・労働保険料等の算定基礎となる報酬等・賃金に
含まれないと考えられます。

2　在宅勤務手当のうち実費弁償に当たるようなものである場合は社会保険料・労働保険料等の算定基礎に含める必要はないとされているが、どのようなものが該当するか

在宅勤務手当のうち、社会保険料・労働保険料等の算定における実費弁償
に当たるものは次のようなものが考えられます。

なお、一つの手当において、実費弁償分であることが明確にされている部
分とそれ以外の部分がある場合には、当該実費弁償分については社会保険料・
労働保険料等の算定基礎に含める必要はなく、それ以外の部分は社会保険料・
労働保険料等の算定基礎に含まれます。

また、労働者が在宅勤務に通常必要な費用として使用しなかった場合でも、
その金銭を企業に返還する必要がないもの（たとえば、企業が労働者に対して
毎月5000円を渡し切りで支給するもの）であれば、社会保険料・労働保険料等
の算定の基礎に含まれると考えられます。

(1)　労働者へ貸与する事務用品等の購入[1]

---

[1]　事務用品等については、企業がその所有権を有し労働者に貸与するものを前提とし
ています。事務用品等を労働者に貸与するのではなく支給する場合（事務用品等の所有
権が労働者に移転する場合）には、労働者に対する現物給与として社会保険料・労働保

　労働者へ貸与する事務用品等の購入については、以下のような場合が実費弁償に当たると考えられます。

① 企業が労働者に対して、在宅勤務に通常必要な費用として金銭を仮払した後、労働者が業務のために使用する事務用品等を購入し、その領収証等を企業に提出してその購入費用を精算（仮払金額が購入費用を超過する場合には、その超過部分を企業に返還[2]）する場合

② 労働者が業務のために使用する事務用品等を立替払により購入した後、その購入に係る領収証等を企業に提出してその購入費用を精算（購入費用を企業から受領）する場合

(2) 通信費・電気料金

通信費・電気料金については、以下のような場合が実費弁償に当たると考えられます。

① 企業が労働者に対して、在宅勤務に通常必要な費用として金銭を仮払した後、労働者が業務のために使用した通信費・電気料金を精算（仮払金額が業務に使用した部分の金額を超過する場合には、その超過部分を企業に返還[3]）する場合

② 労働者が業務のために使用した通信費・電気料金を立替払により負担した後、その明細書等を企業に提出して通信費・電気料金を精算（業務に使用した部分を企業から受領）する場合

　なお、通信費・電気料金については、たとえば、通話明細書等により業務のための通話に係る料金が確認できる通話料のようなもののみではなく、業務に要した費用と生活に要した費用が一括で請求される電気料金のようなも

険料等の算定基礎に含める必要があります。
　なお、たとえば、企業が労働者に専ら業務に使用する目的で事務用品等を「支給」という形で配布し、その配布を受けた事務用品等を従業員が自由に処分できず、業務に使用しなくなったときは返却を要する場合も、「貸与」とみて差し支えありません。

2　企業が労働者に支給した在宅勤務手当のうち、購入費用や業務に使用した部分の金額を超過した部分を労働者が企業に返還しなかったとしても、その購入費用や業務に使用した部分の金額については労働者に対する報酬等・賃金として社会保険料・労働保険料等の算定基礎に含める必要はありませんが、その超過分は労働者に対する報酬等・賃金として社会保険料・労働保険料等の算定基礎に含める必要があります。

3　前掲注2参照。

のが含まれます。

　このようなものについては、就業規則、給与規定、賃金台帳等において、実費弁償分の算出方法が明示され、実費弁償に当たるものであることが明らかである場合には、当該実費弁償部分については社会保険料・労働保険料等の算定基礎に含める必要はありません。

　業務に要した費用と生活に要した費用が一括で請求される費用の実費弁償分の算出方法としては、業務のために使用した部分を合理的に計算し、当該部分を実費弁償分とする方法[4]などが考えられます。

(3)　レンタルオフィスの利用料金

　労働者が、事業主が業務上必要であると認め勤務時間内に自宅近くのレンタルオフィス等を利用して在宅勤務を行った場合、①労働者が在宅勤務に通常必要な費用としてレンタルオフィス代等を立替払し、かつ、②業務のために利用したものとして領収証等を企業に提出してその代金が精算されているものについては、社会保険料・労働保険料等の算定の基礎には含まれません（企業が労働者に金銭を仮払し、労働者がレンタルオフィス代等に係る領収証等を企業に提出し精算した場合も同じです）。

（中村　仁恒）

4　国税庁における「在宅勤務に係る費用負担等に関するFAQ（源泉所得税関係）（令和3年5月31日更新）（URL：https://www.nta.go.jp/publication/pamph/pdf/0020012-080.pdf）で示されている計算方法等。

Q2-7-3 テレワークと課税関係

 テレワークに関して、手当等を支給した場合、従業員の給与として課税する必要はありますか。

A テレワークの手当に関しては、手当の内容・性質に応じて国税庁が「在宅勤務に係る費用負担等に関する FAQ（源泉所得税関係）」を作成していますので、同内容に沿って処理する必要があります。

　国税庁は、手当や物品の支給について、課税すべき場合とそうでない場合等を、「在宅勤務に係る費用負担等に関する FAQ（源泉所得税関係）」（URLはQ2-7-2脚注4参照）で整理しています。取り上げられている手当や物品の等は、以下のとおりです。

① 在宅勤務手当

② 在宅勤務に係る事務用品等の支給

③ 在宅勤務に係る環境整備に関する物品の支給

④ 在宅勤務に係る消耗品等 の購入費用 の支給

⑤ 業務使用部分の精算方法

⑥ 通信費に係る業務使用部分の計算方法

⑦ 通信費の業務使用部分の計算例

⑧ 電気料金に係る業務使用部分の計算方法

⑨ レンタルオフィス

⑩ 新型コロナウイルス感染症の感染が疑われる場合のホテルの利用料等

⑪ 室内消毒の外部への委託費用や PCR 検査費用等

⑫ 在宅勤務者に対する食券の支給①（食券以外の食事の支給がない場合）

⑬ 在宅勤務者に対する食券の支給②（食券以外の食事の支給がある場合）

　注意点として、いずれも、手当や物品の名称で課税関係が決まるのではなく、実体で判断されることになります。

　たとえば、物品の「貸与」については、企業が従業員に専ら業務に使用する目的で事務用品等を「支給」という形で配付し、その配付を受けた事務用

品等を従業員が自由に処分できず、業務に使用しなくなったときは返却を要する場合も、その性質は「貸与」とみて差し支えないとされているなど、企業内で用いている名称ではなく実態でその性質が判断され、課税関係が変わりますので、注意が必要です。

　検討にあたっては、上記「在宅勤務に係る費用負担等に関する FAQ（源泉所得税関係）」の内容を実際にご参照ください。

（中村　仁恒）

VIII テレワーク関連訴訟の管轄・準拠法等

Q2-8-1 テレワークと普通裁判籍等

 テレワークに関して紛争が発生した場合、原則として、どこの裁判所で裁判を行うことになりますか。

 原則としては、被告の普通裁判籍（主たる営業所または営業所）に管轄があります。

「訴えは、被告の普通裁判籍の所在地を管轄する裁判所の管轄に属する」とされています（民訴法4条1項）。

被告の普通裁判籍は、原則として、自然人であれば住所、法人であればその主たる事務所または営業所によって定まります。

そのため、使用者を訴える場合には、使用者が法人であれば本店所在地、個人であればその住所に普通裁判籍があります。反対に、労働者個人を訴える場合には、労働者の住所が普通裁判籍になります。

なお、「事務所又は営業所を有する者に対する訴えでその事務所又は営業所における業務に関するもの」については、「当該事務所又は営業所の所在地」を管轄する裁判所にも訴えを提起することができます（民訴法5条5号）。そこで、支店で勤務する労働者は、支店の地を管轄する裁判所に訴えることができます。なお、テレワークをしている場合に、テレワークを行っている場所（自宅等）を会社の「事務所又は営業所」と評価することは難しいと考えられるため、自宅等を会社の事務所または営業所としてその地を管轄する裁判所に訴えを提起することは難しいでしょう。

（中村 仁恒）

Q 2 - 8 - 2　賃金支払請求における管轄

 テレワークをしている労働者が賃金支払請求をする場合、管轄の裁判所はどこになるでしょうか。

A 原則としては、本店所在地か、テレワークで労務を提供している事業所の地を管轄する裁判所となります。

　まず、被告の普通裁判籍は、原則として、自然人であれば住所、法人であればその主たる事務所または営業所によって定まりますので、上記の地を管轄する裁判所に訴えを提起することが可能です。

　また、「事務所又は営業所を有する者に対する訴えでその事務所又は営業所における業務に関するもの」については、「当該事務所又は営業所の所在地」を管轄する裁判所にも訴えを提起することができますので、支店に所属してテレワークを行っている場合には、支店の地を管轄する裁判所に訴えを提起することも可能です。

　なお、財産権上の訴えは、「義務履行地」を管轄する裁判所に提起することができます（民訴法 5 条 1 号）。これに関連して、賃金の支払義務を履行すべき場所がどこであるかが問題となりますが、通常は、会社から給料をもらうという発想により、営業所の所在地が義務履行地とされます（「東京地裁書記官に訊く―労働部編―」LIBRA 12巻11号（2012年11月号）3 頁）。そのため、通常は、賃金支払請求における義務履行地を根拠としても、営業所の所在地を管轄する裁判所に管轄があることになります。

（中村　仁恒）

Q2-8-3 安全配慮義務違反等による損害賠償請求の管轄

 Q 安全配慮義務違反等による損害賠償請求をする場合、管轄の裁判所はどこになるでしょうか。

A 被告の住所・本店所在地（加えて、支店で勤務している場合は支店の所在地）を管轄する裁判所の他、労働者の住所地を管轄する裁判所にも訴えを提起することが可能と考えられます。

　被告の住所・本店所在地を管轄する裁判所に訴訟提起が可能なこと、支店に勤務する場合には支店の所在地を管轄する裁判所に訴訟提起が可能なことは、Q2-8-1において述べたとおりです。

　安全配慮義務違反等による損害賠償請求をする場合、上記に加えて、労働者の住所地を管轄する裁判所に訴えを提起することも可能と解されます。

　安全配慮義務違反による損害賠償請求は、不法行為に基づく損害賠償請求か、あるいは、安全配慮義務違反を理由とする損害賠償請求が考えられます。

　不法行為による損害賠償請求の場合、不法行為の損害賠償債務の義務履行地は被害者（労働者）の住所地と考えられるため（民法484条1項）、労働者の住所地を管轄する裁判所に管轄が認められます。

　また、安全配慮義務違反を理由とする損害賠償請求について義務履行地を検討すると、「義務履行地」とは、本来の契約上の義務を履行する地ではなく、訴訟物となっている法律関係の義務を履行する地と解されています（秋山幹男ほか『コンメンタール民事訴訟法Ⅰ〔第2版追補〕』110頁（日本評論社、2014年））。そのため、本来の契約上の債務を履行すべき地（安全配慮義務に基づく種々の措置を提供すべき場所）ではなく、安全配慮義務違反による損害賠償債務の履行地が「義務履行地」となり、労働者の住所地となります（民法484条1項参照）。

　以上より、被告の住所・本店所在地（加えて、支店で勤務している場合は支店の所在地）を管轄する裁判所に加えて、労働者の住所地を管轄する裁判所にも訴えを提起することが可能と考えられます。

（中村　仁恒）

Q 2-8-4 テレワークと国際管轄

 　　外国でテレワークをしている場合、日本国内の企業を訴えることは可能でしょうか。

A 　　労務の提供の地が、日本国内にある場合などは、日本国内で法的手続を進めることが可能です。

　テレワークの業務が国外で行われることは、まれであるとは思われますが、そのような事態も想定されます。

　当該テレワークが行わる地の外国に管轄があるかは、当該国の法律の定めによることになります。

　日本国内に管轄があるかについては、日本法の規定・解釈の問題となります。民訴法3条の4第2項は、「労働契約の存否その他の労働関係に関する事項について個々の労働者と事業主との間に生じた民事に関する紛争（以下「個別労働関係民事紛争」という。）に関する労働者からの事業主に対する訴えは、個別労働関係民事紛争に係る労働契約における労務の提供の地（その地が定まっていない場合にあっては、労働者を雇い入れた事業所の所在地）が日本国内にあるときは、日本の裁判所に提起することができる」と定めています。

　そのため、労務提供地が日本にあるか、労務提供地が定まっていない場合で、労働者を雇い入れた事業所が日本国内にある場合には、日本国内で訴えを提起できます。

　労務提供地は、契約書に形式的に記載された場所ではなく、実際の労務提供地または労務を提供していた地を指すと解されていますが、実際に複数の場所で労務が提供されている（されていた）場合には、複数の場所が労務提供地に当たり得ます。そのため、外国でテレワークしている場合であっても、労務提供地に日本が含まれていれば、日本国内で訴えを提起することができる場合があります。

（中村　仁恒）

Q2-8-5 テレワークと管轄合意

 外国でテレワークを行う予定ですが、将来的に訴訟になった場合に備えて、日本で裁判を行う旨合意しておくことは可能でしょうか。

A 外国でテレワークをする場合、管轄合意すること自体は可能であり、労働者はそれを援用することができますが、使用者がそれを援用することはできません。

　テレワークが海外で行われる場合、管轄について疑義が生じることを防ぐため、管轄合意をすることも想定されます。

　これに関して、民訴法は、管轄の合意に関する規定をおいています。同法3条の7第1項は、「当事者は、合意により、いずれの国の裁判所に訴えを提起することができるかについて定めることができる」としています。ただし、同条の6項は、下記のように定めています。

6　将来において生ずる個別労働関係民事紛争を対象とする第1項の合意は、次に掲げる場合に限り、その効力を有する。
　一　労働契約の終了の時にされた合意であって、その時における労務の提供の地がある国の裁判所に訴えを提起することができる旨を定めたもの（その国の裁判所にのみ訴えを提起することができる旨の合意については、次号に掲げる場合を除き、その国以外の国の裁判所にも訴えを提起することを妨げない旨の合意とみなす。）であるとき。
　二　労働者が当該合意に基づき合意された国の裁判所に訴えを提起したとき、又は事業主が日本若しくは外国の裁判所に訴えを提起した場合において、労働者が当該合意を援用したとき。

　テレワークが外国で行われる場合、労務の提供の地は外国となるため、日本で訴えを提起する旨定めると、「その時における労務の提供の地がる国の裁判所に訴えを提起することができる旨を定めたもの」に該当しません。そ

のため、1号には該当しません。そして、2号は、労働者が訴えた場合、あるいは、使用者が訴えたうえで労働者がそれを援用した場合になります。そのため、管轄合意をしても、使用者がそれを援用することはできないことになります。この点には注意が必要です。

（中村　仁恒）

Q2-8-6 テレワークと準拠法

Q 外国でテレワークを行う予定ですが、準拠法はどのようになるのでしょうか。

A 当事者が選択でき、選択がない場合にはテレワークをすべき場所の地の法律が準拠法となります。ただし、テレワークをすべき地以外の国の法律を準拠法としても、強行規定については別途適用される場合があります。

　当事者の一方と他方が異なる国に所在する場合、準拠法の問題が生じます。

　この問題に関しては、「法の適用に関する通則法」（通則法）が定めを置いています。

　私的自治の原則により、労働契約についても、当事者が準拠法を選択することができます（通則法7条）。当事者による選択がないときは、「当該法律行為の当時において当該法律行為に最も密接な関係がある地の法による」（同法8条1項）とされています。そして、労働契約の場合には、「労務を提供すべき地の法」が「労働契約に最も密接な関係がある地の法と推定」されるます（同法12条3項）。

　よって、準拠法について合意がない場合には、労務を提供すべき地（本Qでは外国）の法が準拠法となります。

　また、当事者が準拠法を選択した場合であっても、労働者が、労働契約に最も密接な関係がある地の法について特定の強行規定を適用すべきとの意思表示を使用者に対して行った場合には、「その強行規定をも」適用されることになります（通則法12条1項）。なお、この場合、「労務を提供すべき地の法」が「労働契約に最も密接な関係がある地の法と推定」されます（同条2項）。

　以上から、管轄を日本にし、準拠法を日本法とした場合であっても、海外でテレワークする労働者が当該国の強行規定の適用を求める場合には、その強行規定も適用されることになりますので、注意が必要です。

（中村　仁恒）

IX テレワーク実施上の 情報セキュリティ

Q 2-9-1 テレワークと情報セキュリティ

 テレワークの情報セキュリティ上の対策については、どのような ものがありますか。

A テレワークの実施・運用にあたり、経営者、システム管理者、テ レワーク勤務者といった当事者のそれぞれがテレワークに存在する リスクを認識して、各自がとるべき対策を明確にしておくことが必要です。

　テレワークに関して、セキュリティを整えるためには、経営者・システム・ セキュリティ管理者・テレワーク勤務者のそれぞれが、適切な役割分担をし、 ルールを明確化したうえで、それを実践することが重要となります。

　それぞれが果たすべき役割を列挙すると、以下のような事項が考えられま す（総務省「テレワークセキュリティガイドライン第 5 版」（令和 3 年 5 月））。

① 経営者の役割
  ⓐ テレワークセキュリティに関する脅威と事業影響リスクの認識
  ⓑ テレワークに対応したセキュリティポリシーの策定
  ⓒ テレワークにおける組織的なセキュリティ管理体制の構築
  ⓓ テレワークでのセキュリティ確保のための資源（予算・人員）確保
  ⓔ テレワークにより生じるセキュリティリスクへの対応方針決定と対 応計画策定
  ⓕ テレワークにより対応が必要となるセキュリティ対策のための体制 構築
  ⓖ 情報セキュリティ関連規程やセキュリティ対策の継続的な見直し
  ⓗ テレワーク勤務者に対するセキュリティ研修の実施と受講の徹底
  ⓘ セキュリティインシデントに備えた計画策定や体制整備

　　ⓙ　サプライチェーン全体での対策状況の把握

　②　システム・セキュリティ管理者の役割

　　ⓐ　テレワークに対応した情報セキュリティ関連規程やセキュリティ対策の見直し

　　ⓑ　テレワークで使用するハードウェア・ソフトウェア等の適切な管理

　　ⓒ　テレワーク勤務者に対するセキュリティ研修の実施

　　ⓓ　セキュリティインシデントに備えた準備と発生時の対応

　　ⓔ　セキュリティインシデントや予兆情報の連絡受付

　　ⓕ　最新のセキュリティ脅威動向の把握

　③　テレワーク勤務者の役割

　　ⓐ　情報セキュリティ関連規程の遵守

　　ⓑ　テレワーク端末の適切な管理

　　ⓒ　認証情報（パスワード・ICカード等）の適切な管理

　　ⓓ　適切なテレワーク環境の確保

　　ⓔ　セキュリティ研修への積極的な参加

　　ⓕ　セキュリティインシデントに備えた連絡方法の確認

　　ⓖ　セキュリティインシデント発生時の速やかな報告

　より具体的な措置および技術的事項の解説については、前記の「テレワークセキュリティガイドライン第5版」が詳細ですので、ご参照ください。

　なお、情報セキュリティに関連した就業規則の規定等については、Q2-10-3を参照してください。

（中村　仁恒）

X 就業規則・給与規程・セキュリティ規程等

Q2-10-1 雇用型テレワークに必要な就業規則の改正点

 テレワークを導入する際に、就業規則に規定すべき内容にはどのようなものがありますか。

A テレワークに伴い就業規則に規定すべきものには、テレワークの定義に関する事項、対象者・許可基準・手続に関する事項、労働時間・休憩・休日に関する事項などがあります。なお、テレワーク時に就業規則を変更して労働条件を不利益に変更する場合には、労契法に基づく慎重な対応が求められます。

1 就業規則改定の必要性

　テレワークにより勤務場所が事業所から自宅等に変わるのみで、始業・終業時刻にかかわる労働時間制度の変更もなく、労働者に費用を負担させることもないなど、他に変更になることがなければ、就業規則の改定は必須ではありません。

　しかし、テレワークを導入する場合には、テレワーク適用に伴う手続やテレワーク時の労働時間の把握方法など、労務管理において明確にしておくべきことも多いため、労働時間制度などに変更がない場合でも、就業規則を改定し、テレワークに関する取扱いを明記しておくべきでしょう。

　また、改定にあたっては、就業規則（本則）などの既存規程にテレワークに関する事項を追記する方法のほか、テレワークにかかわる事項をまとめて規定したテレワーク規程などの別規程を作成する方法があります。なお、後者の場合は、就業規則（本則）には、テレワーク時の取扱いについて別に定める旨の委任規定を追記します。

　なお、就業規則を変更した場合には、労働者へ周知することや、所轄労働基準監督署へ届け出る（常時10人以上の労働者を使用する事業場に限る）などの手続も必要です。

◇就業規則（本則）の追加規定例（下線部分）

（適用範囲）

第○条　この規則は、○○株式会社の従業員に適用する。

2　パートタイム従業員の就業に関する事項については、別に定めるところによる。

3　前項については、別に定める規則に定めのない事項は、この規則を適用する。

4　従業員のテレワーク（在宅勤務、サテライトオフィス勤務及びモバイル勤務をいう。以下同じ。）に関する事項については、この規則に定めるもののほか別に定めるところによる。

　　　　　　　　※厚労省「テレワークモデル就業規則〜作成の手引き〜」より抜粋

2　規定すべき事項

　テレワーク規程などに規定すべき事項には、以下のものがあります。

(1)　テレワークの定義

　テレワークの定義を明記します。

　在宅勤務を指す場合やサテライトオフィスでの勤務を指す場合などがありますが、会社方針に基づき定義し、当該規程に基づく運用を求める勤務の範囲を明確にします。

◇テレワークの定義に関する規定例（在宅勤務の場合）

（在宅勤務の定義）

第2条　在宅勤務とは、従業員の自宅、その他自宅に準じる場所（会社指定の場所に限る。）において情報通信機器を利用した業務をいう。

　　　　　　　　　　　　　　※テレワークモデル就業規則より抜粋

---

(2)　対象者・許可基準・手続

テレワークの対象者・許可基準・手続を明記します。

許可基準は、本人が希望すれば基本的には認められるような幅広い基準を定める場合や、育児や介護に該当する者のみを対象にするなど限定した基準を定める場合があります。

手続は、申請期日、申請方法、承認者などを定めますが、口頭ではなく、書面やワークフローシステムなどを利用した記録が残る形の手続を定めるとよいでしょう。

また、本人の申請に基づいてテレワークをさせる場合だけでなく、新型コロナウィルスの濃厚接触者になり在宅勤務が必要になった場合などに備えて、会社が命じてテレワークをさせることがある旨も明記しておくとよいでしょう。

◇**対象者等に関する規定例（全従業員を対象にする場合）**

（在宅勤務の対象者）

第3条　在宅勤務の対象者は、就業規則第○条に規定する従業員であって次の各号の条件を全て満たした者とする。

  (1)　在宅勤務を希望する者

  (2)　自宅の執務環境、セキュリティ環境、家族の理解のいずれも適正と認められる者

2　在宅勤務を希望する者は、所定の許可申請書に必要事項を記入の上、1週間前までに所属長から許可を受けなければならない。

3　会社は、業務上その他の事由により、前項による在宅勤務の許可を取り消すことがある。

4　第2項により在宅勤務の許可を受けた者が在宅勤務を行う場合は、前日までに所属長へ利用を届け出ること。

※テレワークモデル就業規則より抜粋

---

(3)　労働時間・休憩・休日

テレワークに伴う労働時間・休憩・休日の取扱いを明記します。

テレワークであっても、事業所での勤務時と同様の労働時間・休憩・休日

とすることも多いと思われますが、たとえば、テレワーク時は事業場外のみなし労働時間制を前提に運用する場合や、新たにフレックスタイム制を導入する場合などは、当該労働時間制度に関する事項を規定します。

　また、テレワーク中に私事で中抜けを認める場合はその時間の取扱いや、勤務時間の一部についてテレワークを行う場合の移動時間（たとえば、在宅勤務をした後、事業所へ出勤する場合の自宅から事業所への移動時間）の労働時間該当性の考え方なども明記する対応が考えられます。

◇**労働時間等に関する規定例**

（在宅勤務時の労働時間）

第5条　在宅勤務時の労働時間については、就業規則第○条の定めるところによる。

2　前項にかかわらず、会社の承認を受けて始業時刻、終業時刻及び休憩時間の変更をすることができる。

3　前項の規定により所定労働時間が短くなる者の給与については、育児・介護休業規程第○条に規定する勤務短縮措置時の給与の取扱いに準じる。

（休憩時間）

第6条　在宅勤務者の休憩時間については、就業規則第○条の定めるところによる。

（所定休日）

第7条　在宅勤務者の休日については、就業規則第○条の定めるところによる。

※テレワークモデル就業規則より抜粋

⑷　時間外労働等

テレワーク時に時間外労働や休日労働をする場合の手続について明記します。

　クラウド型の勤怠管理システムを導入しているケースも増えているため、テレワーク時に時間外労働等をする場合も、事業所での勤務時と同様の手続を求めることも多いと思われますが、テレワーク時は、事業所内での勤務に比べ管理の程度が弱くなることが想定されますから、長時間労働を防止する観点からも、運用を徹底すべく、事前申請・承認などの勤怠管理ルールを明

記します。

◇**時間外労働等に関する規定例**

（時間外及び休日労働等）

第 8 条　在宅勤務者が時間外労働、休日労働及び深夜労働をする場合は所定
　　の手続を経て所属長の許可を受けなければならない。

2　時間外及び休日労働について必要な事項は就業規則第○条の定めるところ
　　による。

3　時間外、休日及び深夜の労働については、給与規程に基づき、時間外勤
　　務手当、休日勤務手当及び深夜勤務手当を支給する。

　　　　　　　　　　　　　　　　　　　※テレワークモデル就業規則より抜粋

---

(5)　労働時間管理・業務報告

テレワーク時の労働時間の管理方法や業務報告方法を明記します。

テレワーク時も当然のことながら始業・終業時刻などの労働時間の把握は
必須になりますので、どのような方法で始業・終業時刻、休憩時間を把握す
るかを明記します。

また、労働時間の把握とあわせて、業務報告方法について、いつ、どのよ
うな方法で、誰に報告するのかを明記します。

◇**始業・終業時等に関する規定例**

（業務の開始及び終了の報告）

第10条　在宅勤務者は就業規則第○条の規定にかかわらず、勤務の開始及び
　　終了について次のいずれかの方法により報告しなければならない。

　(1)　電話

　(2)　電子メール

　(3)　勤怠管理ツール

　(4)　その他会社が定めたテレワークツール

　　　　　　　　　　　　　　　　　　　※テレワークモデル就業規則より抜粋

◇**業務報告に関する規定例**

（業務報告）

第11条　在宅勤務者は、定期的又は必要に応じて、電話又は電子メール等で所属長に対し、所要の業務報告をしなくてはならない。

（在宅勤務時の連絡体制）

第12条　在宅勤務時における連絡体制は次のとおりとする。

(1)　事故・トラブル発生時には所属長に連絡すること。なお、所属長が不在時の場合は所属長が指名した代理の者に連絡すること。

(2)　前号の所属長又は代理の者に連絡がとれない場合は、○○課担当まで連絡すること。

(3)　社内における従業員への緊急連絡事項が生じた場合、在宅勤務者へは所属長が連絡をすること。なお、在宅勤務者は不測の事態が生じた場合に確実に連絡がとれる方法をあらかじめ所属長に連絡しておくこと。

(4)　情報通信機器に不具合が生じ、緊急を要する場合は○○課へ連絡をとり指示を受けること。なお、○○課へ連絡する暇がないときは会社と契約しているサポート会社へ連絡すること。いずれの場合においても事後速やかに所属長に報告すること。

(5)　前各号以外の緊急連絡の必要が生じた場合は、前各号に準じて判断し対応すること。

2　社内報、部署内回覧物であらかじめランク付けされた重要度に応じ至急でないものは在宅勤務者の個人メール箱に入れ、重要と思われるものは電子メール等で在宅勤務者へ連絡すること。なお、情報連絡の担当者はあらかじめ部署内で決めておくこと。

※テレワークモデル就業規則より抜粋

　上記のほか、給与関連（Q2-10-2）や服務・セキュリティ関連（Q2-10-3）などを規定します。

3　労働条件の不利益な変更

　就業規則を変更して労働条件を不利益に変更する場合には、労契法8条ないし10条に基づく手続が必要です。したがって、テレワークに伴い労働条件を不利益に変更することになる場合には、慎重な対応が求められます。

（岩楯めぐみ）

Q 2-10-2　雇用型テレワークに必要な給与規程の改正点

 Q　テレワークを導入する際に、給与規程で規定すべき内容にはどのようなものがありますか。

A　テレワークに伴い給与関連で規定すべきものには、主に、事業所への勤務日数が減少することにより変更となる通勤手当に関する事項、在宅勤務時の水道光熱費や通信費などの労働者に負担させる費用に関する事項、在宅勤務手当などの新たに支給する手当に関する事項があります。

1　通勤手当

　通勤手当は、一般的には、通勤に要する交通費を補助する目的で支給され、たとえば、正社員が公共交通機関を利用して通勤する場合には、給与規程において1か月や6か月などの「定期代相当額」を通勤手当として支給する旨が定められていることが多いです。

　テレワークをする場合は、事業所への勤務日数が減少することから、これまで支給していた「定期代相当額」よりも実際の通勤に要する交通費が低額になることがあるため、通勤手当の支給基準を「往復に要する交通費×事業所への勤務日数（実績）」などに変更することがあります。この場合には、その変更された支給基準を就業規則（給与規程やテレワーク規程など）に定めます。

　なお、厚生労働省のテレワークモデル就業規則の規定例のようにテレワークの日数が一定以上の場合にのみ実費支給とすることも可能ですし、テレワークの日数にかかわらず従来の通勤手当よりも低額となる場合にのみ実費支給とすることも可能です。

　いずれにしても、通勤手当は、労基法89条に基づき就業規則に必ず記載が必要となる「賃金に関する事項」であり、また、ルールがあいまいにならないよう、就業規則においてテレワークにおける通勤手当の支給基準を明記する必要があります。

◇**通勤手当に関する規定例①**

（給与）

第13条　在宅勤務者の給与については、就業規則第○条の定めるところによる。

2　前項の規定にかかわらず、在宅勤務（在宅勤務を終日行った場合に限る。）が週に4日以上の場合の通勤手当については、毎月定額の通勤手当は支給せず実際に通勤に要する往復運賃の実費を給与支給日に支給するものとする。

※テレワークモデル就業規則より抜粋

◇**通勤手当に関する規定例②**

〔従来の通勤手当よりも低額となる場合にのみ実費支給する例〕

（給与）

第○条　在宅勤務者の給与については、就業規則第○条の定めるところによる。

2　前項の規定にかかわらず、在宅勤務をする者の通勤手当については、給与規程第○条に定める通勤手当と実際に通勤に要する往復運賃の実費のうちいずれか低い額を給与支給日に支給するものとする。

なお、労働条件を不利益に変更する場合は労契法8条ないし10条に基づく手続が必要ですが、通勤に要する交通費を補助する目的で通勤手当を支給していた場合には、不利益変更に該当する場合でも、定期代相当額から実費支給に変更することの合理性は認められる可能性が高いと考えます。

2　費用負担

労基法89条では、「労働者に食費、作業用品その他の負担をさせる定めをする場合においては、これに関する事項」を就業規則に記載しなければならないとしています。

テレワークに伴う必要な経費は、業務に伴うものであるため基本的には会社が負担する場合が多いと思われますが、在宅勤務の場合の自宅の水道光熱費や通信費（インターネット利用料など）など、個人使用分との区分が難しいものもあり、労働者にその費用を負担させることがあります。

　このような労働者に負担させる費用がある場合には、その旨を就業規則に記載する必要があります。また、会社が貸与するものや費用を負担するものについても明記し、その申請方法なども定めておくとよいでしょう。

◇費用負担に関する規定例①

　（費用の負担）

第14条　会社が貸与する情報通信機器を利用する場合の通信費は会社負担とする。

2　在宅勤務に伴って発生する水道光熱費は在宅勤務者の負担とする。

3　業務に必要な郵送費、事務用品費、消耗品費その他会社が認めた費用は会社負担とする。

4　その他の費用については在宅勤務者の負担とする。

　　　　　　　　　　　　　　　　　　※テレワークモデル就業規則より抜粋

◇費用負担に関する規定例②〔環境整備に要する費用を補助する場合〕

　（環境整備費補助）

第○条　在宅勤務に必要な環境を整備するための費用（別表に定めた項目の費用に限る。）は会社が補助する。ただし、○円を上限とする。

2　前項の費用補助を希望する場合は、所定の方法により申請し、事前に○○の承認を得なければならない。

3　在宅勤務手当

　前述のとおり、在宅勤務の場合には水道光熱費や通信費などについて労働者に負担させる費用が生ずることがあるため、その負担に代えて手当（在宅勤務手当など）を支給する場合があります。この場合も、「賃金に関する事項」になりますので、当該手当の支給基準について就業規則に明記する必要があります。

　なお、当該手当が毎月定額で支払われる場合などは、割増賃金の単価を計算する際の算定基礎にも含まれますので、その旨も明記しておくとよいで

しょう。

◇**手当支給の規定例①**

（在宅勤務手当）

第14条の2　在宅勤務者が負担する自宅の水道光熱費及び通信費用（ただし、資料送付に要する郵便代は除く。）のうち業務負担分として毎月定額○円を支給する。

※テレワークモデル就業規則より抜粋

◇**手当支給の規定例②**

（在宅勤務手当）

第○条　在宅勤務に伴い生ずる水道光熱費及び通信費用等の費用を補助するため、月に○日以上在宅勤務する者に対して、月○円の在宅勤務手当を支給する。なお、割増賃金の計算にあたっては、在宅勤務手当もその基礎に含めて取り扱う。

（岩楯めぐみ）

Q 2-10-3　テレワークに必要なセキュリティ関連規定等

　テレワークを導入する際に、セキュリティ関連で規定すべき内容にはどのようなものがありますか。

　テレワークに伴いセキュリティ関連や安全衛生などで規定すべきものには、事業所外で勤務することに伴う服務規律に関する事項、情報の取扱いを定めた情報セキュリティに関する事項などがあります。

1　服務規律

　テレワークは事業所外での勤務となりますので、在宅勤務の場合であれば家族など社外の人の目に触れる可能性がある環境下で、場合によっては社外秘の資料をみるなどして業務に従事することになります。したがって、業務上の情報の取扱いに関する心構えを明記します。

　また、テレワークは、事業所外での勤務であるため管理の目が届きにくいことから、勤務場所を勝手に変更するなど個人の判断で拡大解釈して誤解した運用がなされる可能性もあります。したがって、当然のことではありますが、テレワークであっても職務に専念する義務があることも明記しておくべきでしょう。

◇**服務規律の規定例**

（在宅勤務時の服務規律）

第 4 条　在宅勤務に従事する者（以下「在宅勤務者」という。）は就業規則第○条及びセキュリティガイドラインに定めるもののほか、次に定める事項を遵守しなければならない。

　(1)　在宅勤務の際に所定の手続に従って持ち出した会社の情報及び作成した成果物を第三者が閲覧、コピー等しないよう最大の注意を払うこと。

　(2)　在宅勤務中は業務に専念すること。

　(3)　第 1 号に定める情報及び成果物は紛失、毀損しないように丁寧に取扱い、セキュリティガイドラインに準じた確実な方法で保管・管理しなけ

ればならないこと。

(4)　在宅勤務中は自宅以外の場所で業務を行ってはならないこと。

(5)　在宅勤務の実施に当たっては、会社情報の取扱いに関し、セキュリティ
ガイドライン及び関連規程類を遵守すること。

　　　　　　　　　　　　　　　※テレワークモデル就業規則より抜粋

2　情報セキュリティガイドライン

テレワークにより事業所外で勤務する場合には、情報セキュリティへの意
識をさらに高く維持して業務にあたる必要があります。

総務省では「テレワークセキュリティガイドライン」（最新版は第5版、令
和3年5月）を策定していますので、それらを参考に、自社においてテレワー
ク時に遵守しなければならない事項を検討したうえで、それらをまとめた情
報セキュリティガイドラインを就業規則とあわせて整備するとよいでしょう。

◇**テレワークセキュリティガイドライン第5版（総務省）**

「第4章　テレワークセキュリティ対策一覧」より抜粋

3．テレワーク勤務者が実施すべき対策

（ガバナンス・リスク管理）

A-1	情報セキュリティ関連規程を確認し、規定に沿った業務を行う。
A-2	クラウドサービスの利用に際して、定められた利用ルールの範囲で利用する。
A-3	ルール上明文化されておらず、技術的に可能な利用方法について、暗黙的に許可されていると解釈せず、利用是非についてシステム・セキュリティ管理者に確認する。

（資産・構成管理）

| B-1 | テレワーク端末が企業等として守るべき情報資産に該当することを認識して適切に管理し、盗難・紛失防止に努める。 |
| B-2 | テレワーク端末にアプリケーションをインストールする際は、ルールで許可されたもの（システム・セキュリティ管理者に申請し許可を |

	受けたものを含む。）のみをインストールする。
B-3	インストールが許可されたアプリケーションについて、定められた場所（公式アプリケーションストア、ベンダーの公式 HP 等）からのみインストールする。

（脆弱性管理）

C-1	テレワーク端末における OS をはじめとしたソフトウェアについて、自動アップデートを有効にするなどアップデートを適切に実施する（Windows 7 や FlashPlayer 等のサポートが終了した製品を使用しない。）。
C-2	テレワーク勤務者が所有する無線 LAN ルーター等の機器についても、ファームウェアを最新版に更新する。
C-3	テレワーク端末のうち、特にスマートフォンやタブレットに関して、不正な改造（いわゆる脱獄（jailbreak）、root 化等）を実施しない。

（データ保護）

E-1	テレワークで取り扱う情報は、定められた取扱方法（利用者・保管場所・利用可能なシステム環境の要件等）に従って取り扱う。
E-2	リムーバブルメディア（USB メモリ、CD、DVD 等）は、業務上必要であり、ルールで許可されている場合のみ利用する。
E-3	テレワーク端末にデータを保存することが想定される場合は、内蔵される HDD や SSD の記録媒体レベルで暗号化を実施する。

（マルウェア対策）

F-1	少しでも不審を感じたメール（添付ファイルや URL リンク等を含む。）は開かず、必要に応じて送信者に送信状況の確認を行うほか、システム・セキュリティ管理者へ速やかに報告する。報告の是非について判断に迷う場合は報告することを心がける。
F-2	テレワーク端末にセキュリティ対策ソフト（ウイルス対策ソフト）をインストールし、定義ファイルの自動更新やリアルタイムスキャンが行われるようにする。

（通信の保護・暗号化）

G-1	クラウドサービス接続時やデータ送受信を行う際は、通信経路が暗

G-2	号化された方法（VPN、TLS 等）を利用する。

G-2	無線 LAN ルーター等の機器を利用する場合は、無線 LAN のセキュリティ方式として「WPA 2」又は「WPA 3」を利用し、暗号化のためのパスワード（パスフレーズ）は第三者に推測されにくいものを利用する。
G-3	クラウドサービス（メール、チャット、オンライン会議、クラウドストレージ等）を利用する場合、接続先の URL が正しいこと（偽サイトでないこと）を確認した上で利用する。

（アカウント・認証管理）

H-1	テレワークに必要となる利用者認証情報（パスワード、IC カード等）を無断貸与や紛失等しないよう、適正に管理する。
H-2	パスワードは、第三者に推測されにくいものを設定する。多くの文字数を設定できる場合は、複数の単語を組み合わせるなどして文字数が長いもの（パスフレーズ）を設定する。
H-3	複数のサービス間で同じパスワード使い回さない。また、使用するパスワードが第三者に知られた可能性がある場合は、早急にパスワードを変更する。

（アクセス制御・認可）

I-1	オフィスネットワークやクラウドサービスへの接続は、システム・セキュリティ管理者が指定した方法とし、許可なく設定等を変更しない。
I-2	テレワーク端末において業務上必要のない無線機能（例：Bluetooth 機能、アドホックモード等）は無効化する。
I-3	複数人でデータを共有可能な場所（オフィスネットワーク上の共有フォルダ、ファイル共有サービス等）に機密情報を保存する場合、情報を閲覧・編集する権限が誰にあるか確認し、適切な設定を実施（テレワーク勤務者で設定できない場合はシステム・セキュリティ管理者に相談）する。
I-4	オンライン会議にアクセスするための URL を正規の参加者以外に公開せず、出席者の確認をするなどして、第三者が会議に参加することのないようにする。また、会議参加時のパスワード設定や、待

	機室機能が有効化できる場合には、可能な限り設定する。

（インシデント対応・ログ管理）

J-1	セキュリティインシデントの発生に備えて、連絡先と対応手順をあらかじめ確認しておく。テレワーク端末が操作不能になることも考えられることから、連絡先は電話番号等も確認するようにしておく。
J-2	テレワーク端末の紛失やマルウェア感染等のセキュリティインシデントが発生した場合（発生のおそれがある場合を含む。）定められた連絡先へ速やかに報告する。動作が不審であるなど、セキュリティインシデントかどうかわからない場合も速やかに報告する。

（物理的セキュリティ）

K-1	操作画面の自動ロック設定やプライバシーフィルターの貼付等を行うほか、周囲にいる組織外の人の挙動に注意を払う。自宅等で家族がいる場合についても、不注意により意図せず情報漏えい等が起きる可能性があるため注意する。
K-2	オンライン会議を実施するときは、音漏れや画面を介した情報漏洩が起きないよう注意する。オフィス内であっても、同じ場所で複数人が別のオンライン会議を実施等する場合の音漏れに注意する。

（教育）

M-1	セキュリティに関する研修等を受講し、セキュリティに対する認識を高めるとともに、自らが実施しているセキュリティ対策を確認する。

3　安全衛生など

　安全衛生や教育訓練などは、テレワークに伴い特別な取扱いをすることがなければ、就業規則（本則）に既存規定があると思いますので、特に追加で規定する必要はありませんが、メンタルヘルス対策を新たに講じるなどテレワーク勤務者に対して特別な取扱いをする場合は、その内容を規定します。

（岩楯めぐみ）

【参考資料3】 テレワークモデル就業規則

テレワーク就業規則

第1章　総則

（在宅勤務制度の目的）

第1条　この規程は、○○株式会社（以下「会社」という。）の就業規則第○条に基づき、従業員が在宅で勤務する場合の必要な事項について定めたものである。

（在宅勤務の定義）

第2条　在宅勤務とは、従業員の自宅、その他自宅に準じる場所（会社指定の場所に限る。）において情報通信機器を利用した業務をいう。

（サテライトオフィス勤務の定義）

第2条　サテライトオフィス勤務とは、会社所有の所属事業場以外の会社専用施設（以下「専用型オフィス」という。）、又は、会社が契約（指定）している他会社所有の共用施設（以下「共用型オフィス」という。）において情報通信機器を利用した業務をいう。

（モバイル勤務の定義）

第2条　モバイル勤務とは、在宅勤務及びサテライトオフィス勤務以外で、かつ、社外で情報通信機器を利用した業務をいう。

第2章　　在宅勤務の許可・利用

（在宅勤務の対象者）

第3条　在宅勤務の対象者は、就業規則第○条に規定する従業員であって次の各号の条件を全て満たした者とする。

(1)　在宅勤務を希望する者

(2)　自宅の執務環境、セキュリティ環境、家族の理解のいずれも適正と認められる者

2　在宅勤務を希望する者は、所定の許可申請書に必要事項を記入の上、1週間前までに所属長から許可を受けなければならない。

3　　会社は、業務上その他の事由により、前項による在宅勤務の許可を取り消すことがある。

4　第2項により在宅勤務の許可を受けた者が在宅勤務を行う場合は、前日までに所属長へ利用を届け出ること。

（在宅勤務時の服務規律）

第4条　在宅勤務に従事する者（以下「在宅勤務者」という。）は就業規則第○条及びセキュリティガイドラインに定めるもののほか、次に定める事項を遵守しなければならない。

⑴　在宅勤務の際に所定の手続に従って持ち出した会社の情報及び作成した成果物を第三者が閲覧、コピー等しないよう最大の注意を払うこと。

⑵　在宅勤務中は業務に専念すること。

⑶　第1号に定める情報及び成果物は紛失、毀損しないように丁寧に取扱い、セキュリティガイドラインに準じた確実な方法で保管・管理しなければならないこと。

⑷　在宅勤務中は自宅以外の場所で業務を行ってはならないこと。

⑸　在宅勤務の実施に当たっては、会社情報の取扱いに関し、セキュリティガイドライン及び関連規程類を遵守すること。

第3章　在宅勤務時の労働時間等

（在宅勤務時の労働時間）

第5条　在宅勤務時の労働時間については、就業規則第○条の定めるところによる。

2　前項にかかわらず、会社の承認を受けて始業時刻、終業時刻及び休憩時間の変更をすることができる。

3　前項の規定により所定労働時間が短くなる者の給与については、育児・介護休業規程第○条に規定する勤務短縮措置時の給与の取扱いに準じる。

（休憩時間）

第6条　在宅勤務者の休憩時間については、就業規則第○条の定めるところによる。

（所定休日）

第7条　在宅勤務者の休日については、就業規則第○条の定めるところによる。

（時間外及び休日労働等）

第８条　在宅勤務者が時間外労働、休日労働及び深夜労働をする場合は所定の手続を経て所属長の許可を受けなければならない。

2　時間外及び休日労働について必要な事項は就業規則第○条の定めるところによる。

3　時間外、休日及び深夜の労働については、給与規程に基づき、時間外勤務手当、休日勤務手当及び深夜勤務手当を支給する。

（欠勤等）

第９条　在宅勤務者が、欠勤をし、又は勤務時間中に私用のために勤務を一部中断する場合は、事前に申し出て許可を得なくてはならない。ただし、やむを得ない事情で事前に申し出ることができなかった場合は、事後速やかに届け出なければならない。

2　前項の欠勤、私用外出の賃金については給与規程第○条の定めるところによる。

第４章　在宅勤務時の勤務等

（業務の開始及び終了の報告）

第10条　在宅勤務者は就業規則第○条の規定にかかわらず、勤務の開始及び終了について次のいずれかの方法により報告しなければならない。

(1)　電話

(2)　電子メール

(3)　勤怠管理ツール

(4)　その他会社が定めたテレワークツール

（業務報告）

第11条　在宅勤務者は、定期的又は必要に応じて、電話又は電子メール等で所属長に対し、所要の業務報告をしなくてはならない。

（在宅勤務時の連絡体制）

第12条　在宅勤務時における連絡体制は次のとおりとする。

(1)　事故・トラブル発生時には所属長に連絡すること。なお、所属長が不在時の場合は所属長が指名した代理の者に連絡すること。

(2)　前号の所属長又は代理の者に連絡がとれない場合は、○○課担当まで連絡すること。

(3)　社内における従業員への緊急連絡事項が生じた場合、在宅勤務者へは所属長が連絡をすること。なお、在宅勤務者は不測の事態が生じた場合に確実に連絡がとれる方法をあらかじめ所属長に連絡しておくこと。

(4)　情報通信機器に不具合が生じ、緊急を要する場合は○○課へ連絡をとり指示を受けること。なお、○○課へ連絡する暇がないときは会社と契約しているサポート会社へ連絡すること。いずれの場合においても事後速やかに所属長に報告すること。

(5)　前各号以外の緊急連絡の必要が生じた場合は、前各号に準じて判断し対応すること。

2　社内報、部署内回覧物であらかじめランク付けされた重要度に応じ至急でないものは在宅勤務者の個人メール箱に入れ、重要と思われるものは電子メール等で在宅勤務者へ連絡すること。なお、情報連絡の担当者はあらかじめ部署内で決めておくこと。

第5章　在宅勤務時の給与等

（給与）

第13条　在宅勤務者の給与については、就業規則第○条の定めるところによる。

2　前項の規定にかかわらず、在宅勤務（在宅勤務を終日行った場合に限る。）が週に4日以上の場合の通勤手当については、毎月定額の通勤手当は支給せず実際に通勤に要する往復運賃の実費を給与支給日に支給するものとする。

（費用の負担）

第14条　会社が貸与する情報通信機器を利用する場合の通信費は会社負担とする。

2　在宅勤務に伴って発生する水道光熱費は在宅勤務者の負担とする。

3　業務に必要な郵送費、事務用品費、消耗品費その他会社が認めた費用は会社負担とする。

4　その他の費用については在宅勤務者の負担とする。

（情報通信機器・ソフトウェア等の貸与等）

第15条　会社は、在宅勤務者が業務に必要とするパソコン、プリンタ等の情

報通信機器、ソフトウェア及びこれらに類する物を貸与する。なお、当該
パソコンに会社の許可を受けずにソフトウェアをインストールしてはなら
ない。

2　会社は、在宅勤務者が所有する機器を利用させることができる。この場
合、セキュリティガイドラインを満たした場合に限るものとし、費用につ
いては話し合いの上決定するものとする。

（教育訓練）
第16条　会社は、在宅勤務者に対して、業務に必要な知識、技能を高め、資
質の向上を図るため、必要な教育訓練を行う。

2　在宅勤務者は、会社から教育訓練を受講するよう指示された場合には、
特段の事由がない限り指示された教育訓練を受けなければならない。

（災害補償）
第17条　在宅勤務者が自宅での業務中に災害に遭ったときは、就業規則第○
条の定めるところによる。

（安全衛生）
第18条　会社は、在宅勤務者の安全衛生の確保及び改善を図るため必要な措
置を講ずる。

2　在宅勤務者は、安全衛生に関する法令等を守り、会社と協力して労働災
害の防止に努めなければならない。

本規程は、平成○年○月○日より施行する。

出典：テレワークモデル就業規則

第3章
自営型テレワークの業務管理

I　自営型テレワークの意義と職種

Q3-1-1　自営型テレワークとは

自営型テレワークとはどのようなものでしょうか。

第2章で述べた雇用型テレワークと異なり、自営型テレワークとは、注文者から委託を受け、情報通信機器を活用して、主として自宅または自宅に準じた自ら選択した場所において、成果物の作成または役務の提供を行う就労をいい、法人形態により行っている場合や、他人を使用している場合等は除かれます。

1　柔軟な働き方の拡大

自営型テレワークとは、「注文者から委託を受け、情報通信機器を活用して主として自宅又は自宅に準じた自ら選択した場所において、成果物の作成又は役務の提供を行う就労」をいいます（自営型指針。法人形態により行っている場合や、他人を使用している場合等は除かれます）。

注文者との契約は、請負契約または委託（準委任）契約となります。

雇用型テレワークとは異なり、労働時間等の労務管理を受けないことになりますので、さらに柔軟な働き方といえ、時間や場所を有効に活用してその能力を発揮でき、他方、子育て、介護と仕事の両立が図りやすく、ワーク・ライフ・バランスの実現にも役立つものといえます。

2　業務環境の保護の必要性とガイドライン

もっとも、自営型テレワークは、雇用型テレワークのような労働法制による保護（たとえば、最低賃金や雇用保険による保護）が受けられず、また、各

人が個人事業主として注文者との契約等も自ら行わなければなりません。そのため、口頭による契約のため報酬額、納期等基本的な内容が不明確であったり、契約が一方的に打ち切られたりするなど、契約をめぐるトラブルの発生も少なくない状況にあります。そこで、このような紛争を未然に防止するため、厚労省は平成12年6月に「在宅ワークの適正な実施のためのガイドライン」を定め、注文者が契約を締結する際に守るべき最低限のルールを周知してきました。

また近年、インターネットを通じた仕事の仲介事業であるクラウドソーシングが拡大し、自営型テレワークを行う機会が増えていることから、適用対象などを見直し、関係者が守るべき事項を改めて整理するため、平成30年2月、上記ガイドラインが改正され、「自営型テレワークの適正な実施のためのガイドライン」（自営型指針）となりました。

自営型指針は、それ自体では法的拘束力はないものの、契約に係る紛争を未然に防止し、かつ、自営型テレワークを良好な就業形態とするために、契約条件の文書明示や契約条件の適正化等について必要な事項を示すとともに、仲介事業者が留意すべき事項もあわせて示したものという位置づけになります。

また、自営型指針は、事業者性の弱いものを保護の必要性が高いものととらえていることから、法人形態により行っている場合や、他人を使用している場合等は、事業者性が高いものとして、その適用対象から除かれています。

なお、自営型指針とは別に、独禁法、下請法、労働関係法令の適用関係を明らかにするとともに、これらの法令に基づく問題行為を明確化するため、令和3年3月、内閣官房、公正取引委員会、中小企業庁および厚労省が、「フリーランスとして安心して働ける環境を整備するためのガイドライン」（振りランス指針）を策定していますので、注文者および仲介事業者はその遵守も求められます。

また、就業環境の保護のため、令和3年9月1日に改正労災則により、ITフリーランスについて労災保険への特別加入が認められるようになりました。

今後もさらに、自営型テレワーカーの就業環境の保護が加速していくことが予想されます。

　自営型テレワークについては、厚生労働省が「自営型テレワークに関する総合支援サイト HOME WORKERS WEB」というホームページ（https://homeworkers.mhlw.go.jp/）を開設し、さまざまな情報を発信しており、参考になります。

　また、実際に問題が生じた場合には、厚労省より第二東京弁護士会が受託して運営している「フリーランス・トラブル110番」（https://freelance110.jp/）に相談することができるようになっています。

（木原　康雄）

Q3-1-2　自営型テレワークの職種・受発注のイメージ

 自営型テレワークの職種にはどのようなものがありますか。また、受発注はどのようになされますか。

職種や受発注のイメージについては、厚労省の自営型パンフレットに、下記の解説のように示されています。

1　自営型テレワークの職種

　自営型テレワークとは、「注文者から委託を受け、情報通信機器を活用して主として自宅又は自宅に準じた自ら選択した場所において、成果物の作成又は役務の提供を行う就労」をいいます（自営型指針）が、この「情報通信機器の活用」とは、注文者との連絡にのみ携帯電話等の情報通信機器を活用することではなく、情報成果物の作成または役務の提供自体にもパソコン等の情報通信機器を活用することをいうものとされています。また、「自宅に準じた自ら選択した場所」とは、自ら選択したカフェやコワーキングスペース等の場所をいうものとされています。

　自営型パンフレットは具体例として、以下の職種を挙げています。

・文書入力（手書き原稿等のパソコン入力等の作業）

・データ入力（各種調査票等の氏名、住所、調査内容等の各種データの入力作業）

・設計・製図（パソコン上で所要の支援ソフトを用いて行う設計・製図の作業）

・デザイン（パソコン上で所要の支援ソフトを用いて行うデザインの作業）

・画像加工（写真やイラストの色彩・コントラスト・背景などを調整する作業）

・DTP（デスクトップパブリッシング。パソコン等を用いて行う雑誌等の印刷原稿の組版（レイアウト、文字組み、図版・写真の取り込み、色指定等）の作業）

・映像作成（画像の組み合わせやコンピュータ・グラフィックスを用いて、時間軸に同期させた音声・音楽と共に提供されるメディアパッケージを作成す

　る作業）

・ウェブサイト・モバイルサイト等制作（HTML（ハイパーテキスト記述言語）
　等のシステム言語を用いてウェブサイト、モバイルサイト、SNS（ソーシャル・
　ネットワーキング・サービス）サイト等を作成する作業）

・プログラミング（コンピュータのプログラム（情報処理手順の指令）をコン
　ピュータ言語を用いて作成する作業）

・翻訳（出版物、業務文書等の他の言語への翻訳、その成果のパソコン入力等
　の作業）

・システム設計（コンピュータのソフトウェアの設計・開発の作業）

・リサーチ・分析データ（対象となる市場や商品などの調査を行い、分析報
　告を行う作業）

・音声起こし（講演、座談会等を録音したもののパソコン入力等の作業）

　もちろん、これらは例示ですので、上記自営型テレワークの定義にあては
まるものであれば、上記に限らずガイドラインの適用対象となります。

　なお、外部記憶媒体（CD-R/CD-RW など）の提供または売渡しを受けて、
原稿を外部記憶媒体に入力し、それを納入する場合は、家内労働法上の家内
労働（自宅などを作業場として、製造・加工業者や問屋などの業者から物品の提
供を受けて、一人もしくは同居の親族とともに、その物品を部品または原材料と
する物品の製造や加工を行うこと）に該当しますので、同法により規律され、
上記自営型指針の適用対象にはなりません。

2　自営型テレワークの受発注のイメージ

　自営型指針は、受発注のイメージ（形態）について、直接注文型と仲介事
業者を通じた注文型に分けて定めています。

　まず、直接注文型とは、自営型テレワーカーが、注文者から直接仕事の注
文を受け、成果物の納品などをするタイプをいいます（〈図1〉）。

　次に、仲介事業者を通じた注文型としては2タイプが挙げられており、一
つ目は、仲介事業者が、発注者から業務の委託を受け、その業務に関する仕
事を自営型テレワーカーに注文し、成果物等をとりまとめるなどして発注者
に成果物の納品などをするタイプです（〈図2〉）。つまり、仲介事業者が受

〈図1〉

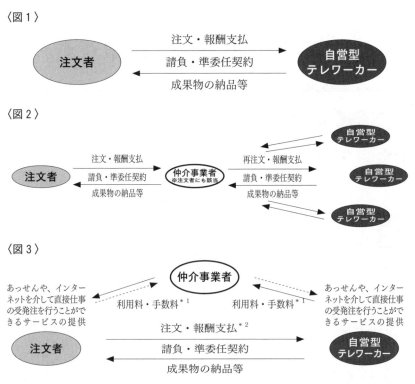

〈図2〉

〈図3〉

※1 利用料・手数料を徴収される場合、注文者のみが支払うケースや、自営型テレワーカーのみが支払うケース等がある。
※2 仲介事業者等、注文者以外の者が報酬の支払代行を行うケースもある。

出典：自営型パンフレット

託者・請負人となり、自営型テレワーカーが再受託者・下請人となる形態であり、自営型テレワーカーにとって請負・委託（準委任）契約の相手方は仲介事業者となります。

　二つ目は、仲介事業者が自営型テレワーカーと注文者との間であっせんを行い、またはインターネットを介して直接仕事の受発注ができるサービス（いわゆる「クラウドソーシング」）の提供を行ったうえで、自営型テレワーカーが注文者から仕事の注文を受け、成果物の納品などをするタイプです（〈図3〉）。このタイプでは、自営型テレワーカーにとって注文者が請負・委託（準委任）契約の相手方となります。

（木原　康雄）

Ⅱ　募集にあたっての留意点

Q 3-2-1 募集内容の明示

 自営型テレワーカーに仕事の募集をする場合に守らなければならない事項は何ですか。

 募集内容の明示が必要です。

募集時にあらかじめ仕事の内容や報酬額等が明らかにされていなければ、自営型テレワーカーは、募集に応じるべきかどうか、遂行可能な仕事かどうかを適切に判断することができません。

そこで、厚生労働省の自営型指針および同パンフレットは、注文者（他者から委託を受けた業務に関する仕事を自営型テレワーカーに注文する仲介事業者も、この注文者に該当します）、または、自営型テレワーカーと注文者との間で、自営型テレワークの仕事のあっせんを業として行う仲介事業者（以下、両者を合わせ「注文者等」といいます）は、自営型テレワークの仕事を募集する際には、募集に応じて自営型テレワーカーとなろうとする者（以下、「応募者」といいます）に対し、下記の事項を文書、電子メールまたはウェブサイト上等で明示することとしています。

① 注文する仕事の内容

② 成果物の納期予定日（役務の提供である場合は、役務が提供される予定期日または予定期間）

　※ただし、具体的な納期等が決定されていない場合には、成果物の納品や役務の提供が必要な時期のおおよその見通しを明らかにすることで差し支えありません（自営型パンフレット。以下、※部分につき同じ）。

③ 報酬予定額、報酬の支払期日および支払方法

※報酬予定額は、実際には支払う予定のない額を明示するなど、虚偽または誇大な内容とならないようにしなければなりません。

※自営型テレワーカーの見積りや予算に応じて報酬額を決定する場合には、その旨を明示します。

※委託する業務量が状況により変化する等、事前には決定することが難しい場合には、目安となる額を可能な範囲内で明示します。

④　注文する仕事に係る諸経費の取扱い

※自営型テレワーカーの状況により諸経費の内容が異なるなど、募集時に諸経費を具体的に示すことができない場合であっても、事前に決まっているものや想定されるものについては明示する必要があります。

⑤　提案や企画、作品等に係る知的財産権の取扱い

※インターネットを介して注文者と受注者が直接仕事の受発注を行うことができるサービス（クラウドソーシング）を業として運営している仲介事業者が、サービスを提供するにあたって約款等で知的財産権の取扱いを定めており、その約款等で定められた取扱いどおりの取扱いとする場合であっても、注文者は、募集時にあらためてその内容を明示する必要があります。

⑥　上記募集内容に関する問合せ先

※問合せ先は、注文者等と確実に連絡がとれるものにする必要があります。

またその際、応募者に誤解を生じさせることのないように、平易な表現を用いる等その的確な表示に努めることとしています。

なお、不特定多数の者に対する募集に限らず、特定の者に対する募集の場合にも、上記募集内容の明示が必要です。

（木原　康雄）

Q3-2-2 募集内容を明示するにあたって留意すべき事項

 自営型テレワーカーに仕事の募集をする場合、募集内容を明示する必要があるとのことですが、その際の留意事項は何ですか。

A 注文する仕事の内容をできる限り具体的に示すこと、募集内容に関する十分な説明を行うこと、募集から契約までの間に取得した提案等の知的財産権を侵害しないよう留意すること、仲介事業者による注文者への支援が望ましいこと等です。

1 留意すべき事項

　注文者（他者から委託を受けた業務に関する仕事を自営型テレワーカーに注文する仲介事業者も、この注文者に該当します）、または、自営型テレワーカーと注文者との間で、自営型テレワークの仕事のあっせんを業として行う仲介事業者（以下、両者を合わせ「注文者等」といいます）が自営型テレワークの仕事を募集する際には、Q3-2-1記載の6項目を明示しなければなりませんが、厚労省の自営型指針および同パンフレットは、その際、以下の事項に留意すべきだとしています。

(1) 注文する仕事の内容

　注文者は、注文する仕事の内容を明示するにあたっては、業務の遂行に必要な技術・経験や、業務遂行に必要な所要時間の目安等を示すことが望ましいとされています。

　また、提示した依頼内容や報酬に対して応募された複数の提案等から採用案を選び、報酬を支払う形式（いわゆる「コンペ式」）の場合には、募集する提案等の内容を具体的に示す必要があります。

(2) 募集内容に関する説明

　注文者等は、募集内容に関し、自営型テレワーカーから問合せがあった場合には、十分な説明を行うこと、そのため、自営型テレワーカーに対し、募集内容に関して問合せに応じる連絡先や方法を明示する必要があります。

⑶　募集から契約までの間に取得した提案等の取扱い

提案や企画、作品等（以下、「提案等」といいます）を応募しようとする際に知的財産権（著作権等）が発生する場合、知的財産権を譲渡する旨の契約が締結されない限り、知的財産権は提案等を作成した応募者に帰属することから、注文者が、その募集に応じて応募され、採用に至らなかった提案等の知的財産について、選考以外の用途で、応募者に無断で公開し、または使用することはできません。　注文者は、紛争を防止するため、採用された提案等に係る知的財産権を契約時に譲渡させ、利用許諾を行わせ、またはその権利行使を制限する場合には、募集の際に、その旨を明示しておく必要があります。

⑷　仲介事業者による注文者への支援

注文者でない仲介事業者は、注文者が応募者に対し適切に募集内容を明示するため、注文者に対する助言を行う等、注文者に対する支援を行うことが望ましいとされています。

2　コンペ式の場合に特に留意すべき事項

自営型指針および同パンフレットは、いわゆる「コンペ式」の場合において、注文者は、採用された提案等の応募者に対し、募集段階で明示されていないような内容で、納品後の成果物の大幅な修正を指示する等、過大な要求をすることは望ましくないとしています。

もし大幅な修正を要求する場合は、自営型テレワーカーとあらためて協議し、合意したうえで、適正な追加報酬等を含め契約を見直すことが必要です。

（木原　康雄）

Ⅲ　契約条件と変更・解除

Q 3-3-1　契約条件の文書明示

　自営型テレワーカーに仕事を依頼する場合、口頭の約束で足りますか。

　契約に際しては、下記解説掲載の12項目を明示した文書を交付する必要があります。

1　契約条件の文書明示

　自営型テレワーカーが仕事の募集に応じて、注文者との間で請負契約または委託（準委任）契約を結ぶ場合、口頭であったり、文書でも基本的な内容が明示されていなかったりして、その内容が明確になっていないと、仕事の内容、納期、報酬額等に関して事後的にトラブルになりかねません。その際、多くの場合、力関係で弱い立場にある自営型テレワーカーが不利益を被ることになります。

　そこで、厚労省の自営型指針および同パンフレットは、注文者（他者から委託を受けた業務に関する仕事を自営型テレワーカーに注文する仲介事業者もこれに含まれます）は、自営型テレワーカーと自営型テレワークの契約を締結するときには、自営型テレワーカーと協議のうえ、自営型テレワーカーに対して、下記の12の事項を明らかにした文書を交付することとしています（文書交付以外の明示方法については、Q 3-3-2 参照）。

　ただし、その内容が定められないことについて正当な理由（取引の性質上、委託した時点では具体的な必要記載事項の内容を定めることができないと客観的に認められる理由であり、たとえば、ソフトウェアの作成の委託において発注者が求める仕様が確定していないため、正確な委託内容を決定することができない

場合等）があるものについては、その記載は要しませんが、後にその事項が定められた場合は、注文者は速やかに、その事項を記載した文書を交付する必要があります。

　なお、契約の内容が自営型テレワーカーに一方的に不利になることや、自営型テレワーカーに予想できない不利益が生じることを防ぐため、注文者は自営型テレワーカーと協議のうえ、適正な契約条件を決定することが望まれます。

① 　注文者の氏名または名称、所在地および連絡先

② 　注文年月日

③ 　注文した仕事の内容

④ 　報酬額、報酬の支払期日および支払方法

⑤ 　注文した仕事に係る諸経費の取扱い

⑥ 　成果物の納期（役務の提供である場合は、役務が提供される期日または期間）

⑦ 　成果物の納品先および納品方法

⑧ 　成果物の内容について検査をする場合は、その検査を完了する期日（検収日）

　　ただし、検査が完了する具体的な年月日の代わりに、「納品後○日」や「納品後○日以内」等のように、納品日から起算した一定日数を示すこととしても差し支えありません。

⑨ 　契約条件を変更する場合の取扱い

⑩ 　成果物に瑕疵がある等不完全（契約不適合）であった場合やその納入等が遅れた場合等の取扱い（補修が求められる場合の取扱い等）

⑪ 　成果物に係る知的財産権の取扱い

⑫ 　自営型テレワーカーが業務上知り得た個人情報および注文者等に関する情報の取扱い

2　受発注が繰り返される場合

　契約期間が一定期間継続し、受発注が繰り返されるような場合には、各回の受発注に共通する事項を包括的な契約とし、納期や代金等各回の個別の事

項をその都度の契約内容として、それぞれ文書により明示することも可能です。すなわち、基本契約・個別契約方式であり、このような方式によるのが簡明といえます（本章末尾【参考資料4】のモデル契約書参照）。

（木原　康雄）

Q3-3-2　契約条件の明示方法と保存

Q　　自営型テレワーカーに仕事を依頼する場合、契約条件の明示は必ず文書の交付により行わなければなりませんか。また、当該文書は何年間保存しなければなりませんか。

A　　文書の交付によるのが原則ですが、電子メールやウェブサイト上、または、メッセージを送受信する機能を備えたアプリケーション等による明示でも可能です（ただし、自営型テレワーカーが出力できることが必要です）。また、これらの文書等は3年間保存することとされています。

1　契約条件の明示方法

　Q3-3-1に述べたとおり、注文者（他者から委託を受けた業務に関する仕事を自営型テレワーカーに注文する仲介事業者もこれに含まれます）は、自営型テレワーカーに仕事を依頼する場合、文書により契約内容を明示しなければならないのが原則です。

　もっとも、厚労省の自営型指針および同パンフレットは、文書の交付に代えて電子メールまたはウェブサイト上等（以下、「電子メール等」といいます）での明示によることも可能であるとしています。自営型テレワークは情報通信機器を活用した働き方であり、電子メール等で連絡することが一般的となっているからです。

　また、ウェブサイト上のほかに、メッセージを送受信する機能を備えたアプリケーション等の明示でも、明確性があり、証拠として保存できますので、可能です。

　ただし、これらの場合、自営型テレワーカーが出力できるものであることが必要です。また、電子メール等で明示していたとしても、自営型テレワーカーから別途文書の交付を求められたときは、速やかに文書を当該自営型テレワーカーに交付する必要があります。

2　契約条件の文書保存

　自営型指針および同パンフレットは、注文者は、自営型テレワーカーとの契約条件をめぐる紛争を防止するため、上記文書または電子メール等を3年間保存することとしています。

（木原　康雄）

Q3-3-3　契約条件明示にあたって留意すべき事項

Q　契約条件について特に12項目について文書交付等による明示が求められていますが、その内容について留意すべきことはありますか。

A　下記の項目については、自営型テレワーカーに過度の負担となったり、不測の不利益を与えないように特に内容に留意すべきであるとされています。

1　特に留意すべき事項

　Q3-3-1で述べたとおり、自営型テレワーカーとの間で請負契約または委託（準委任）契約を締結して仕事を依頼する場合、12項目の文書交付等による明示が求められますが、厚労省の自営型指針および同パンフレットは、そのうちの下記の項目について、特に留意すべき事項を掲げています。

2　注文者の氏名または名称、所在地および連絡先についての留意事項

　注文者が特定でき、確実に連絡がとれるものであることが必要です。

3　注文した仕事の内容についての留意事項

　自営型テレワーカーが作業を円滑に進めることができ、誤解が生じることがないよう、仕事内容が明確にわかるものでなければなりません。仕事内容について、双方に思い違い、誤解があることが、報酬支払等の紛争につながりがちなことから、この点は特に留意が必要です。

4　報酬額、報酬の支払期日および支払方法についての留意事項

(1)　報酬額

　報酬額については、同一または類似の仕事をする自営型テレワーカーの報酬、注文した仕事の難易度、納期の長短、自営型テレワーカーの能力等を考慮することにより、自営型テレワーカーの適正な利益の確保が可能となるよ

うに決定する必要があります。

　なお、自営型テレワークに係る報酬は、一律に時間給または日給に換算し得るものではないため、自営型テレワーカーの報酬と雇用労働者（特に、雇用型テレワーカー）の賃金を厳密に比較することは困難ですが、注文者が標準的な自営型テレワーカーの時間当たりの作業量から想定される時間当たり報酬額を勘案したうえで、最低賃金を1つの参考として自営型テレワーカーの報酬を決定することも考えられます。自営型テレワーカーが下請や孫請けとなっている等、重層的な契約となっている場合でも、同様です。

　また、見積りを作成する際には、必要以上に見積りを繰り返すものの契約締結に至らない等、自営型テレワーカーの過度な負担とならないような見積りとすることが望ましいとされています。

(2)　報酬の支払期日

　報酬の支払期日については、注文者が成果物についての検査をするかどうかを問わず、注文者が自営型テレワーカーから成果物を受け取った日または役務の提供を受けた日から起算して30日以内とし、長くても60日以内とすることとされています。

(3)　報酬の支払方法

　原則として、注文者が自営型テレワーカーに報酬を支払うこととなりますが、いわゆるクラウドソーシングを運営している仲介事業者等、注文者以外の者が自営型テレワーカーに支払代行を行う場合には、契約条件明示の際に、あわせてその旨を明示することが求められています。

5　注文した仕事に係る諸経費の取扱いについての留意事項

　注文者が負担する通信費、送料等仕事に係る経費において、注文者が負担する経費がある場合には、あらかじめその範囲を明確にしておく必要があります。

6　成果物の納期および納品先についての留意事項

(1)　成果物の納期

　成果物の納期（役務の提供である場合は、役務が提供される期日または期間）

については、自営型テレワーカーの作業時間が長時間に及び、健康を害することがないように設定することが必要です。

その際には、通常の労働者の1日の所定労働時間の上限（8時間）を作業時間の上限の目安とすることとされています。この点について自営型パンフレットは、標準的な自営型テレワーカーの時間当たりの作業量から想定されるその仕事に必要な作業時間数をもとに、通常の雇用労働者の1日の所定労働時間の上限である8時間を自営型テレワーカー1人当たりの作業時間の上限の目安としたと説明しています。

なお、自営型テレワーカーが複数の注文者から受けた仕事を並行して行っている場合もあり得ますが、この場合注文者には、自営型テレワーカーが他の注文者から受注した仕事に係る作業時間数の確認を行うことまでは求められていません。

⑵　成果物の納品先

報酬の支払期日は納品日から起算して一定日数以内とされる場合も多いことから、確実に成果物が納品されることが重要ですので、納品先を明確にしておくことが求められます。

7　契約条件を変更する場合の取扱いについての留意事項

契約締結後に契約内容の変更が生じることが考えられるため、契約締結時にあらかじめ契約条件の変更に係る取扱いについて、明らかにしておく必要があります。

その際、変更後の紛争の発生を防止するため、変更時には変更内容を文書、電子メール、ウェブサイト上、または、メッセージを送受信する機能を備えたアプリケーション等で明示し、自営型テレワーカーと合意することや、その場合に従前の契約に基づく作業の成果物、報酬等の取扱いについても双方で十分協議すること等を明確にしておくことを要します。

なお、自営型パンフレットは、納期（役務の提供である場合は、役務が提供される期日または期間）の延長については、仕事の完成によって報酬が支払われる請負契約の場合には、報酬の支払時期の延長に直結し、自営型テレワーカーへの経済的負担が大きくなることが予想されるため、従前の契約に

基づく作業の進捗状況等に応じて報酬の一部を支払う特例を定める等の対応が望まれるとしています。

8　成果物に瑕疵がある等不完全であった場合（契約不適合）やその納入等が遅れた場合等の取扱い（補修が求められる場合の取扱い等）についての留意事項

　成果物に瑕疵がある等成果物または役務の提供が不完全であった場合（契約不適合）や、その納入または提供が遅れた場合等、自営型テレワーカーの責任により契約書に定めた内容が履行されなかった場合には、注文者は、自営型テレワーカーに成果物の完全履行のため補修を求めることや、生じた損害の賠償の請求をすることがあり得ます。したがって、その場合の取扱いについて、自営型テレワーカーの責任を含めあらかじめ明確にしておくことが必要です。

9　成果物に係る知的財産権の取扱いについての留意事項

　注文者は、コンピュータ・プログラム、物品のデザイン等、成果物やその創作過程で生じた知的財産に係る知的財産権を注文者に譲渡させ、利用許諾を行わせ、またはその権利行使を制限する場合には、その旨や対価等をあらかじめ明確にしておくことが必要です。

　なお、注文者である仲介事業者は、成果物に係る知的財産権を受注した仕事の発注を行った者（以下、「発注者」といいます）に譲渡等をさせる場合は、その旨も明確にしておくことを要します。

10　自営型テレワーカーが業務上知り得た個人情報および注文者等に関する情報の取扱いについての留意事項

　注文者は、自営型テレワーカーが遵守すべき個人情報の安全管理に関する事項（契約範囲外での当該個人情報の利用禁止、個人情報の保管、仕事終了後の個人情報の消去等）等をあらかじめ明らかにしておくことが必要です。

　また、自営型テレワーカーが業務上知り得た注文者や仲介事業者に関する情報（発注者に関する情報も含みます）についても、秘密保持が求められるも

のもありますので、個人情報と同様、自営型テレワーカーが遵守すべき機密情報等の取扱いに関する事項（契約範囲外での当該情報の利用禁止、機密情報等の保管、仕事終了後の機密情報等の消去等）等をあらかじめ明らかにしておくことを要します。

　なお、これらの事項を定める際には、これらの情報を漏洩した場合に発生する責任の範囲（責任額の上限等）についても、明示することが望ましいとされています。

（木原　康雄）

Q3-3-4 成果物の内容に関する具体的説明

 自営型テレワーカーに仕事を注文する際、成果物の内容について留意すべき点はありますか。

 注文者が求める成果物の内容を、自営型テレワーカーに具体的に説明することが必要です。

　注文者が求める成果物の内容が自営型テレワーカーにも明確に共有されていないと、注文者が求めていた内容・水準の成果物が作成されず、その場合注文者としては補修を求めざるを得なくなりますが（民法559条、562条または契約条項による）、補修対応が自営型テレワーカーにとって過度の負担となってしまう場合があります。

　そこで、厚労省の自営型指針は、募集時に注文する仕事の内容を明示すること（Q3-2-1、Q3-2-2参照）、契約時に注文した仕事の内容を明示すること（Q3-3-1、Q3-3-3参照）に加え、注文者は、自営型テレワーカーと成果物のイメージをできる限り具体的に共有し、自営型テレワーカーの過度な負担となる補修を繰り返さないようにするため、契約条件の文書交付とあわせ、自営型テレワーカーに求める成果物の内容について、具体的に説明することとしています。

Q 3-3-5 報酬の支払

 自営型テレワーカーが作成した成果物の内容（品質等）が請負契約の内容に適合しないものであった場合、報酬を支払わなくてよいですか。

 自営型テレワーカーが不適合の部分を補修した場合には、報酬を支払う必要があります。

　自営型テレワーカーが作成した成果物の内容（品質等）が請負契約の内容に適合しないものであった場合、自営型テレワーカーは自らの債務を完全に履行してないことになりますので、注文者は修補（補修）を求めることができ（民法559条、562条。ただし民法636条による制限あり）、補修が完了するまでは報酬を支払う必要はありません。

　もっとも、注文者の求めに応じて補修が完了された段階では、自営型テレワーカーは自らの債務を完全に履行したことになりますので、注文者は、民法632条、633条に基づき、報酬を支払う必要があります。

　厚労省の自営型指針も、請負契約における成果物に瑕疵（契約の内容に適合していないという意味です。以下同じ）があっても、当該瑕疵の補修がなされた場合には、注文者は自営型テレワーカーに報酬を支払う必要があることとしています。

　また、仲介事業者が、発注者から業務の委託を受け、その業務に関する仕事を自営型テレワーカーに注文し、成果物等をとりまとめるなどして発注者に成果物の納品などをするタイプの場合（Q3-1-2参照）で、発注者が注文者である仲介事業者に報酬を支払わない場合であっても、自営型テレワーカーが瑕疵のない成果物を納品し、または役務を提供した場合には、注文者である仲介事業者は、自営型テレワーカーに対して報酬を支払うことが必要です。

（木原　康雄）

Q 3-3-6　契約条件の変更

 自営型テレワーカーとの間の請負契約または委託（準委任）契約
の条件を変更する場合の留意点を教えてください。

A 自営型テレワーカーと十分協議するとともに、変更後の契約条件
を文書交付等により明示すること、自営型テレワーカーに不利益と
なるような変更は行わないことが求められます。

　自営型テレワーカーと請負契約または委託（準委任）契約を締結し、自営
型テレワーカーが仕事に着手した後に、都合により、成果物の仕様、納期、
報酬額等の契約条件を変更する必要が生じることがあり得ます。

　この場合、変更には原則として自営型テレワーカーとの合意が必要であり、
また、当初の契約時に文書明示した「契約条件を変更する場合の取扱い」（Q
3-3-1、Q 3-3-3参照）に則って行うことになります。

　また、変更後の契約条件についても、当初の契約と同様、文書交付、電子
メール、ウェブサイト上、または、メッセージを送受信する機能を備えたア
プリケーション等による明示を要します（ただし、後三者については自営型テ
レワーカーが出力できることが必要です。Q 3-3-2参照）。

　もっとも、自営型テレワーカーは、注文者に比べ弱い立場にあることが多
いので、注文者から不利な条件変更を押し付けられてしまう可能性もあり得
ます。そこで、厚労省の自営型指針は、以下のように、自営型テレワーカー
に不利益が生じないようにすることを求めています。

　すなわち、まず、契約条件を変更する場合には、自営型テレワーカーと十
分協議することが必要です。

　また、注文者は、自営型テレワーカーに不利益が生ずるような変更をテレ
ワーカーに強要してはならず、もし自営型テレワーカーが契約条件の変更に
応じない場合であっても、それにより不利益な取扱いを行わないようにし、
当初の契約内容を守らなければなりません。

　さらに、頻繁な仕様の変更により実質的に契約条件の変更となっている場

合についても、自営型テレワーカーに不利益が生じないようにする必要があります。

　仲介事業者が、発注者から業務の委託を受け、その業務に関する仕事を自営型テレワーカーに注文し、成果物等をとりまとめるなどして発注者に成果物の納品などをするタイプの場合（Q3-1-2参照）がありますが、この場合、注文者である仲介事業者は、発注者の事情により仲介事業者と自営型テレワーカーとの間の契約条件が変更されるときには、自営型テレワーカーに不利益な契約条件の変更を強要しないようにするとともに、発注者の事情により、発注者と仲介事業者との間の契約条件が変更されるときには、その契約条件の変更により自営型テレワーカーに不利益が生じないよう、発注者と協議することが求められます。

（木原　康雄）

Q3-3-7 成果物に瑕疵がある等不完全であった場合（契約不適合）やその納入等が遅れた場合等の取扱い

Q 成果物に瑕疵がある等不完全であった場合（契約不適合）やその納入等が遅れた場合等に、自営型テレワーカーに損害賠償を請求する際の留意点を教えてください。

A 契約時に文書交付等により明示された「成果物に瑕疵がある場合等不完全（契約不適合）であった場合やその納入等が遅れた場合等の取扱い」の範囲内での請求を行う必要があります。また、瑕疵等につき注文者自身にも責任がある場合には、その責任割合に応じた損害賠償額の減額を行う必要があります。

　成果物に瑕疵（請負契約または委託（準委任）契約に定めた品質等に適合しないことをいいます）がある等不完全であったり（契約不適合）、その納入等が遅れ、注文者に損害が生じた場合、契約時に文書交付等により明示された「成果物に瑕疵がある場合等不完全であった場合やその納入等が遅れた場合等の取扱い」（Q3-3-3、Q3-3-5参照）に則って、注文者は自営型テレワーカーに対し、損害賠償請求等が可能です（民法559条、564条、415条）。

　もっとも、自営型テレワーカーは注文者に比べ弱い立場にあることが多いので、実際の場面において、注文者から上記「取扱い」で定めた範囲を超えた賠償を求められてしまうおそれがあります。

　そこで、厚労省の自営型指針は、注文者に対し、上記「取扱い」において自営型テレワーカーが負担すると決めている範囲を超えて責任を負わせないようにすることを求めています。

　また、自営型パンフレットは、損害の発生に関し、注文者にも責任がある場合は、責任分担を無視して一方的に自営型テレワーカーに損害賠償の責任を課す等、不当な負担を課すことはあってはならないとしており、責任割合（寄与度）に応じた損害の公平な分担（損害賠償額の減額）を行う必要があります（民法415条1項ただし書、636条本文）。

（木原　康雄）

Q3-3-8 契約の解除

 自営型テレワーカーとの契約を解除する際の留意点を教えてください。

 注文者に報酬等の支払が求められる場合があります。

　成果物に瑕疵（請負契約又は委託（準委任）契約に定めた品質等に適合しないことをいいます）がある等不完全であったとき（契約不適合）やその納入等が遅れる等自営型テレワーカーが契約を履行しないときには、注文者は、自営型テレワーカーの同意を得ずに請負契約または委託（準委任）契約を解除することができる場合があります（民法559条、564条、541条、542条）。

　もっとも、その場合でも、以下のように注文者には報酬等の支払が求められるときがありますので、留意が必要です。

　第1に、民法は、請負人がすでにした仕事の結果のうち可分な部分の給付によって注文者が利益を受けるときは、その部分を仕事の完成とみなし、請負人はその部分の報酬を請求することができるとしています（民法634条）。自営型テレワーカーとの請負契約でもこの規定に則って、報酬を一部支払うべき場合が出てきます。なお、このことは、自営型テレワーカーとの契約が成果物のある委託（準委任）契約の場合でも同様です（民法656条、648条の2第2項）。また、成果物のない委託（準委任）契約（たとえば、システムの運用保守、投稿・ウェブサイト等のコンテンツの監視、日程管理等の秘書業務など）でも、受託者はすでにした履行の割合に応じて報酬を請求できるものとされていますので（民法648条3項）、同様です。なお、これらの一部請求は、自営型テレワーカー（請負人・受託者）に帰責性がある場合であっても認められる点に留意してください。

　また、厚労省の自営型指針は、注文者と自営型テレワーカーが合意により契約を解除する場合においても、たとえば請負契約においては、すでに仕事に着手した部分により利益が生じている場合は自営型テレワーカーへその分

の報酬を支払うことを決定する等、注文者と自営型テレワーカーで十分に協議したうえで、報酬等を決定することを求めています。

さらに、自営型パンフレットは、たとえば注文者の事情により契約を解除する場合等においては、自営型テレワーカーがすでに履行の準備をしていた、当該契約を履行するために他の契約を断った等の事情がある場合もあることから、注文者に利益が生じていない場合であっても、自営型テレワーカーの状況等を勘案したうえで、報酬等を決定することが望まれるとしています。

第2に、自営型テレワーカーに契約違反がない場合に、注文者が任意で契約を解除する場合は、注文者は、契約解除により自営型テレワーカーに生じた損害の賠償が必要となります（民法641条）。自営型指針もこの点を確認しています。

第3に、自営型指針は、注文者の責めに帰すべき事由以外の事由（災害等）で契約が解除される場合に生じた負担は、注文者と自営型テレワーカーで十分協議することが望ましいとしています。

また、自営型パンフレットは、上記の協議の際、注文者は契約解除によって自営型テレワーカーに生じる損害が過大にならないように留意することが望まれるとしています。

（木原　康雄）

Q3-3-9　継続的な注文の打切りの場合における事前予告

 これまである自営型テレワーカーに継続して仕事の注文をしてきたのですが、注文を打ち切ろうと考えています。この場合の留意点を教えてください。

A 事前の予告および打切りの正当な理由が求められます。

　ある自営型テレワーカーに継続して仕事の注文をしている場合でも、「今後は新たな注文はしない（注文を打ち切る）」という判断をすることは、契約自由の原則から可能です。

　もっとも、当該注文者から長期間にわたって注文を受けており、その注文者からの注文が仕事の大半を占めているような場合、突然注文が打ち切られ報酬が得られないようになると、自営型テレワーカーの生活が不安定なものとなってしまうおそれがあります。

　そこで、厚労省の自営型指針は、同じ自営型テレワーカーに、たとえば6か月を超えて毎月1回以上自営型テレワークの仕事を注文している等継続的な取引関係にある注文者は、自営型テレワーカーへの注文を打ち切ろうとするときは、速やかに、その旨およびその理由を予告することを求めています。

　また、自営型パンフレットは、打ち切る理由としては、たとえば、注文者が「業務量を縮小したため」等の注文者側に契約時には想定できなかったやむを得ない事由が生じた場合のほか、自営型テレワーカーが毎回のように「納期を守らないため」、「仕事の成果が求める水準を満たさないため」等の信頼関係を継続することが困難な理由が考えられるとしています。つまり、注文の打切りの際には、正当な理由が求められ、恣意的な理由での打切りは避けるべきことが求められているのです。

（木原　康雄）

Q 3 - 3 -10　その他の遵守事項

Q 3 - 3 - 1 ～ 3 - 3 - 9 で関係者が守るべき事項をみてきましたが、その他の遵守すべき事項を教えてください。

A　自営型テレワーカーの保護を十全なものにして、テレワークの適正な実施を実現するため、下記の事項について遵守が求められます。

1　その他の遵守すべき事項

　自営型テレワークにおいては、注文者に比べテレワーカーが力関係や資力で劣ることが多いため、その保護を十全なものにして、テレワークの適正な実施を実現するため、厚労省の自営型指針は、「関係者が守るべき事項」のほかにも、下記の遵守すべき事項を掲げています。

2　仲介に係る手数料の明示

　仲介事業者は、仲介手数料、登録料、紹介料、システム利用料等の名称を問わず、自営型テレワーカーから仲介に係る手数料を徴収する場合には、手数料の額、手数料の発生条件、手数料を徴収する時期等を、自営型テレワーカーに対し、あらかじめ、文書または電子メール等で明示してから徴収することとされています。

　また、仲介事業者は、注文者と自営型テレワーカーとの契約成立時に手数料を徴収する場合には、個々の契約を締結するに際し、自営型テレワーカーに対し、手数料の額等を明示することとされています。

　ただし、上記の「仲介に係る手数料」とは、仲介に伴い徴収するものをいいますので、仲介事業者が発注者から業務の委託を受け、その業務に関する仕事を自営型テレワーカーに注文し、成果物等をとりまとめるなどして発注者に成果物の納品などをするタイプの場合（Q 3 - 1 - 2 参照）に、仲介事業者が、発注者から委託を受けた額と、自らが自営型テレワーカーに注文したその業務に関する報酬額との差額の明示までは求められていません（自営型パ

ンフレット）。

3　物品の強制購入等

　注文者は、正当な理由がある場合を除き、応募者および自営型テレワーカーに対して、自己の指定する物を強制して購入させ、または役務を強制して利用させないことが必要です。

　この「物品の強制購入等」には、たとえば、保険、リース、インターネット等のサービスを強制して利用させた場合も含まれ、また、注文者が指定する物であれば、注文者の商品以外も含まれます（自営型パンフレット）。

　ただし、自営型テレワーカーの能力開発の援助として教材を無料で配布したり、強制ではなく任意に自営型テレワーカーが物品等を購入したりする場合については該当しません。なお、特定商取引法51条に定める業務提供誘引販売取引（「仕事を提供するので収入が得られる」という口実で消費者を誘い、仕事に必要であるとして、商品を販売したりサービスを提供して金銭を負担させる取引のことをいいます）に該当する場合には、注文者は当然に、同法を遵守しなければなりません（クーリング・オフ制度や、取消制度などが設けられています）。

4　注文者の協力

　注文者は、自営型テレワーカーが仕事をするうえで必要な打合せに応じる等、契約内容を履行するために必要な協力を行うことが望ましいとされています。

　ただし、自営型テレワークは請負契約や委託（準委任）契約等により行われるものであり、雇用契約（雇用型テレワーク）のような指揮命令を行う契約ではないことに留意する必要があります（自営型パンフレット）。

5　個人情報等の適正な管理等

⑴　自営型テレワーカーの個人情報の保護

　注文者および仲介事業者は、自営型テレワーカーまたは応募者の個人情報を取り扱うにあたっては、その利用の目的をできる限り特定する必要があり

ます（個人情報保護法15条［17条］1項（［　］は令和4年4月1日以降（令和3年法律37号改正））。

　また、あらかじめ本人の同意を得ないで、利用目的の達成に必要な範囲を超えて、個人情報を取り扱ってはなりません（個人情報保護法16条［18条］1項）。

　注文者および仲介事業者は、自営型テレワーカーまたは応募者の個人情報の安全管理のために必要かつ適切な措置を講じる（個人情報保護法20条［23条］）ほか、その他個人情報保護法を遵守する必要があります。

⑵　自営型テレワーカーが取り扱う個人情報

　注文者は、個人情報の取扱いを自営型テレワーカーに委託する場合、当該個人情報の安全管理が図られるよう、自営型テレワーカーに対して、必要な監督を行わなければなりません（個人情報保護法22条［25条］）。

6　健康確保措置

　情報機器作業（パソコンやタブレット端末等の情報機器を使用して、データの入力・検索・照合等、文書・画像等の作成・編集・修正等、プログラミング、監視等を行う作業をいいます）の適正な実施方法、腰痛防止策等の健康を確保するための手法について、注文者が自営型テレワーカーに情報提供することが望ましいとされています。なお、情報提供の際は、必要に応じて「情報機器作業における労働衛生管理のためのガイドラインについて」（令和元・7・12基発0712第3号）および「職場における腰痛予防対策の推進について」（平成25・6・18基発0618第1号）を参考にし、情報提供することが望ましいとされています。

　また、注文者は、自営型テレワーカーから健康確保に関する相談を受けた場合には、相談に応じ、作業の進捗状況に応じた必要な配慮（たとえば、契約内容を見直す、仕事の進捗管理に助言するなど）をするよう努め、その際、相談内容についての情報管理を徹底するとともに、相談者のプライバシーの保護に配慮することとされています。

7　能力開発に関する支援

　注文者は、自営型テレワーカーが能力の開発および向上を図ることができ

るように、業務の遂行に必要な技能、これに関する知識の内容および程度その他の事項に関する情報の提供等、自営型テレワーカーの能力開発を支援することが望ましいとされています。

　これは、自営型テレワーカーが安定的に仕事を確保するためには、恒常的な能力開発が不可欠である一方、自営型テレワークは自営的な働き方であるため、自ら能力開発を行う必要がありますが、注文者の委託する業務によっては、習得すべき知識・技能に関する情報を得る機会が少ないことも想定されるからです（自営型パンフレット）。

8　担当者の明確化

　注文者は、あらかじめ、自営型テレワーカーから、作業の遂行にあたって生じた疑義の問合せや苦情等があった場合に、それに対応する担当者を明らかにすることが望ましいとされています。

9　苦情の自主的解決等

　注文者は、自営型テレワーカーから苦情の申出を受けたときは、自営型テレワーカーと十分協議する等、当事者間で自主的な解決を図るように努めることとされています。

　なお、自主的な解決が困難な場合には、必要に応じて、日本司法支援センター（通称「法テラス」）や、独立行政法人国民生活センター、消費生活センター等の機関を活用することが考えられます（自営型パンフレット）。

　また、仲介事業者についても、相談窓口を明確化する等、注文者や発注者、自営型テレワーカーや応募者からの苦情を迅速、適切に処理するための体制整備を行うことが望ましいとされています。

10　その他

　自営型テレワークにつき下請代金支払遅延等防止法が適用される場合は、同法2条7項に規定する親事業者に該当する注文者は、書面の交付義務等、同法を遵守することがあることにも留意が必要です。

（木原　康雄）

【参考資料４】　厚労省モデル契約書

　いわゆる「ライター業務」を例として、同じ当事者の間で、受発注が繰り
返される場合を想定し、各回の受発注に共通する事項を「基本契約」、納期
など各回の個別の事項を「個別契約」（発注書）として契約する場合に関す
る契約書例が、厚労省の自営型パンフレットに掲載されていますので、紹介
します。

＜基本契約書の例＞

業務委託契約書

　<u>株式会社○○を甲とし、■■を乙として</u>[注1]、甲の業務の委託に関して、
次の通り契約を締結する。

　本契約に定めのない事項又は本契約の内容等に疑義が生じた場合には、そ
の都度、民法をはじめとする法令等を踏まえ、誠意をもって甲乙協議の上、
取り決めるものとする。

（委託業務）

第１条　甲は、乙に<u>△△△△に関する業務</u>[注2]（以下「本件業務」という。）を委
　　託し、乙はこれを受託し、本件業務の目的を理解して誠実に業務を遂行する。

（契約期間）

第２条　甲が本件業務を乙に委託する期間は、令和○年○月○日から令和○
　　年○月○日までとする。

（基本契約及び個別契約）

第３条　甲と乙との間における本件業務に関する個別の契約（以下「個別契約」
　　という。）は、甲から、本件業務に関する具体的な委託内容、契約金額、成
　　果物の納期、その他具体的事項が記載された発注書が発行され、乙から当
　　該発注書に対して承諾された場合において、当該発注書の内容に従い成立
　　する。

　2　本契約に定める諸条項は、本契約の有効期間中、甲が本件業務を継続的
　　に乙に委託するにあたり、甲乙間で締結される個別契約に共通して適用さ
　　れるものとする。個別契約で本契約と異なる規定を定めた場合は、個別契
　　約の定めが本契約に優先するものとする。

（契約の解除）[注3]

第４条　甲又は乙は、相手方が次の各号の一つに該当するときは、契約の全部又は一部を解除することができるものとする。なお、当該解除は相手方に対する損害賠償の請求を妨げないものとする。

①　相手方が契約に基づく債務を履行せず、相当の期間を定めて催告したにもかかわらず当該期間内に債務の履行をしないとき。

②　相手方の責に帰すべき事由により、個別契約に定める納期を遵守することができないと認められるとき。

2　甲と乙が合意により契約を解除する場合、甲は、乙に対し、当該成果物の完成割合及びその時点において有する機能等をもとに甲及び乙が誠実に協議し、その分の報酬を支払う。※注4

3　災害などの甲の責めに帰すべき事由以外の事由で契約が解除される場合に生じた負担は、甲乙協議の上、決定するものとする。

（報酬等）※注5

第５条　本件業務に関する報酬額は、○字あたり○円（税込）とする。なお、個別契約に定める報酬額が本契約書に定める報酬額より高い場合は、発注書の定めによるものとする。

2　交通費、通信費等諸経費の取扱いについては、甲乙協議の上、決定する。

（報酬の支払方法）※注6

第６条　甲は、乙から各月末日までに提出を受けた請求書に関し、各月分の報酬額を翌月末日までに乙指定の銀行口座に振り込むことで支払う。

なお、その際の振込手数料は、甲の負担とする。

（契約条件の変更）※注7

第７条　本契約の当事者の一方は、委託業務の内容、実施方法等契約条件の変更を行う必要があると判断した場合は、甲乙協議の上、変更することができる。この場合、委託業務の内容、実施方法、報酬等の変更内容について、書面で明示し、合意するものとする。

2　甲は、前項により契約条件を変更する場合は、乙と協議の上、従前の契約に基づき乙が実施した業務の進捗状況に応じて、それまでの報酬を支払うものとする。

（知的財産権の侵害）

第８条　乙は、本件業務の実施に当たり、第三者の著作権等の知的財産権を侵害しないように留意するとともに、成果物が第三者の著作権等の知的財産権をも侵害していないことを保証するものとする。

（成果物の検査）※注8

第 9 条　甲は、乙から提出を受けた成果物に関し、〇日以内に検査を行う。^{※注9}

（補修）^{※注10}

第10　甲は、前条に基づく検査の結果、成果物が一定の納品水準に達していないと判断した場合は、乙に対し、乙の責任と負担による補修を求めることができる。

（成果物の権利）^{※注11}

第11条　本件業務に基づき作成された成果物に関する著作権（著作権法第27 条及び第28 条所定の権利を含む。）は、成果物の検査完了をもって、乙から甲に移転するものとする。

2　乙は、前項の規定に基づき甲に著作権を譲渡した成果物につき、著作者人格権（公表権、氏名表示権、同一性保持権）を行使しないものとする。

（第三者委託）

第12条　乙は、本件業務の全部又は一部について第三者に委託する必要があると判断した場合は、甲と協議の上、第三者に委託することができる。

（秘密保持）^{※注12}

第13条　甲及び乙は、本契約上の義務を履行する過程において知り得る相手方の業務上の機密に属する情報（以下「秘密情報」という。）の秘密を守り、これらの情報を、相手方の事前の書面による許諾なく、本契約以外の目的のために利用し、又はいかなる第三者に対しても漏洩若しくは開示してはならない。ただし、以下の各号に該当する情報については、この限りではない。

①　相手方から提供又は開示された時点で、既に公知となっている情報

②　相手方から提供又は開示された後に公知となった情報。ただし、公知となったことが、甲又は乙による本条違反の結果である場合を除く。

③　開示前より相手方である甲又は乙が保有していた情報

④　甲又は乙からいかなる意味における拘束も受けていない第三者から、本契約締結後に、合法的に取得した情報

2　甲及び乙が、裁判所又は政府機関の命令により秘密情報を開示する場合には、前項本文の規定は適用しない。

3　甲及び乙は、本契約終了後、又は、相手方から求められた場合にはいつでも、遅滞なく、相手方から提供された秘密情報並びに秘密情報を記載又は包含した書面、電子的記録その他の媒体物及びその全ての複製物を返却、又は相手方の指示に従い破棄するものとする。

4　本条に定める機密保持義務は、本契約終了後も存続する。

（個人情報の取扱い）※注13

第14条　甲は、乙に関する個人情報を取り扱うに当たっては、乙の同意を得た利用目的の達成に必要な範囲内で取り扱うものとする。

2　乙は、本件業務の履行に当たって知り得た個人情報及び業務上知り得た機密情報を取り扱うに当たっては、契約範囲外で当該情報を利用してはならない。また、これらの情報の保管や契約終了後の消去等について、甲乙あらかじめ協議の上、決定するものとする。

（損害賠償）※注14

第15条　甲又は乙は、相手方に対して、自己の責に帰すべき事由により、本契約又は個別契約に違反し、相手方に損害を与えた場合、当該損害を賠償する。

2　前項に定める損害は、当該違反による直接かつ現実に被った損害に限る。

（法令の遵守）

第16条　甲及び乙は、本契約に基づく業務を遂行するに当たっては、関連する法令を遵守するものとする。

この契約※注15の成立の証として、本契約書を2通作成し、甲乙各1通を保有するものとする。※注16

令和○年○月○日

　　　　　　　　　　　甲　住所：

　　　　　　　　　　　　　電話番号：

　　　　　　　　　　　　　社名：株式会社○○

　　　　　　　　　　　　　代表者名　　　　　　　　　　　　印

　　　　　　　　　　　乙　住所：

　　　　　　　　　　　　　電話番号：

　　　　　　　　　　　　　氏名：■■　　　　　　　　　　　印

※注

(1)　注文者＝甲、自営型テレワーカー＝乙です。仲介事業者など、注文者以外の者がいる場合は、例えば、「仲介事業者を丙として」と入れることもあり得ます。

(2)　ライターの業務内容は、雑誌や書籍などの出版物、ウェブサイトなどに掲載する文章を書くことです。また、取材や写真撮影なども行います。

(3)　例えば、以下のような記載を追加することも考えられます。

　　【例】　甲又は乙は、相手方が次の各号の一つに該当するときは、相手方に対
　　　　する何らの通知・催告を要せず直ちに契約の全部又は一部を解約できる
　　　　ものとする。
　　　　①　相手方に対しその業務の遂行を妨げる等重大な過失又は背信行為が
　　　　　あったとき。
　　　　②　支払停止・支払不能・債務超過に陥ったとき、又は強制執行・仮差押・
　　　　　仮処分・公売処分・租税滞納処分・競売を受けたとき。
　　　　③　破産手続開始・民事再生手続開始・会社更生手続開始又は特別清算
　　　　　開始の申立てがあったとき。

(4)　既に仕事に着手した部分により利益が生じている部分については、甲は乙へ
　　その分の報酬を支払うことなどが考えられます。

(5)　報酬額、仕事にかかる諸経費に関する定めです。

(6)　報酬の支払期日や支払方法に関する定めです。仲介事業者など、注文者以外
　　の者が報酬の支払の代行を行う場合は、例えば「報酬の支払は、丙が代行して
　　行う」といった項を追加するなど、その旨を明示する必要があります。

(7)　契約条件を変更する場合の取扱いです。仲介事業者を介して行う契約の場合
　　は、例えば、丙（＝仲介事業者）の運営するウェブサイトの管理画面上や丙の
　　用意する様式により変更を行う旨を記載することなども考えられます。

(8)　成果物に関して、問題があるかどうかの判断が容易な場合、次のような記載
　　例もあります。
　　【例】　検査により、成果物が一定の水準に達したと甲が判断した場合は、そ
　　　　れ以降は、甲は乙に補修を請求することができない。

(9)　仲介事業者を介して行う契約の場合は、例えば、検査の結果を丙（＝仲介事
　　業者）を通じて乙に通知する旨を記載することなども考えられます。

(10)　補修や損害賠償が求められる場合の取扱いです。

(11)　成果物に関する知的財産権に関する取扱いです。この他の記載例としては、
　　知的財産権の使用対価に関する規定が考えられます。
　　【例】　甲は、●●の使用により得られた製品を販売したときは、使用許諾料
　　　　として、その売上金額の○パーセントを乙の指定する期日までに支払う。

(12)　自営型テレワーカーが守るべき個人情報の安全管理や機密情報等の取扱いに
　　関する事項を別に契約することもあります。
　　【例】　○個人情報等の定義
　　　　○個人情報等の適切な管理
　　　　　・受託業務に係る個人情報等の甲の指定する作業場所以外への持ち出しの

禁止。

・コンピュータのセキュリティ対策

○個人情報等の返還及び返還時の複製の禁止　など

⑬　自営型テレワーカーの個人情報に関する取扱いです。

⑭　契約解除、補修、秘密保持、個人情報の取扱い等の場面で、損害賠償が発生することがあります。

⑮　その他、反社会的勢力の排除等に関する記載を追加することも考えられます。

【例】　甲及び乙は、以下各号の一に掲げる事項について表明し、保証し、かつ、将来にわたって確約する。

①己及び自己の役員（取締役、監査役、執行役又はこれらに準ずる者をいう。）が、反社会的勢力（暴力団、暴力団員、暴力団準構成員、暴力団関係企業、総会屋、社会運動標ぼうゴロ、政治活動標ぼうゴロ、特殊知能暴力集団等、その他これらに準ずる者をいう。以下同じ。）に該当しないこと。

②　反社会的勢力が経営を支配していないこと。

③　反社会的勢力が経営に実質的に関与していないこと。

④　反社会的勢力を利用していないこと。

⑤　反社会的勢力に対して資金等を提供し、又は便宜を供与するなどの関与をしていないこと。

⑥　その他自己又は自己の役員が、反社会的勢力と社会的に非難されるべき関係を有していないこと。

⑯　契約条件をめぐるトラブルを防止するため、契約書はきちんと保管しておきましょう。

注文者は、契約条件を記載した文書を３年間保存するよう求められています。

<個別契約書の例>

令和○○年○月○日※注1

発 注 書

（甲）発注者※注2　住所：

社名：株式会社○○

代表者名：　　　　　　　　　　　印

TEL/FAX/MAIL：

本件業務に関する担当者：△△

TEL/FAX/MAIL：

（乙）住所：

氏名：■■

TEL / F A X / MAIL：

甲は、乙に対し、以下のとおり執筆業務を委託する。

1　委託内容　△△出版社刊『質・量ともに良好な自営型テレワーク』コラム執筆業務

・キャッチコピー 1 本（24 文字以内）

・小見出し 2 本（各16 文字以内）

・本文（28 文字× 20 行560 文字以内）※注3

2　契約金額　￥○○○○※注4（税込）（源泉徴収税￥○○○○を報酬振込時に差し引く）

3　履行期限　令和○年○月○日

4　納品先・方法　株式会社○○（担当者△△）あてテキストデータをメールで納品すること※注5

5　諸経費の取扱い※注6

甲は、以下の経費を負担するものとする。

・甲が指定する仕事に必要な機器

・打ち合わせ時の交通費

・通信費

・報酬の振込手数料

※注

(1) 注文年月日の記載があります。

(2) 注文者の氏名、所在地、連絡先の記載のほか、担当者氏名も明らかにされています。

(3) 注文した仕事の内容の記載があります。

(4) 報酬額の記載があります。

(5) 成果物の納期、納品先、納品方法の記載があります。 仲介事業者を介して行う契約の場合は、丙（＝仲介事業者）の運営するウェブサイトの管理画面上で納品する旨を記載することなども考えられます。

(6) 諸経費の取扱いの記載があります。

出典：自営型パンフレット

第4章

副業・兼業の労務・業務管理

I　副業・兼業の現状と指針

Q4-1-1　副業・兼業が促進される背景と指針

 副業・兼業が促進されていると聞きました。なぜ、副業・兼業が促進されているのか、その背景について教えてください。

A　副業・兼業を希望する労働者が年々増加する一方、副業・兼業を認める制度を導入していない企業が多いのが現状です。労働者のニーズを踏まえつつ、企業利益も守りながら、副業・兼業を許可する制度を導入していく必要があります。

1　副業・兼業が促進されている背景

　副業・兼業を希望する労働者は年々増加していますが、副業・兼業を禁止している企業は、まだまだたくさんあるという現状があります。

　労働者が副業・兼業を行いたい理由は、収入を増やしたい、1つの仕事だけでは生活できない、自分が活躍できる場を広げる等、その理由はさまざまであり、業種や職種によって仕事の内容、収入等もさまざまですが、自身の能力を1つの企業にとらわれずに幅広く発揮したい、スキルアップを図りたいなどの希望をもつ労働者がいるという実情があります。

　そのような中、近年の裁判例では、勤務時間外は基本的には労働者の自由時間であることから、会社が勤務時間外の副業・兼業を全面的に禁止し、会社の職場秩序を乱す態様や企業秘密の漏えいのおそれのある競業への就労を禁止する場合以外の副業・兼業に関して、形式的に懲戒処分を課すことを無効と判断する例が増えてきました。

　厚労省では、平成29年10月から、「柔軟な働き方に関する検討会」を開催し、雇用型テレワーク、自営型（非雇用型。フリーランス）テレワーク、副業・兼

業といった柔軟な働き方について、その実態や課題の把握、ガイドラインの策定に向けた検討を行ってきました。

　そして、令和2年3月からの新型コロナウィルスの流行、緊急事態宣言の影響により、多くの企業において、テレワークを余儀なくされ、実践を踏まえて、多くの企業においてテレワークの導入が実現しました。

　また、企業の休業や、それによる企業の収益悪化、労働者の減収・失業などが生じ、新たに、フリーランスや副業・兼業といった働き方が見直され始めました。

　厚労省では、平成30年1月、これまでの検討会での議論を踏まえ、企業秘密の漏えい、労働者の労務提供の支障、長時間労働による健康障害などを発生させないように企業の利益を守りながら、企業が原則として労働者の副業・兼業を認める制度を導入するために留意すべき事項をまとめた「副業・兼業の促進に関するガイドライン」を策定しました（副業・兼業指針。その後、令和2年9月改定）。

2　副業・兼業ガイドラインと法的意義

　前述したように、副業・兼業を希望する労働者は年々増加する一方で、副業・兼業を禁止している企業は、まだまだたくさんあるという現状があります。

　しかし、近年の裁判例では、勤務時間外は基本的には労働者の自由時間であることから、原則として労働者の副業・兼業を認めるべきと判断する例が増えています。

　他方、副業・兼業を無制限に認めると、企業は、企業秘密の漏えいのおそれや職場秩序を乱される可能性もあり、労働者は長時間労働により健康を害するなどの可能性もあります。

　厚労省が示した副業・兼業指針では、副業・兼業を希望する労働者のニーズに応えつつ、裁判例を踏まえ、企業が副業・兼業を原則として認めるために留意すべき事項、労働時間等に関する労基法の内容についての解説、過重労働を防ぐために留意すべき点などについて、副業・兼業の許可制・届出制を企業が導入するための指針を示しました。　　　　　　　　（石居　茜）

Q 4-1-2　副業・兼業の現状

 副業・兼業の現状はどうなっていますか。教えてください。

 　副業・兼業を希望する労働者は年々増加していますが、まだ多く
の企業において、副業・兼業が禁止されている傾向にあります。

1　労働者が副業・兼業を希望する理由

　副業・兼業を希望する労働者は年々増加傾向にあります。

　労働者が副業・兼業を行う理由は、収入を増やしたい、1つの仕事だけで
は生活できない、自分が活躍できる場を広げたい、さまざまな分野の人とつ
ながりができる、時間のゆとりがある、現在の仕事で必要な能力を活用・向
上させる等さまざまであり、また、副業・兼業の形態も、正社員、パート・
アルバイト、会社役員、起業による自営業等さまざまな形態があります。

　しかし、まだ多くの企業において、副業・兼業が認められていない現状が
あります。

2　副業・兼業に関する裁判例

　副業・兼業に関する裁判例では、従業員が勤務時間以外の時間をどのよう
に 利用するかは、基本的には従業員の自由であり、各会社においてそれを
制限することが許されるのは、たとえば、次のような場合に限られるとして
います。

① 　労務提供上の支障がある場合

② 　業務上の秘密が漏洩する場合

③ 　競業により自社の利益が害される場合

④ 　自社の名誉や信用を損なう行為や信頼関係を破壊する行為がある場合

3　厚生労働省のモデル就業規則

　厚労省のモデル就業規則においても平成30年１月の改正の際に、「労働者は、勤務時間外において、他の会社等の業務に従事することができる」(67条)とされてました（令和３年４月改正後は68条）。

　裁判例を踏まえると、会社は、従業員の副業・兼業を原則として認める方向で制度をつくっていく必要があります。

（石居　茜）

Ⅱ　副業・兼業の促進の留意点と基本的課題

Q4-2-1　副業・兼業のメリットと留意点

 副業・兼業の労働者側、企業側のメリットと留意点、副業・兼業の促進において企業が留意すべき基本的課題について教えてください。

A 労働者側には十分な収入の確保やキャリア形成というメリットがあり、企業側にも一定のメリットがありますが、企業側は、長時間労働の防止、職務専念義務、秘密保持義務、競業避止義務の遵守の確保といった懸念点もあります。

1　労働者側のメリットと留意点

副業・兼業の労働者側のメリット、留意点は、以下のとおりです。

(1)　メリット

① 離職せずとも別の仕事に就くことが可能となり、スキルや経験を得ることで、労働者が主体的にキャリアを形成することができる。

② 本業の所得を活かして、自分がやりたいことに挑戦でき、自己実現を追求することができる。

③ 所得が増加する。

④ 本業を続けつつ、よりリスクの小さい形で将来の起業・転職に向けた準備・試行ができる。

(2)　留意点

① 就業時間が長くなる可能性があるため、労働者自身による就業時間や健康の管理も一定程度必要である。

② 職務専念義務違反、秘密保持義務違反、競業避止義務違反を起こす可能

性が出てくるので、これらの義務を意識することが必要である。

③ 1週間の所定労働時間が短い業務を複数行う場合には、雇用保険等の適用がない場合があることに留意が必要である。

2 企業側のメリットと留意点

副業・兼業の企業側のメリット、留意点は、以下のとおりです。

(1) メリット

① 労働者が社内では得られない知識・スキルを獲得することができる。

② 労働者の自律性・自主性を促すことができる。

③ 優秀な人材の獲得・流出の防止ができ、競争力が向上する。

④ 労働者が社外から新たな知識・情報や人脈を入れることで、事業機会の拡大につながる。

(2) 留意点

必要な就業時間の把握・管理や健康管理への対応、職務専念義務、秘密保持義務、競業避止義務の遵守をどのように確保するかという懸念への対応が必要である。

（石居　茜）

Q4-2-2　副業・兼業の促進において企業が留意すべき基本的課題

 　副業・兼業の促進において会社が留意すべき基本的課題は何ですか。

A 　会社および従業員は、労働契約上、信義則に基づき、労働契約上の主な義務（賃金支払債務、労務提供義務）のほかに、さまざまな不随義務を負っていますので、それらに留意することが必要となります。

1　副業・兼業に関する裁判例の動向

　裁判例においては、勤務時間外の副業・兼業を全面的に禁止し、会社の職場秩序を乱す態様や企業秘密の漏えいのおそれのある競業への就労を禁止する場合以外の副業・兼業に関して、形式的に懲戒処分を課すことはその懲戒処分を無効と判断する例が増えています。

　そのため、会社は、従業員の勤務時間外の副業・兼業が自社での業務に具体的な支障を及ぼすものかどうか精査し、具体的な支障がなければ一律に禁止するのではなく、原則として、副業・兼業を認める方向で検討すべきです。

　ただし、労契法3条4項において、会社および従業員は、「労働契約を遵守するとともに、信義に従い誠実に、権利を行使し、及び義務を履行しなければならない」とされており、会社および従業員は、信義誠実の原則に基づき、労働契約上の主たる義務（会社の賃金支払義務、労働者の労務提供義務）のほかに、さまざまな付随義務を負っていますので、副業・兼業の場合には、これらに留意する必要があります。

2　副業・兼業にあたり会社および従業員が留意すべき事項

(1)　安全配慮義務

　労契法5条は、「使用者は、労働契約に伴い、労働者がその生命、身体等の安全を確保しつつ労働することができるよう、必要な配慮をするものとす

る」としており、会社の労働契約上の安全配慮義務が定められています。

　そして、会社が、故意または過失により、安全配慮義務に違反し、従業員が健康を害するなど損害を被った場合には、会社は、安全配慮義務違反による損害賠償責任を負う場合があります。

　会社が、副業・兼業による従業員の過重労働を認識しながら、何らの配慮をせず、従業員が健康を害するなど損害を被った場合には、損害賠償責任を負う可能性があります。

　そこで、会社としては、次のような措置を講じておくことが考えられます。

　①　就業規則等により、長時間労働により労務提供上支障がある場合には、副業・兼業を禁止または制限できる規定を設けておくこと

　②　副業・兼業の届出等の際に、副業・兼業の内容について従業員の安全や健康に支障をもたらさないか確認するとともに、副業・兼業の状況の報告等について従業員と話し合っておくこと

　③　副業・兼業の開始後に、副業・兼業の状況について従業員からの報告等により把握し、従業員の健康状態に問題が認められたり、問題が生じるおそれがある場合には、適切な措置を講ずること

(2)　秘密保持義務

　従業員は、労働契約上、会社の業務上の秘密を保持する義務を負っています。

　副業・兼業を行う場合、従業員が、自社の業務上の機密情報を副業先で漏えいしてしまったり、逆に、副業先の機密情報を自社で漏えいしてしまうなどのトラブルが考えられます。

　そこで、会社としては、次のような措置を講じておくことが考えられます。

　①　就業規則等において、業務上の秘密が漏えいするおそれがある場合には、副業・兼業を禁止または制限できることとしておくこと

　②　副業・兼業を行う従業員に対して、機密情報の範囲や、業務上の秘密を漏えいしないことについて周知徹底し、注意喚起すること

(3)　競業避止義務

　従業員は、一般に、労働契約上、在職中、会社と競合する業務を行わない義務（競業避止義務）を負っていると解されています。

　副業・兼業を行う場合、自社の従業員が他社でも就業することによって、競業避止義務違反が生ずる場合や、他社の従業員を自社でも就労させることにより、その従業員が他社に対して競業避止義務違反を行うなどのトラブルが考えられます。

　そこで、会社としては、次のような措置を講じておくことが考えられます。

① 就業規則等において、競業により、自社の正当な利益を害するおそれがある場合には、副業・兼業を禁止または制限することができることとしておくこと

② 副業・兼業を行う従業員に対して、禁止される競業行為の範囲や、自社の正当な利益を害しないことについて周知徹底し、注意喚起すること

③ 他社の従業員を自社でも使用する場合には、その従業員が他社に対して負う競業避止義務に違反しないよう確認や注意喚起を行うこと

(4)　誠実義務

　従業員は、労働契約上の誠実義務に基づき、秘密保持義務、競業避止義務を負うほか、会社の名誉・信用を毀損しないなど誠実に行動することが要請されます。

　そこで、会社としては、次のような措置を講じておくことが考えられます。

① 就業規則等において、自社の名誉や信用を損なう行為や、信頼関係を破壊する行為がある場合には、副業・兼業を禁止または制限することができることとしておくこと

② 副業・兼業の届出等の際に、それらのおそれがないか確認すること

（石居　茜）

Q4-2-3　副業・兼業の禁止または制限

　企業において、副業・兼業を禁止または制限することは認められるでしょうか。

A　勤務時間外の副業・兼業を全面的に禁止し、会社の職場秩序を乱す態様や企業秘密の漏えいのおそれのある競業への就労を禁止する場合以外の副業・兼業に関して形式的に懲戒処分を課すことは、懲戒処分を無効と判断する裁判例が多くなっています。ただし、これら会社にとってのリスクを判断するために、副業・兼業を許可制、届出制などにすることは合理性があると判断されています。

1　副業・兼業に関する裁判例

　裁判例においては、就業規則等で副業・兼業を禁止している会社において、同規程に違反して副業・兼業を行った従業員に対して会社が懲戒処分を行った場合に、懲戒処分の有効性の判断において問題となっている事例がみられます。

　多くの裁判例において、長時間労働の防止や企業秘密の漏えいなどにより経営秩序が乱されることなどを防止する目的から、就業規則で一定の場合に従業員の副業・兼業を禁止することや会社の許可制とすること自体の合理性は認められ、有効と判断されています（小川建設事件・東京地決昭57・11・19労判397号30頁、ジャムコ立川工場事件・東京地八王子支判平17・3・16労判893号65頁）。

　ジャムコ立川工場事件では、労災で休業していた従業員が、会社から休職給を受けながら、自営でオートバイ店を開店・営業していた事案で、会社の職場秩序に影響し、かつ従業員の地位と両立することができない程度・態様のものであると認められるとして、兼職禁止の懲戒解雇事由に当たるとし、懲戒解雇を有効と判断しました。

　橋元運輸事件（名古屋地判昭47・4・28労判170号61頁）では、従業員が会社

代表者の実弟が設立した競争会社の取締役に就任したことを理由に懲戒解雇された事案で、裁判所は、たとえ解雇当時従業員が競争会社の経営に直接関与していなかったとしても、将来直接関与する事態が発生する可能性は大きく、経営上の秘密が競争会社に漏れる可能性もあり、二重就職は企業秩序を乱すものであるとし、懲戒解雇を有効と判断しました。

　昭和室内装置事件（福岡地判昭47・10・20労判164号51頁）では、木工・家具の制作等を業とする会社の家具組立工が、同業の会社に就労したことを理由とする懲戒解雇について、就労は、会社が従業員の長時間労働による肉体的疲労を軽減することなどを目的として特別加算金を支給して残業を廃止する特別措置を実施中に、再三にわたる会社側の警告を無視してなされたものであり、就業の規律を乱したとし、懲戒解雇を有効と判断しました。

　しかし、兼業禁止に違反したとする懲戒処分や、許可制の場合の兼業・副業の不許可に関しては、就業時間外の時間については、本来、会社の支配が及ばない従業員の私的時間であることを考慮し、会社の職場秩序を乱さず、企業秘密の漏えいなども問題とはならず、会社に対する労務提供に支障を生じさせない程度・態様の副業・兼業については、就業規則等への違反はないとして、懲戒処分等を無効とする裁判例が多くなっています（マンナ運輸事件・京都地判平24・7・23労判1058号21頁等）。

　マンナ運輸事件では、会社が従業員の兼業許可申請を認めなかった事案で、従業員は、勤務時間以外の時間については、事業場の外で自由に利用することができ、会社は、従業員が他の会社で就労（兼業）するために勤務時間外の時間を利用することを、原則として許さなければならないとし、従業員が兼業することによって、従業員の会社に対する労務の提供が不能または不完全になるような事態が生じたり、会社の企業秘密が漏えいする等、経営秩序を乱す事態が生じることもあり得るから、このような場合においてのみ、例外的に就業規則をもって兼業を禁止することが許されるとしました。そして、兼業の許可制を就業規則で定めることも許されると判断しました。

　そのうえで、その事案においては、不許可は恣意的な対応をうかがわせるもので、不当労働行為意思に基づくものと推認されるとし、従業員は不合理かつ執拗なアルバイト就労の不許可により、生活の足しとすべき収入が得ら

れなかったこと等により精神的苦痛を被ったと認定し、従業員の慰謝料請求を認容しました。

2　就業規則による副業・兼業の許可制、禁止または制限

　上記のとおり、就業規則により勤務時間外の副業・兼業を全面的に禁止し、会社の職場秩序を乱す態様や企業秘密の漏えいのおそれのある競業への就労を禁止する場合以外の副業・兼業に関して形式的に懲戒処分を課すことは、懲戒処分を無効と判断する裁判例が多くなっており、リスクがあるといえます。ただし、会社にとってのリスクを判断するために、副業・兼業を許可制、届出制などにすること自体は合理性があると判断されていますので、会社としては、次のような方策をとることが考えられます。

①　就業規則等により、従業員の副業・兼業を許可制とする。

②　次のいずれかの事由に該当すると会社が判断した場合には、会社が副業・兼業の許可をしない、かつ、制限・禁止し、違反した場合には懲戒処分の対象となることを定める。

　ⓐ　労務提供上の支障がある場合（長時間労働による従業員の健康配慮も含む）

　ⓑ　業務上の秘密が漏えいするおそれがある場合

　ⓒ　競業により会社の利益が害される場合

　ⓓ　会社の名誉や信用を損なう行為や信頼関係を破壊する行為がある場合

　また、従業員が副業・兼業の禁止または制限規定に違反した場合であっても、懲戒処分を課すかどうか、その内容については、職場秩序を乱したかどうか、企業秘密の漏えいのリスクがあるかどうかなど、実質的な要素を十分に考慮したうえで判断する必要があるといえます。

（石居　茜）

Q4-2-4 副業・兼業の促進において従業員が留意すべき事項

 Q 副業・兼業において、従業員が留意すべき点を教えてください。

A 過重労働とならないよう適切な副業・兼業先を選定し、民間の管理ツールなどを活用し、労働時間、業務量を会社と情報共有して管理することが大切です。また、副業・兼業を行い、20万円を超える副収入がある場合は、従業員個人による確定申告が必要となることにも留意する必要があります。

1　適切な副業・兼業先の選定

　厚労省の副業・兼業指針では、副業・兼業において従業員が留意すべき事項として、以下の事項をあげています。

　従業員は、副業・兼業を希望する場合には、まず、自身が勤めている会社の副業・兼業に関するルール（労働契約、就業規則等）を確認し、そのルールに照らして、業務内容や就業時間等が適切な副業・兼業を選択する必要があります。

　たとえば労働者が副業・兼業先の求職活動をする場合には、就業時間、特に時間外労働の有無等の副業・兼業先の情報を集めて適切な就職先を選択することが重要です。

　なお、適切な副業・兼業先を選択する観点からは、ハローワークにおいて求人内容の適法性等の確認作業を経て受理され、公開されている求人について求職活動を行うこと等も有効とされています。

　また、実際に副業・兼業を行うにあたっては、従業員と会社の双方が納得感をもって進めることができるよう、会社と従業員との間で十分にコミュニケーションをとることが重要とされています。

2　従業員自身の時間管理、業務量の把握、会社への報告

　副業・兼業を行うにあたっては、副業・兼業による過労によって健康を害したり、業務に支障を来したりすることがないよう、従業員（管理監督者である従業員も含みます）が、自ら各会社の業務の量やその進捗状況、それに費やす時間や健康状態を管理する必要があります。

　また、他社の業務量、自らの健康の状況等について会社に報告することは、会社による健康確保措置を実効あるものとする観点から有効です。

3　勤務時間、健康診断結果の管理のツールの活用

　そこで、会社が提供する健康相談等の機会の活用や、勤務時間や健康診断の結果等の管理が容易になるようなツールを用いることが望ましいです。

　始業・終業時刻、休憩時間、勤務時間、健康診断等の記録をつけていくような民間のツールを労使で活用できるようにすることにより、自己の就業時間や健康の管理に努めることが考えられます。

　ツールは、副業・兼業先の就業時間を自己申告により会社に伝えるときにも活用できるようなものが望ましいです。

4　従業員個人の確定申告

　副業・兼業を行い、20万円を超える副収入がある場合は、会社による年末調整ではなく、従業員個人による確定申告が必要となります。

（石居　茜）

Ⅲ　労働時間管理・健康管理

Q 4-3-1　労働時間管理

 副業・兼業を認める場合に、労働時間管理についてどのような点に留意すればよいですか。

 自社の労働時間と副業・兼業先の労働時間を通算して解釈するので、労基法違反が生じないように適切に管理することが必要となります。

1　労働時間に関する労基法の規定

労基法38条1項では「労働時間は、事業場を異にする場合においても、労働時間に関する規定の適用については通算する」と規定されており、「事業場を異にする場合」とは事業主を異にする場合をも含む（昭23・5・14基発769号労働基準局長通達）とされています。

よって、副業・兼業の場合は、労基法38条1項の解釈・適用を踏まえて労働時間を管理する必要があります。

労働者が事業主を異にする複数の事業場で労働する場合における労基法38条1項の規定の解釈・運用については、次のとおりです。

2　労働時間の通算が必要となる場合

(1)　労働時間が通算される場合

従業員が、副業・兼業する場合、自社での労働時間と他社での労働時間は、労基法38条1項により、通算されます。

ただし、次のいずれかに該当する場合は、その時間は通算されません。

① 労基法が適用されない場合

　たとえば、フリーランス、独立、起業、共同経営、アドバイザー、コンサルタント、顧問、理事、監事等の場合です。

②　労基法は適用されるが労働時間規制が適用されない場合

　農業・畜産業・養蚕業・水産業、管理監督者・機密事務取扱者、監視・断続的労働者、高度プロフェッショナル制度に該当する場合です。

　なお、①②の場合においても、過労等により業務に支障を来さないようにする観点から、会社は、その従業員からの申告等により就業時間を把握すること等を通じて、就業時間が長時間にならないよう配慮することが望ましいとされています。

(2)　労基法上、通算して適用される規定

　従業員が、副業・兼業する場合、法定労働時間（労基法32条）について、自社の労働時間および他社の労働時間が通算されます。

　時間外労働については、上限規制があり、時間外労働と休日労働の合計で単月100時間未満、複数月平均80時間以内にしなければなりません（労基法36条6項2号および3号）。

　労基法36条は、従業員個人の実労働時間に着目し、その個人を使用する会社を規制するものであり、その適用において自社の労働時間および他社の労働時間が通算されます。

　時間外労働の上限規制の適用除外（労基法36条11項）や適用猶予される業務・事業についての適用についても、自社の労働時間および他社の労働時間を通算します。

　なお、労働時間を通算して法定労働時間を超える場合には、長時間の時間外労働とならないようにすることが望ましいです。

(3)　労基法上、通算されない規定

　時間外労働（労基法36条）のうち、労基法36条1項の協定（以下、「36協定」といいます）により延長できる時間の限度時間（同条4項）、36協定に特別条項を設ける場合の1年についての延長時間の上限（同条5項）については、個々の事業場における36協定の内容を規制するものであり、副業・兼業の場合、それぞれの会社において、延長時間を定めることとなります。

　また、36協定において定める延長時間は、事業場ごとの時間で定められて

いることから、副業・兼業の場合にそれぞれの会社における時間外労働が36協定に定めた延長時間の範囲内であるか否かについては、それぞれの会社の労働時間について判断すればよく、自社の労働時間と、他社の労働時間とは通算されません。

　休憩（労基法34条）、休日（同法35条）、年次有給休暇（同法39条）については、労働時間に関する規定ではなく、副業・兼業の場合、自社、他社それぞれにおいて適用され、自社の労働時間と他社の労働時間は通算されません。

（石居　茜）

Q4-3-2　副業・兼業の確認

　　副業・兼業について、従業員に確認するにはどのような方法があ
りますか。

　　就業規則等で許可制、届出制などを定め、従業員に申告させる事
項について書式等を整えておくとよいでしょう。

1　副業・兼業の確認方法

　会社は、従業員からの申告等により、副業・兼業の有無・内容を確認します。

　その方法としては、就業規則、労働契約等に副業・兼業に関する許可制や届出制を定め、すでに雇い入れている従業員が新たに副業・兼業を開始する場合の届出や、新たに従業員を雇い入れる際の従業員からの副業・兼業についての届出によることなどが考えられます。

　会社は、副業・兼業に伴う労務管理を適切に行うため、届出制、許可制など副業・兼業の有無・内容を確認するための仕組みを設けておくことが望ましいと考えられます。

2　従業員から確認する事項

　副業・兼業の内容として確認する事項としては、次のものが考えられます。
① 　副業・兼業先の事業内容
② 　副業・兼業先で従業員が従事する業務内容
③ 　労働時間通算の対象となるか否かの確認
④ 　労働時間通算の対象となる場合には、あわせて次の事項について確認
　　し、自社と副業先、従業員との間で合意しておくことが望ましいとされ
　　ています。
　ⓐ 　他社との労働契約の締結日、期間
　ⓑ 　他社での所定労働日、所定労働時間、始業・終業時刻

ⓒ　他社での所定外労働の有無、見込み時間数、最大時間数

ⓓ　他社における実労働時間等の報告の手続

ⓔ　これらの事項について確認を行う頻度

（石居　茜）

Q 4-3-3 労働時間の通算

 　労基法上、労働時間は、副業先の労働時間と通算されると聞きました。どのように管理すればよいのでしょうか。

 　自社における労働時間制度を基に、従業員からの申告による他社における労働時間を通算します。

1　労働時間の通算の基本的事項

(1)　労働時間を通算管理する会社

副業・兼業を行う従業員を使用するすべての会社（労基法上、労働時間が通算されない場合として掲げられている業務等に関するものは除きます）は、労基法38条1項の規定により、それぞれ、自社における労働時間と他社における労働時間とを通算して管理する必要があります。

(2)　通算される労働時間

労基法38条1項の規定による労働時間の通算は、自社における労働時間と、従業員からの申告等により把握した他社における労働時間とを通算することによって行います。

(3)　基礎となる労働時間制度

労基法38条1項の規定による労働時間の通算は、自社における労働時間制度を基に、従業員からの申告等により把握した他社における労働時間と通算することによって行います。

週の労働時間の起算日または月の労働時間の起算日が、自社と他社とで異なる場合についても、自社の労働時間制度における起算日を基に、そこから起算した各期間における労働時間を通算します。

(4)　通算して時間外労働となる部分

自社における労働時間と他社における労働時間とを通算して、自社の労働時間制度における法定労働時間を超える部分が、時間外労働となります。

2　副業・兼業の開始前（所定労働時間の通算）

(1)　所定労働時間の通算

　副業・兼業の開始前に、自社における所定労働時間と他社における所定労働時間とを通算して、自社の労働時間制度における法定労働時間を超える部分の有無を確認します。

(2)　通算して時間外労働となる部分

　自社における所定労働時間と他社における所定労働時間とを通算して、自社の労働時間制度における法定労働時間を超える部分がある場合は、時間的に後から労働契約を締結した会社における当該超える部分が時間外労働となり、その会社の36協定で定めるところによって取り扱い、限度時間を超えないよう管理する必要があります。

3　副業・兼業の開始後（所定外労働時間の通算）

(1)　所定外労働時間の通算

　2の所定労働時間の通算に加えて、副業・兼業の開始後に、自社における所定外労働時間と他社における所定外労働時間とを、所定外労働が行われる順に通算して、自社の労働時間制度における法定労働時間を超える部分の有無を確認します。

　この場合、自社で所定外労働がない場合は、所定外労働時間の通算は不要です。また、自社で所定外労働があるが、他社で所定外労働がない場合は、自社の所定外労働時間を通算すれば足ります。

(2)　通算して時間外労働となる部分

　所定労働時間の通算に加えて、自社における所定外労働時間と他社における所定外労働時間とを所定外労働が行われる順に通算して、自社の労働時間制度における法定労働時間を超える部分がある場合は、その超える部分が時間外労働となります。

　各々の会社は、通算して時間外労働となる時間のうち、自社において労働させる時間については、自社における36協定の延長時間の範囲内とする必要があります。

　各々の会社は、通算して時間外労働となる時間（他社における労働時間を含む）によって、時間外労働と休日労働の合計で単月100時間未満、複数月平均80時間以内の要件（時間外労働の上限規制。労基法36条6項2号および3号）を遵守するよう、1か月単位で労働時間を通算管理する必要があります。

(3)　所定外労働時間の把握

　他社における実労働時間は、従業員からの申告等により把握します。

　他社における実労働時間は、労基法を遵守するために把握する必要がありますが、把握の方法としては、必ずしも日々把握する必要はなく、労基法を遵守するために必要な頻度で把握すれば足ります。

　たとえば、時間外労働の上限規制の遵守等に支障がない限り、以下の方法で把握することが考えられます。

① 　一定の日数分をまとめて申告等させる（例：1週間分を週末に申告する等）

② 　所定労働時間どおり労働した場合には申告等は求めず、実労働時間が所定労働時間どおりではなかった場合のみ申告等させる（例：所定外労働があった場合等）

③ 　時間外労働の上限規制の水準に近づいてきた場合に申告等させる

4　その他

　従業員が3社以上で労働する場合についても、これまでに記載したように、副業・兼業の確認、副業・兼業開始前の所定労働時間の通算、副業・兼業開始後の所定外労働時間の通算を行います。

　　　　　　　　　　　　　　　　　　　　　　　　　（石居　茜）

Q4-3-4 時間外労働の割増賃金の取扱い

 Q 副業・兼業を認めた場合、時間外労働の割増賃金の取扱いはどうなりますか。

A 自社で所定労働時間・所定外労働時間を通算した労働時間を把握し、その労働時間について、自社の労働時間制度における法定労働時間を超える部分のうち、自社が労働させた時間について、時間外労働の割増賃金（労基法37条1項）を支払う必要があります。

1 割増賃金の支払義務

各々の会社は、自社における労働時間制度を基に、他社における所定労働時間・所定外労働時間についての従業員からの申告等により、

① まず労働契約の締結の先後の順に所定労働時間を通算し、

② 次に所定外労働の発生順に所定外労働時間を通算することによって、それぞれの会社での所定労働時間・所定外労働時間を通算した労働時間を把握し、その労働時間について、自社の労働時間制度における法定労働時間を超える部分のうち、自社が労働させた時間について、時間外労働の割増賃金（労基法37条1項）を支払う必要があります。

2 割増賃金率

時間外労働の割増賃金の率は、自社における就業規則等で定められた率ですが、25％以上の率で定めなければなりません。

そして、所定外労働の発生順によって所定外労働時間を通算して、自社の労働時間制度における法定労働時間を超える部分が1か月について60時間を超えた場合には、その超えた時間の労働のうち自社で労働させた時間については、50％以上の率となります（労基法37条1項）。

3　副業・兼業指針Q＆A

　厚労省の副業・兼業指針Q＆Aでは、副業・兼業の場合の労基法の労働時間の規定の適用や割増賃金の発生について、具体的な例を用いて解説していますので、参考にしてください。

（石居　茜）

Q4-3-5　簡便な労働時間管理の方法

 　副業・兼業を認める場合の労働時間管理について、簡便な方法があると聞きました。どのような管理方法でしょうか。

 　厚労省の副業・兼業指針において、簡便な労働時間管理の方法について解説されています。

1　趣　旨

　副業・兼業の場合の労働時間管理のあり方についてはQ4-3-2、Q4-3-3で述べたとおりですが、たとえば、副業・兼業の日数が多い場合や、自社および他社の双方において所定外労働がある場合等においては、労働時間の申告等や通算管理において、労使双方に手続上の負担を伴うことが考えられます。

　このため、副業・兼業指針においては、副業・兼業の場合の労働時間管理のあり方について、労働時間の申告等や通算管理における労使双方の手続上の負担を軽減し、労基法に定める最低労働条件が遵守されやすくなる簡便な労働時間管理の方法（以下、「管理モデル」といいます）として、以下の方法によることを紹介しています。

2　管理モデルの枠組み

　管理モデルは、副業・兼業の開始前に、副業・兼業を行う従業員と時間的に先に労働契約を締結していた会社（以下、「会社A」といいます）における法定外労働時間と、時間的に後から労働契約を締結した会社（以下、「会社B」といいます）における労働時間（所定労働時間および所定外労働時間）とを合計した時間数が単月100時間未満、複数月平均80時間以内となる範囲内において、各々の会社における労働時間の上限をそれぞれ設定し、各々の会社がそれぞれその範囲内で労働させます。

　また、会社Aは自社における法定外労働時間の労働について、会社Bは自

社における労働時間の労働について、それぞれ自社の36協定の延長時間の範囲内とし、割増賃金を支払います。

　これにより、会社Aおよび会社Bは、副業・兼業の開始後においては、それぞれあらかじめ設定した労働時間の範囲内で労働させる限り、他社における実労働時間の把握を要することなく労基法を遵守することが可能となります。

3　管理モデルの実施

⑴　導入手順

　副業・兼業指針によれば、副業・兼業に関する会社の事例において、労務管理上の便宜や従業員の健康確保等のため、副業・兼業の開始前に、あらかじめ会社が他社における労働時間や通算した労働時間について上限を設定し、従業員にその範囲内で副業・兼業を行うことを求めている事例があるとされています。

　管理モデルについても、一般的には、副業・兼業を行おうとする従業員に対して会社Aが管理モデルにより副業・兼業を行うことを求め、従業員および従業員を通じて会社Bがこれに応じることによって導入されることが想定されるとしています。

⑵　労働時間の上限の設定

　会社Aにおける1か月の法定外労働時間と、会社Bにおける1か月の労働時間とを合計した時間数が単月100時間未満、複数月平均80時間以内となる範囲内において、各々の会社における労働時間の上限をそれぞれ設定します。

　月の労働時間の起算日が、会社Aと会社Bとで異なる場合には、各々の会社は、各々の会社の労働時間制度における起算日を基に、そこから起算した1か月における労働時間の上限をそれぞれ設定することとして差し支えないとされています。

⑶　時間外労働の割増賃金の取扱い

　会社Aは自社における法定外労働時間の労働について、会社Bは自社における労働時間の労働について、それぞれ割増賃金を支払います。

　会社Aが、法定外労働時間に加え、所定外労働時間についても割増賃金を

支払うこととしている場合には、会社Aは、自社における所定外労働時間の労働について割増賃金を支払うこととなります。

　時間外労働の割増賃金の率は、自社における就業規則等で定められた率ですが、25%以上の率で定めなければなりません。

　そして、所定外労働の発生順によって所定外労働時間を通算して、自社の労働時間制度における法定労働時間を超える部分が1か月について60時間を超えた場合には、その超えた時間の労働のうち自社で労働させた時間については、50%以上の率となります（労基法37条1項）。

4　その他

(1)　合計時間数が80時間を超える設定をした場合

　管理モデルの導入の際の労働時間の上限の設定において、会社Aにおける1か月の法定外労働時間と会社Bにおける1か月の労働時間とを合計した時間数が80時間を超えるものとした場合には、翌月以降において複数月平均80時間未満となるように労働時間の上限の設定を調整する必要が生じます。

　このため、労働時間の申告等や通算管理における労使双方の手続上の負担を軽減し、労基法に定める最低労働条件が遵守されやすくするという管理モデルの趣旨に鑑み、そのような労働時間を調整する必要が生じないように、各々の会社と従業員との合意により労働時間の上限を設定することが望ましいとされています。

(2)　導入時に設定した労働時間の上限を変更する場合

　管理モデルの導入後に、会社Aにおいて導入時に設定した労働時間の上限を変更する必要が生じた場合には、あらかじめ従業員を通じて会社Bに通知し、必要に応じて会社Bにおいて設定した労働時間の上限を変更することは可能です。なお、変更を円滑に行うことができるよう、各々の会社と従業員の間で、あらかじめ、変更があり得る旨を留保しておくことが望ましいとされています。

(3)　従業員が3社以上で就業する場合

　従業員が3社以上で就業する場合についても、会社Aにおける法定外労働時間、会社Bにおける労働時間、さらに時間的に後から労働契約を締結した

会社C等における労働時間について、各々の会社における労働時間の上限を
それぞれ設定し、各々の会社がそれぞれその範囲内で労働させ、会社Aは自
社における法定外労働時間の労働について、会社Bおよび会社C等は自社に
おける労働時間の労働について、それぞれ割増賃金を支払うことにより、管
理モデルの導入は可能となります。

⑷　労基法違反の責任

　管理モデルを導入した会社が、あらかじめ設定した労働時間の範囲を逸脱
して労働させたことによって、時間外労働の上限規制を超える等の労基法に
抵触した状態が発生した場合には、逸脱して労働させた会社が、労働時間通
算に関する法違反を問われることとなります。

（石居　茜）

Q 4-3-6　健康管理

　副業・兼業を認めた場合に、従業員の健康管理において留意すべき事項はどのような事項ですか。

A　長時間労働や不規則な労働により従業員が健康を害することがないよう、他社の労働時間を通算した労働時間が36協定の上限規制を超えないように管理することはもちろん、当該時間を念頭に健康管理することが重要となります。

1　趣　旨

　会社は、従業員が副業・兼業をしているかにかかわらず、安衛法66条等に基づき、健康診断、長時間労働者に対する面接指導、ストレスチェックやこれらの結果に基づく事後措置等（以下、「健康確保措置」といいます）を実施しなければなりません。

　また、健康確保の観点からも他社における労働時間と通算して適用される労基法の時間外労働の上限規制を遵守し、上限を超えない範囲内で、自社および他社における労働時間の上限を設定する形で副業・兼業を認めている場合においては、自社における上限を超えて労働させないようにする必要があります。

　安衛法66条に基づく一般健康診断および同法66条の10に基づくストレスチェックは、常時使用する労働者（常時使用する短時間労働者を含む）が実施対象となります。

　常時使用する短時間労働者とは、短時間労働者のうち、以下のいずれの要件をも満たす者をいいます（平26・7・24基発0724第2号等）。

①　期間の定めのない労働契約により使用される者（期間の定めのある労働契約により使用される者であって、契約期間が1年以上である者並びに契約更新により1年以上使用されることが予定されている者および1年以上引き続き使用されている者を含む）

②　１週間の労働時間数が当該事業場において同種の業務に従事する通常の労働者の１週間の所定労働時間の４分の３以上である者

2　健康確保措置の対象者

健康確保措置の実施対象者の選定にあたって、副業・兼業先における労働時間の通算をすることとはされていません。

ただし、副業・兼業指針では、会社の指示により当該副業・兼業を開始した場合は、会社は、原則として、副業・兼業先の会社との情報交換により、それが難しい場合は、従業員からの申告により把握し、自社における労働時間と通算した労働時間に基づき、健康確保措置を実施することが適当であるとされています。

3　健康確保措置等の円滑な実施についての留意点

副業・兼業指針では、会社が従業員の副業・兼業を認めている場合は、健康保持のため自己管理を行うよう指示し、心身の不調があれば都度相談を受けることを伝えること、副業・兼業の状況も踏まえ必要に応じ法律を超える健康確保措置を実施することなど、労使の話し合い等を通じ、副業・兼業を行う者の健康確保に資する措置を実施することが適当であるとされています。

また、副業・兼業を行う者の長時間労働や不規則な労働による健康障害を防止する観点から、働き過ぎにならないよう、たとえば、自社での労務と副業・兼業先での労務との兼ね合いの中で、時間外・休日労働の免除や抑制等を行うなど、それぞれの会社において適切な措置を講じることができるよう、労使で話し合うことが適当であるとされています。

さらに、会社の指示により副業・兼業を開始した場合は、実効ある健康確保措置を実施する観点から、他社との間で、労働の状況等の情報交換を行い、それに応じた健康確保措置の内容に関する協議を行うことが適当であるとされています。

（石居　茜）

Ⅳ　副業・兼業での　労災保険・社会保険

Q 4-4-1　労災保険

Q 労災保険の給付において、労働者が副業をしていることが考慮されることはありますか。また、当社の事業場から、副業先の事業場へ移動している間に、労働者がケガをした場合、どちらの事業主の下での通勤災害となるのでしょうか。

A 労災保険の保険給付の金額は、災害が発生した就業先における賃金だけでなく、災害が発生していない就業先の賃金額も合算して算定されます。また、労災認定にあたっては、複数就業者の就業先の業務上の負荷（労働時間やストレス等）を総合的に評価して判断されます。

通勤災害については、複数就業者が、ある事業場から他の事業場へ移動している間に発生した場合、移動先の事業場における通勤災害となります。

1　労災保険の概要

元来、労働者が業務災害に遭った場合における労働者への補償は、労基法上の災害補償が定められているのみでした。労基法上の災害補償制度は、補償を行う主体が使用者であり、使用者に支払能力がない場合に、労働者が補償を受けられない可能性がありました。そこで、労働者の保護を拡充するため、昭和22年に労災保険制度が創設され、その後、業務災害のみならず、通勤災害にも労災保険の補償範囲が拡大されました。

労災保険給付は、業務災害においては、療養補償給付、休業補償給付、障害補償給付、遺族補償給付、葬祭料、傷病補償年金、介護補償給付の7種類があります。通勤災害の場合においても業務災害の場合に準じた保護が与えられています。また、これらとは別に、二次健康診断等給付もあります。

　そして、後述する「雇用保険法等の一部を改正する法律」（令和２年法律14号）により、「複数業務要因災害」という区分が新たに創設され、業務災害の７種類の給付に対応する形で、複数事業労働者療養給付、複数事業労働者休業給付、複数事業労働者障害給付、複数事業労働者遺族給付、複数事業労働者葬祭給付、複数事業労働者傷病年金、複数事業労働者介護給付が設けられました（労災法20条の２）。

　事業主は、労働者が副業・兼業をしているか否かにかかわらず、労働者を１人でも雇用していれば、労災保険の加入手続を行う必要があります（労災法３条１項）。ただし、農林水産業のうち、一定の要件を満たす場合には、暫定任意適用事業として、任意加入です。

2　労災保険と副業・兼業

　労災保険における保険給付の金額については、療養（補償）給付、介護（補償）給付、二次健康診断等給付を除き、当該労働者の給付基礎日額に基づいて算定されます。給付基礎日額は、原則として、労基法12条の平均賃金、すなわち、事故発生日または医師の診断によって疾病にかかったことが確定した日以前３か月の賃金の総額を当該期間の総日数で割った金額です。

　上記のとおり、労災保険制度は、労基法における個別の事業主の災害補償責任を担保するものであるため、従来その給付額については、災害が発生した就業先の賃金分のみに基づき算定されていました。

　もっとも、複数就業している者が増えている実情を踏まえ、複数就業者が安心して働くことができるような環境を整備するため、上記の「雇用保険法等の一部を改正する法律」により、非災害発生事業場の賃金額も合算して労災保険給付を算定することとされました。

　また、従来は、複数の事業主に雇用されている場合でも、災害が発生した事業主の下での業務負荷を個別に評価する方法により、業務上外認定が行われてきました。裁判例（労災不支給処分取消請求事件・東京地判平成25年９月26日判例集未登載）でも、労災の業務上外認定において、他の使用者の下での労働時間を算入することができるか否かが問題となった事案につき、「労働契約において、使用者は、労働時間中の挙動に関しては労働者に指揮命令を

及ぼすことができ、そのことが労働災害につき危険責任を負わされる根拠でもあるのに対し、その余の時間の利用方法は労働者が自律するもので、使用者は容喙することができないのが本則である。そして、ある事業場における業務の内容は、その労働時間外の労働者の挙動がたまたま他の事業場における労働であったからといって変わることはなく、当該業務に内在する危険等の存否・程度について異なった評価を受ける理由はない。複数の事業場における兼業の事実は、事業場外の挙動には使用者の指揮命令が及ばないという意味で、労働者の私的事情と評価されるべきである」と判示して、他の使用者の下での労働時間の算入が否定されていました。

しかし、上記法改正では、一つの事業場のみの業務上の負荷（労働時間やストレス等）を評価して業務災害に当たらない場合には、事業主が同一でない複数の事業場の業務上の負荷を総合的に評価して労災認定できるか否かを判断することとされました。

なお、一つの事業場のみの業務上の負荷を評価するだけで労災が認定できる場合は、これまでどおり「業務災害」として、業務災害に係る各種保険給付が支給されます。ただし、この場合であっても、すべての就業先の事業場の賃金額を合算した額を基礎に保険給付されます。

また、上記法改正の対象となるのは、令和2年9月1日（上記法改正中の労災法の改正規定の施行日）以後に発生した傷病等についてのみとなります。

そのため、同年8月31日以前に発生した傷病等については、従来どおり改正前の制度により労災保険給付が行われます。

3　労災における使用者に対する損害賠償請求

労災認定がなされた場合においても、このことから直ちに使用者が損害賠償義務を負うものではありません（レンゴー事件・東京高判平成12年4月13日労判793号71頁、日本政策金融公庫事件・大阪高判平26年7月17日労判1108号13頁など）が、労災が発生したことにつき、使用者に安全配慮義務違反等が認められるときは、被災労働者は、使用者に対して損害賠償請求（民法415条、709条）をすることができます。

上記の使用者に対する損害賠償請求が認められるための要件の一つとして、

ケガや疾病等と業務との間に相当因果関係が認められることが必要です。上記法改正において、労災認定にあたり、複数就業者の就業先の業務上の負荷（労働時間やストレス等）を総合的に評価して判断することとされたことに伴い、かかる相当因果関係の有無に関する判断においても、当該事業主における業務上の負荷（労働時間やストレス等）だけでなく、他の事業主の下での業務上の負荷（労働時間やストレス等）をも考慮して判断される可能性があり得ます。

また、使用者が負う安全配慮義務については、判例（電通事件・最判平成12年3月24日労判779号13頁）では、「使用者は、その雇用する労働者に従事させる業務を定めてこれを管理するに際し、業務の遂行に伴う疲労や心理的負荷等が過度に蓄積して労働者の心身の健康を損なうことがないよう注意する義務を負う」とされています。

そして、上記法改正において、複数就業者の就業先の業務上の負荷（労働時間やストレス等）を総合的に評価して労災認定できるか否かを判断することとされたことに鑑みると、事業主としては、副業を行っていることを認識している労働者について、他の事業主における業務上の負荷を一定程度把握し、負荷状況に応じた配慮をする必要があるといえるでしょう。

4 通勤災害

労働者の通勤による負傷、疾病、障害または死亡については、通勤災害として、労災保険給付の対象となります（労災法7条1項3号）。

ここでの「通勤」とは、労働者が、就業に関し、次の①から③に掲げる移動を、合理的な経路および方法により行うことをいい、業務の性質を有するものは除かれます。

① 住居と就業の場所との間の往復

② 厚生労働省令で定める就業の場所から他の就業の場所への移動

③ ①に掲げる往復に先行し、または後続する住居間の移動

労働者が、自社、副業・兼業先の両方で雇用されている場合、一の就業先から他の就業先への移動時に起こった災害については、「就業の場所から他の就業の場所への移動」（労災法7条2項2号）中の事故に当たり、通勤災害

として労災保険給付の対象となります。

　この場合、いずれの就業先における通勤災害となるのかが問題となりますが、事業場間の移動は、当該移動の終点たる事業場において労務の提供を行うために行われる通勤であると考えられ、当該移動の間に起こった災害に関する保険関係の処理については、終点たる事業場の保険関係で行うものとされています（平18・3・31基発0331042号労働基準局長通達）。

（中野　博和）

Q4-4-2 雇用保険、厚生年金保険、健康保険

Q 副業をしている場合、雇用保険、厚生年金保険、健康保険において被保険者となるか否かは、どのように判断されるのでしょうか。

A 労働者が複数の事業主に雇用されている場合、個々の事業主ごとに、被保険者としての要件を満たすか否かが判断されます。そのため、いずれの事業主との関係においても要件を満たさない場合には、たとえ、これらを合算すれば要件を満たす場合においても、被保険者とはなれません。ただし、雇用保険については、令和4年1月から、65歳以上の労働者は、1週間の所定労働時間が、一の事業主の適用事業において20時間未満であっても、二の事業主の適用事業における労働時間を合算して合計20時間以上となる場合、雇用保険の高年齢被保険者となることができるようになりました。

1　雇用保険制度

(1)　雇用保険制度の概要

　雇用保険制度においては、労働者の生活および雇用の安定と就職の促進等を目的として、次の2事業が行われています。

① 労働者が失業してその所得の源泉を喪失した場合、労働者について雇用の継続が困難となる事由が生じた場合および労働者が自ら職業に関する教育訓練を受けた場合および労働者が子を養育するための休業をした場合に、生活および雇用の安定並びに就職の促進のために失業等給付（求職者給付、就職促進給付、教育訓練給付および雇用継続給付をいいます）および育児休業給付を支給する事業

② 失業の予防、雇用状態の是正および雇用機会の増大、労働者の能力の開発および向上その他労働者の福祉の増進を図る事業

　労災保険と同様、雇用保険制度において、労働者が雇用される事業は、その業種、規模等を問わず、すべて適用事業となります（雇保法5条1項）。また、農林水産業のうち、一定の要件を満たす場合には、暫定任意適用事業と

して、任意加入となる点も、労災保険と同様です。

(2)　雇用保険における被保険者の範囲

　適用事業所の事業主は、雇用する労働者について、当該労働者の意思にかかわらず、雇用保険の加入手続を行わなければなりません（雇保法 4 条 1 項）。ただし、 1 週間の所定労働時間が20時間未満である者、同一の事業主の適用事業に継続して31日以上雇用されることが見込まれない者、 4 か月以内の期間を定めて雇用されるか、 1 週間の所定労働時間が20時間以上30時間未満であって、季節的に雇用される者など、雇保法 6 条各号に該当する労働者については被保険者となりません。

　同時に複数の事業主に雇用されている者が、それぞれの雇用関係において被保険者要件を満たす場合、その者が生計を維持するに必要な主たる賃金を受ける雇用関係についてのみ被保険者となります。

　なお、 1 週間の所定労働時間が20時間未満であるか否かについては、個々の事業主ごとに判断するので、それぞれの事業主の下における 1 週間の所定労働時間が20時間未満となる場合は、これを合算すると20時間以上となっても、被保険者要件を満たすこととはなりません。

　もっとも、「雇用保険法等の一部を改正する法律」（令和 2 年法律14号）により、令和 4 年 1 月から、65歳以上の労働者については、 1 週間の所定労働時間が、一の事業主の適用事業において20時間未満であっても、二の事業主の適用事業における労働時間を合算して合計20時間以上となる場合は、65歳以上の労働者本人の申出によって雇用保険の高年齢被保険者となることができるようになりました。

2　社会保険（厚生年金保険および健康保険）

(1)　厚生年金保険および健康保険の概要

　厚生年金保険は、被保険者が高齢になったとき、障害の状態になったとき、または亡くなったときに、請求により、年金や一時金の支給を行う制度です。

　健康保険は、被保険者やその家族（被扶養者）が病気やケガ（業務災害・通勤災害を除く）をしたときに、申請により、医療の給付や手当てなどの支給を行う制度です。

　厚生年金保険および健康保険の適用事業所は、国、地方公共団体または法人の事業所または事務所であって常時従業員を使用するものや、厚年法6条1項1号、健保法3条1項1号所定の事業を行う国、地方公共団体および法人以外の者の事業所であって常時5名以上の従業員を使用するものなどがあります。

(2)　厚生年金および健康保険における被保険者の範囲

　厚生年金保険および健康保険については、その適用事業所に使用されている者は、原則として、全員被保険者となります（厚年法9条、12条、健保法3条）。ただし、厚生年金保険では、70歳以上の者は、原則として被保険者にはなれません（厚年法9条）。

　なお、厚生年金保険および健康保険いずれにおいても、①臨時に使用される者であって、日々雇い入れられる者または2か月以内の期間を定めて使用される者、②所在地が一定しない事業所に使用される者、③季節的業務に使用される者、④臨時的事業の事業所に使用される者、⑤事業所に使用される者であって、その1週間の所定労働時間が同一の事業所に使用される通常の労働者の1週間の所定労働時間の4分の3未満である短時間労働者、またはその1か月間の所定労働日数が同一の事業所に使用される通常の労働者の1か月間の所定労働日数の4分の3未満である短時間労働者に該当し、かつ、次の@から@までのいずれかの要件（@1週間の所定労働時間が20時間未満であること、ⓑ当該事業所に継続して1年以上使用されることが見込まれないこと、ⓒ月額賃金が8万8千円未満であること、ⓓ高等学校の生徒、大学の学生等であること）に該当するものなどは、日雇特例被保険者となる場合を除き、原則として適用除外となり、被保険者となることができません（厚年法12条、健保法3条1項ただし書）。

　厚生年金保険および健康保険において、被保険者の要件を満たすか否かは、事業所ごとに判断するため、複数の雇用関係に基づき複数の事業所で勤務する者が、いずれの事業所においても要件を満たさない場合、労働時間等を合算して要件を満たしたとしても、被保険者とはなりません。

　また、同時に複数の事業所で就労している者が、それぞれの事業所で被保険者要件を満たす場合、被保険者は、いずれかの事業所の管轄の年金事務所

および医療保険者を選択し、当該選択された年金事務所および医療保険者において各事業所の報酬月額を合算して、標準報酬月額を算定し、保険料を決定します。そのうえで、各事業主は、被保険者に支払う報酬の額により按分した保険料を、選択した年金事務所に納付（健康保険の場合は、選択した医療保険者等に納付）することとなります。

（中野　博和）

Ⅴ　副業・兼業にかかわる　規定・書式の整備

Q4-5-1　就業規則の規定例

副業・兼業に関する就業規則の規定例を教えてください。

就業規則の規定例と留意点を解説に示します。

（副業）

第○条　従業員は、会社の許可を得た場合に限り、勤務時間外において、他の会社等の業務に従事すること（以下「副業」という。）ができる。

2　会社は、従業員からの前項の業務に従事する旨の許可申請について、当該従業員が当該業務に従事することが、次の各号のいずれにも該当しない場合には、これを許可する。なお、会社は、この許可にあたり、条件を付すことができる。

① 会社への労務提供上の支障が生ずるおそれがある場合

② 会社の営業秘密が漏えいするおそれがある場合

③ 会社の名誉や信用を損なうおそれがある場合

④ 会社の事業と競業することにより、会社の利益を害するおそれがある場合

⑤ その他、会社との信頼関係を破壊するおそれが場合

3　従業員は、第1項の副業の許可を申請するにあたり、所定の申請書を会社へ提出しなければならない。

4　従業員は、前項の申請書を提出するにあたり、副業に関し会社の指定する資料を会社へ提出しなければならない。

5　従業員は、○日ごとに、又は会社の指示がある場合には速やかに、副業先の労働時間報告書、健康状態報告書等、会社が指定する資料を提出しな

ければならない。

6　従業員は、副業の内容が、許可を受けた内容から変更となる場合には、その旨を事前に会社に報告し、改めて副業の許可を受けなければならない。

7　従業員が、会社の労働時間と合わせて月○○時間を超える時間外労働及び休日労働が生じる可能性がある場合、会社は、副業の中止、又は副業時間の短縮等の必要な措置を講ずるように命じることができる。

8　会社は、第1項の副業の許可を行った後、副業が第2項各号の一に該当する事由があると判断した場合、従業員が第5項の資料を提出しない場合、第6項の報告を怠った場合、又は前項の命令に違反した場合、副業の許可を取り消し、又は許可の条件を変更することができる。

1　届出制と許可制

　勤務時間外の私的な時間に副業を行うことは、原則として自由とされています（マンナ運輸事件・京都地判平成24年7月13日労判1058号21頁）ので、副業については、届出制とすることも考えられます。

　しかし、副業を行うことにより、当該労働者が十分に休みをとれず、業務に集中できないといった労務提供上の支障が生じるおそれや、副業先に会社の営業秘密が流出するおそれなど種々の弊害が生じうることから、会社としては、上記のような弊害の有無について事前に会社が判断する機会を設けることができるように、許可制とするべきでしょう。

2　副業許可申請時の提出資料

　副業許可の申請書の記載だけでは、労働者の自己申告であるため、客観性が担保できません。

　そのため、副業先の求人票など、申請書の記載内容を裏づける資料を提出してもらう必要があるでしょう。

3　労働時間報告書や健康状態報告書等の提出

　副業が雇用の場合、副業先の労働時間が通算されます（労基法38条1項）ので、会社としては、副業先の労働時間を把握しておく必要があります。

そのため、報告書の形で、労働者に定期的に副業先の労働時間を報告して
もらうべきでしょう。報告の頻度については、本業、副業いずれかが突発的
な長時間残業が想定される業務の場合には、1週間ごと、または副業の都度
報告をしてもらうべきでしょう。他方、突発的な長時間残業が想定されない
業務の場合には、1か月ごとに報告をしてもらうことで問題ないでしょう。

なお、副業が非雇用の場合には、副業先の労働時間は通算されませんが、
労働者の健康状態を適切に管理するために、副業先の労働時間を報告しても
らうべきでしょう。

4 労働時間の延長等の上限

会社は、いわゆる36協定を締結することで、時間外労働および休日労働を
命じることができます（労基法36条1項）。この36協定による労働時間の延長
の原則的な限度は、休日労働を含めないで、1か月に45時間まで、1年に
360時間までとされています（同条4項）。

そして、通常予見することのできない業務量の大幅な増加等に伴い臨時的
に必要がある場合には、1か月の時間外労働および休日労働の合計の時間数
の上限が100時間未満であり、連続する2か月、3か月、4か月、5か月、
および6か月のそれぞれについて、1か月あたりの時間外労働と休日労働の
合計の時間数の上限が80時間以内であり、かつ1年の時間外労働の時間数の
上限が720時間であって、臨時に1か月45時間を超えて時間外労働をさせる
月数が、1年について6か月以内であれば、例外的に時間外労働および休日
労働が許容されるものとされています（労基法36条5項・6項）。

そのため、これらの規定に基づき定められた36協定における時間外労働お
よび休日労働の上限を超えないように、副業先の労働時間を含めて一定の労
働時間数に達したときには、当該月の副業を禁止するなどの条件を付すこと
も考えられます。

また、上記就業規則の規定例第7項では、一定の時間を超える時間外労働
および休日労働が生じる可能性がある場合には、一定の措置を講じることが
できる旨を記載していますが、ここでの一定の時間についても、上記労働時
間の延長の上限を踏まえた時間とすることとなるでしょう。　　（中野　博和）

Q4-5-2 副業・兼業の申請書例

Q 副業・兼業の許可に関する書類はどのようにつくればよいでしょうか。

A 副業許可申請書のほか、会社の業務に支障がないこと等の誓約書が必要です。

1　副業許可申請書

副業許可申請書

○年○月○日

○○○株式会社
　　○○　○○　殿

　私は、就業規則○条○項に基づき、以下のとおり、副業の許可を申請いたします。

1　副業先の名称等
　副業先の名称：＿＿＿＿＿＿＿＿＿＿＿＿＿＿＿＿＿＿＿＿＿＿＿＿＿＿
　副業先の所在地：＿＿＿＿＿＿＿＿＿＿＿＿＿＿＿＿＿＿＿＿＿＿＿＿＿

2　副業先の事業内容等
　副業先の事業内容：＿＿＿＿＿＿＿＿＿＿＿＿＿＿＿＿＿＿＿＿＿＿＿
　従事する業務内容：＿＿＿＿＿＿＿＿＿＿＿＿＿＿＿＿＿＿＿＿＿＿＿
　役職の有無及び役職名：　有　／　無　　役職名　＿＿＿＿＿＿＿＿

3　雇用形態等
　雇用形態：　雇用　／　非雇用

4　契約締結日等

　契約締結日：○年○月○日

　契 約 期 間 ：

　　期間の定めなし　／　期間の定めあり（○年○月○日～○年○月○日）

5　労働時間

　所定労働時間等：（所 定 労 働 日）　＿＿＿＿＿＿＿＿＿＿＿＿＿

　　　　　　　　　（所 定 労 働 時 間）　＿＿＿＿＿＿＿＿＿＿＿＿＿

　　　　　　　　　（始業・終業時刻）　＿＿＿＿＿＿＿＿＿＿＿＿＿

　所定外労働時間：　＿＿＿＿＿＿＿＿＿＿＿＿＿＿＿＿

　（見込み）

6　その他特記事項

　所属　＿＿＿＿＿＿＿　　氏名　＿＿＿＿＿＿＿＿＿＿＿　印

　副業の形態が非雇用（業務委託、請負、自営業など）の場合、所定労働時間等の概念は妥当しませんが、副業が、会社での業務に支障を生じるおそれがあるか否かの判断にあたっては、会社としては、副業を行う曜日や副業に要する時間等を確認する必要があります。

　そのため、非雇用の場合にもこれらを記載してもらうべきでしょう。

2　誓約書

誓 約 書

○年○月○日

○○○株式会社

　○○　○○　殿

私は、〇〇年〇月〇日に申請をした副業に関し、以下の事項を誓約いたします。

1　「副業許可申請書」にて申請を行った副業は、〇〇株式会社（以下「会社」と言います。）の承認を得てから開始し、会社から許可を受けた範囲においてのみ、副業を行います。

2　副業の実施にあたっては、会社への労務提供に何らの支障が生じることがないようにします。

3　副業は、以下の各号のいずれにも該当しないことを確約いたします。また、各号に該当し、又は該当する可能性が生じた場合、該当する範囲で、直ちに副業を中止するなどの必要な措置を講じ、速やかに会社に報告いたします。
　①　会社における労務提供に支障が生ずること
　②　会社の営業秘密を漏洩すること
　③　会社の名誉や信用を損なうこと
　④　会社の事業と競業すること
　⑤　その他、会社との信頼関係を破壊すること

4　副業の内容が、「副業許可申請書」記載の内容から変更となる場合には、再度、副業許可申請書を提出し、会社の承認を得ます。

5　副業に伴う労働時間について所定の方法により定期的に会社に報告するなど、会社の労務管理に必要な情報提供に協力します。

6　副業実施に伴い、会社の労働時間と合わせて月〇〇時間を超える時間外労働及び休日労働が生じる可能性がある場合、会社の指示に従い、副業の中止や副業時間の短縮等の必要な措置を講じます。

7　副業先には、会社業務により知り得た情報を一切漏えい・開示しません。

8　副業実施にあたり、会社の業務遂行において知り得た情報を利用しません。

9　本誓約事項に違反した場合には、懲戒処分の対象になり得ることを理解いたしました。また、会社が決定した当該処分に対して、一切異議を申し立てません。

所属 _____　　氏名 _____　　印

上記誓約書の書式に記載されている事項は、基本的に、上記の副業についての就業規則の規定例に記載されているものと同様の内容ですので、あえて誓約書まで書かせる必要はないという考え方もできますが、労働者自身に自覚をもってもらうために、誓約書を提出してもらったほうがよいでしょう。

3　副業許可書

副業許可書

〇年〇月〇日

〇〇部〇〇課
〇〇　〇〇　殿

〇〇株式会社　　〇〇

　貴殿から、〇年〇月〇日付「副業許可申請書」にて申請がありました副業につき、同申請書記載の範囲に限り、許可いたします。
　ただし、就業規則〇条〇項〇号に定める事由に該当すると会社が判断した場合、副業の許可を取り消し、又は許可の条件を変更することがあります。

以上

　副業を許可するにあたり、副業先の労働時間の上限等の条件を付す場合には、この副業許可書において、当該条件を記載する必要があるでしょう。
　また、労働者への注意喚起の観点から、念のため、副業先の労働時間報告書、健康状態報告書等の資料を定期的に提出する旨や副業許可の取消事由などを記載することも考えられます。

（中野　博和）

237

Q4-5-3 副業・兼業中の従業員からの報告書

Q 　副業・兼業を行っている従業員からどのような報告を受けるべきでしょうか。

A 　健康状態報告書および就業時間自己申告書を、副業・兼業の状況により、提出してもらうことが考えられます。

1　健康状態報告書

健康状態報告書

○年○月○日

○○○株式会社
　　○○　○○　殿

1．最後に医師の診断を受けた時期及び内容
　時期：＿＿＿＿＿＿＿＿＿＿＿＿＿＿＿＿＿＿＿＿＿＿
　内容：＿＿＿＿＿＿＿＿＿＿＿＿＿＿＿＿＿＿＿＿＿＿

2．過去2年以内の入院の有無及びその理由
　入院歴：　有　／　無
　入院の理由：＿＿＿＿＿＿＿＿＿＿＿＿＿＿＿＿＿＿

3．現在治療中の疾患の有無及びその内容
　疾患の有無：　有　／　無
　疾患の内容：＿＿＿＿＿＿＿＿＿＿＿＿＿＿＿＿＿＿

4．現在、医師の指示に基づく薬による治療の有無及びその詳細
　種類：＿＿＿＿＿＿＿＿＿＿＿＿＿＿＿＿＿＿＿＿＿
　内容：＿＿＿＿＿＿＿＿＿＿＿＿＿＿＿＿＿＿＿＿＿

5．既往歴の有無及びその内容

　　□特になし　□結核　□麻疹　□風疹　□肝炎　□心臓病　□呼吸器疾患

　　□腎臓疾患　□肝臓疾患　　□消化器疾患　□内分泌疾患　□神経疾患

　　□精神疾患　□血液疾患（貧血等）

　　□その他の疾患（病名：＿＿＿＿＿＿＿＿＿＿＿＿＿＿＿＿＿＿＿＿　）

6．前日の睡眠時間及び直近1週間の平均睡眠時間

　　前日の睡眠時間：＿＿＿＿＿＿＿＿＿＿＿＿＿

　　直近〇週間の平均睡眠時間：＿＿＿＿＿＿＿＿＿＿＿＿

7．直近〇週間の健康状態

　　□特になし　□食欲不振　□不眠　□発熱　□吐き気・嘔吐　□頭痛

　　□めまい　□咳　□皮疹　□腹痛　□下痢

　　□その他（＿＿＿＿＿＿＿＿＿＿＿＿＿＿＿＿＿＿＿＿＿＿＿　）

　　※該当する場合には、その時期及び具体的内容

　　　時期：＿＿＿＿＿＿＿＿＿＿＿＿＿＿＿＿＿＿＿＿＿＿＿＿＿＿

　　　内容：＿＿＿＿＿＿＿＿＿＿＿＿＿＿＿＿＿＿＿＿＿＿＿＿＿＿

　　所属　＿＿＿＿＿＿＿＿　　氏名　＿＿＿＿＿＿＿＿＿＿＿＿＿　印

　健康状態報告書については、副業を行っている労働者に対して提出を求めることもありますが、副業許可の申請時に提出する場合も想定して、上記の記載としています。副業を行っている労働者に対して、日々の健康管理の観点から、健康状態報告書を提出してもらう場合には、「5．既往歴の有無及びその内容」以降の内容を確認することで足りるとすることもありうるでしょう。

　また、厚労省のHPには、「マルチジョブ健康管理ツール」という、厚労省が開発したアプリで、労働者が自ら本業および副業の労働時間や健康状態を管理できるアプリが紹介されていますので、副業を行っている労働者の健康管理としては、上記アプリを活用することも考えられます（⟨https://www.

mhlw.go.jp/stf/seisakunitsuite/bunya/0000192188.html〉参照）。

2　副業先の労働時間申告書

副業先労働時間申告書

〇年〇月〇日

〇〇〇株式会社
　　〇〇　〇〇　殿

　私が、副業先である〇〇株式会社において、労務に従事した時間につき、下記のとおり報告いたします。

記

〇年〇月分

日付	曜日	始業時刻	終業時刻	休憩時間	労働時間	時間外労働	深夜労働	休日労働
1		：	：					
2		：	：					
3		：	：					
4		：	：					
5		：	：					
6		：	：					
7		：	：					
⋮								

以上

所属 ＿＿＿＿＿＿＿＿　　氏名 ＿＿＿＿＿＿＿＿＿＿＿＿　印

　副業が雇用の場合、副業先の労働時間が通算されます（労基法38条１項）ので、会社としては、副業先の労働時間を把握しておく必要があります。

　そのため、報告書の形で、労働者に定期的に副業先の労働時間を報告して

もらうべきでしょう。報告の頻度については、本業、副業いずれかが突発的な長時間残業が想定される業務の場合には、1週間ごと、または副業の都度報告をしてもらうべきでしょう。他方、突発的な長時間残業が想定されない業務の場合には、1か月ごとに報告をしてもらうことで問題ないでしょう。

　なお、副業が非雇用の場合には、副業の労働時間は通算されませんが、労働者の健康状態を適切に管理するために、副業の労働時間を報告してもらうべきでしょう。

（中野　博和）

第5章

フリーランスの
業務管理

Ⅰ　フリーランス指針と関係法令

Q5-1-1　フリーランス指針発出の経緯と法的意義

Q フリーランス指針発出の経緯と法的意義について教えてください。

A 近年個人の働き方が多様化し、自営型テレワークやフリーランスといった、雇用関係によらない働き方が注目されています。そのような状況の中、内閣官房において、フリーランスの実態を把握するための調査が実施されました。政府は、その調査結果を基に、フリーランスとして安心して働ける環境を整備するため、フリーランス指針を発出しました。フリーランス指針は、行政庁の判断基準を示したものであり、法的強制力はありませんが、実務や裁判所の判断に多大な影響を与えることが予想されます。

1　フリーランス指針発出の経緯

　フリーランスについては、多様な働き方の拡大、ギグ・エコノミー（インターネットを通じて短期・単発の仕事を請け負い、個人で働く就業形態）の拡大による高齢者雇用の拡大、健康寿命の延伸、社会保障の支え手・働き手の増加などに貢献することが期待されています。

　令和2年2月から3月にかけて、内閣官房において、関係省庁と連携し、フリーランスの実態を把握するための調査を実施しました。上記の実態調査結果からは、フリーランスは、それを本業とする場合であっても一般的に収入が少ないこと、フリーランスの遭遇するトラブルは、事業者から業務・作業の依頼（委託）を受けて仕事を行う場合に多いこと、少数の取引先に依存している傾向が強いため、取引先との間でトラブルになった場合でも、取引を打ち切られたり、取引が成立しなくなることをおそれて交渉せずに受け入

れる者が一定数いることなどが明らかとなりました（調査結果の詳細については、内閣官房日本経済再生総合事務局「フリーランス実態調査結果」参照）。

　そのうえで、当該調査結果に基づき、同年7月に閣議決定された成長戦略実行計画において、フリーランスとして安心して働ける環境を整備するため、政府として一体的に、保護ルールの整備を行うこととされています。

　これらを踏まえ、事業者とフリーランスの取引について、独禁法、下請法、労働関係法令の適用関係を明らかにするとともに、これら法令に基づく問題行為を明確化するため、実効性があり、一覧性のあるガイドラインについて、内閣官房、公正取引委員会、中小企業庁、厚生労働省の連名で「フリーランスとして安心して働ける環境を整備するためのガイドライン」（フリーランス指針）が策定されました（以上について、フリーランス指針第1）。

2　フリーランス指針の法的意義

　国が発表するガイドラインは、国会を通じてその内容が決定されるわけではなく、国民に対して法的強制力をもったり、裁判所の判断がそれに拘束されたりするわけではありません。

　もっとも、ガイドラインは、行政庁の判断基準で、一般に企業実務に多大な影響を与え、裁判所の判断においても参照されることになります。

　特に、フリーランス指針は、内閣官房、公正取引委員会、中小企業庁、厚生労働省の連名で策定されたものであることから、実務への影響力は多大なものとなり、基本的には同指針は実務に運用されるでしょう。

（松本　貴志）

Q5-1-2 独禁法、下請法、労働関係法令とフリーランスとの適用関係

 独禁法、下請法、労働関係法令とフリーランスとの適用関係は、どのようになっているのでしょうか。

事業者とフリーランス全般との取引には独禁法や下請法が広く適用されます。他方、フリーランスが「労働者」に該当する場合には、労働関係法令が独禁法や下請法より優先的に適用されます。

1 独禁法および下請法とフリーランスの適用関係

独禁法は、事業者および事業者団体の公正な競争を妨げる行為を規制しています。独禁法は、取引の発注者が事業者であれば、相手方が個人の場合でも適用されるので、事業者とフリーランス全般との取引に適用されます。また、下請法は、取引の発注者が資本金1000万円超の法人の事業者であれば、相手方が個人の場合でも適用されるので、一定の事業者とフリーランス全般との取引について適用されます。したがって、事業者とフリーランス全般との取引には独禁法や下請法が広く適用されます。

2 労働関係法令とフリーランスとの適用関係

他方、フリーランスとして業務を行っていても、実質的に「雇用」に該当する場合には、労働関係法令が適用されます（実質的に「雇用」に該当するか否かの判断基準については、本章Ⅳを参照）。この場合において、独禁法や下請法上問題となり得る事業者の行為が労働関係法令で禁止または義務とされ、あるいは適法なものとして認められている行為類型に該当する場合には、当該労働関係法令が適用され、当該行為については独禁法や下請法上は問題とされません（以上について、フリーランス指針第2－2）。

事業者とフリーランス全般の取引
　→独占禁止法が適用（競争政策）

実態が「労働者」
→労働法が適用

資本金1,000万円超の法人の事業者と
フリーランス全般との取引
→下請代金支払遅延等防止法が適用（競争政策）

出典：フリーランス指針

（松本　貴志）

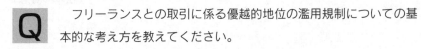

Ⅱ　フリーランスと取引を行う 事業者が遵守すべき事項

1　優越的地位の濫用規制と書面交付

Q5-2-1 フリーランスとの取引に係る優越的地位の濫用 規制

Q 　フリーランスとの取引に係る優越的地位の濫用規制についての基 本的な考え方を教えてください。

A 　企業組織を含む発注事業者とフリーランスとの間には、取引条件 についての情報量や交渉力の面で格差があることから、フリーラン スにとって取引条件が一方的に不利になりやすく、保護の必要性が高いです。 発注事業者が、フリーランスに対する優越的地位を利用して、正常な商慣習 に照らして不当に不利益を与えることは、公正な競争を阻害するおそれがあ ることから、不公正な取引方法の１つである優越的地位の濫用として、独禁 法により規制されます。

1　フリーランスとの取引に係る優越的地位の濫用規制についての基 本的な考え方

　事業者がどのような条件で取引するかについては、基本的に、取引当事者 間の自主的な判断に委ねられますが、フリーランスが受注事業者として行う 取引については、通常、企業組織である事業者が発注事業者となることが多 く、発注事業者とフリーランスとの間には、役務等の提供に係る取引条件に ついて情報量や交渉力の面で格差があります。

　そのため、フリーランスが自由かつ自主的に判断し得ない場合があり、発

注事業者との取引において取引条件が一方的に不利になりやすいです。自己の取引上の地位がフリーランスに優越している発注事業者が、フリーランスに対し、その地位を利用して、正常な商慣習に照らして不当に不利益を与えることは、当該フリーランスの自由かつ自主的な判断による取引を阻害するとともに、当該フリーランスはその競争者との関係において競争上不利となる一方で、発注事業者はその競争者との関係において競争上有利となるおそれがあるものです。このような行為は、公正な競争を阻害するおそれがあることから、不公正な取引方法の一つである優越的地位の濫用として、独禁法により規制されます。

どのような場合に公正な競争を阻害するおそれがあると認められるのかについては、問題となる不利益の程度、行為の広がり等を考慮して、個別の事案ごとに判断することになります。たとえば、①発注事業者が多数のフリーランスに対して組織的に不利益を与える場合、②特定のフリーランスに対してしか不利益を与えていないときであっても、その不利益の程度が強い、またはその行為を放置すれば他に波及するおそれがある場合には、公正な競争を阻害するおそれがあると認められやすいです。

なお、下請法と独禁法のいずれも適用可能な行為については、通常、下請法が適用されます（以上について、フリーランス指針第3－1）。

2　優越的地位の濫用行為の意義

独禁法上規制対象となる優越的地位の濫用として問題となる行為とは、「自己の取引上の地位が相手方に優越していることを利用して、正常な商慣習に照らして不当に」行われる、独禁法2条9項5号イ～ハまでのいずれかに該当する行為をいいます。

ここでいう「自己の取引上の地位が相手方に優越していること」とは、取引の相手方との関係で相対的に優越した地位であれば足りるとされています。甲が取引先である乙に対して優越した地位にあるとは、乙にとって甲との取引の継続が困難になることが事業経営上大きな支障を来すため、甲が乙にとって著しく不利益な要請を行っても、乙がこれを受け入れざるを得ないような場合です。そして、この判断にあたっては、乙の甲に対する取引依存度、

甲の市場における地位、乙にとっての取引先変更の可能性、その他甲と取引することの必要性を示す具体的事実を総合的に考慮します（優越的地位濫用ガイドライン第2－1・2）。

　また、「正常な商慣習」とは、公正な競争秩序の維持・促進の立場から是認されるものをいうので、現に存在する商慣習に合致しているからといって、直ちにその行為が正当化されることにはなりません（優越的地位濫用ガイドライン第3）。

3　下請法の規制対象となる行為

　下請法は、下請代金の支払遅延等を防止することにより、親事業者の下請事業者に対する取引の公正を図り、下請事業者の利益保護を目的とした法律です（同法1条）。同法は、独禁法による規制では有効な規制が行えないということから制定された経緯があるので、同法は、独禁法の補完法と考えられています。

　下請法が適用されると、親事業者に対して注文者の交付義務、下請代金の支払期日を定める義務、遅延利息支払義務等が課されるほか、親事業者の下請代金の減額、返品、買いたたき、報復措置等の行為が禁止されます。

　下請法の規制の対象となるのは、同法にいう「親事業者」（同法2条7項）と「下請事業者」（同条8項）との間の取引であって、取引の内容が同法に規定する4類型に該当する委託を内容とする取引です。

　取引当事者が「親事業者」や「下請事業者」に該当するか否かは、取引当事者の資本金の額または出資の総額によって決まります。また、法人ではないフリーランスのような個人事業主であっても、「下請事業者」に該当しうるとされています。

　また、下請法の規制の対象となる取引とは、以下の4類型の取引をいいます。

　① 製造委託

　　　物品（家屋などの建築物は除く）の販売や製造を営む事業者が、規格、品質、形状、デザイン、ブランドなどを細かく指定して、他の事業者に物品の製造や加工などを委託する場合

② 修理委託

　物品の修理を請け負っている事業者がその修理を他の事業者に委託したり、自社で使用する物品を自社で修理している場合に、その修理の一部を他の事業者に委託する場合

③ 情報成果物作成委託

　ソフトウェア、映像コンテンツ、各種デザインなど情報成果物の提供や作成を営む事業者がその作成作業を委託する場合

④ 役務提供委託

　運送やビルメンテナンスをはじめ各種サービス（建築業を除く。）の提供を営む事業者が、請け負った役務を他の会社に委託する場合

　下請事業者の代表的な要件は、受託することであり、何らかのデザイン、仕様等を委託者（親事業者）の側が示してこれを受託者（下請事業者）に作業させることが必要ですが、仕様等は契約書に限定されるものではなく、受託者に作成させた書面を承認してそれに基づいて作業を行わせる場合も含まれます。また、請負や売買といった契約の形式は問われないとされています。

（松本　貴志）

Q5-2-2 発注時の取引条件を明確にする書面の交付

　発注事業者がフリーランスに対して発注する際、発注時の取引条件を明確にする書面の交付に関する基本的な考え方を教えてください。

A　発注事業者が発注後に取引条件を一方的に変更等することを未然に防ぐため、発注事業者において、当該フリーランスが発注時の取引条件を書面で確認できるようにするなどの対応をしておくことが必要であり、正当な理由がない限り、発注事業者が当該書面を交付しないことは独禁法上不適切です。

　また、下請法の規制の対象となる場合で、発注事業者がフリーランスに対して、下請事業者の役務等の提供内容、下請代金の額、支払期日および支払方法その他の事項を記載した書面を下請事業者に交付しない場合は、下請法3条に定める親事業者の書面の交付義務違反となります。

　発注事業者が役務等を委託するにあたって、発注時の取引条件を明確にする書面を交付しないまたはフリーランスに交付する書面に発注時の取引条件を明確に記載しない場合には、発注事業者は発注後に取引条件を一方的に変更等しやすくなり、後に、当該変更等が行われたことを明らかにすることが困難な場合も想定されます。このような状況は、優越的地位の濫用となる行為を誘発する原因とも考えられ、これを未然に防止するためには、発注事業者において、当該フリーランスが発注時の取引条件を書面で確認できるようにするなどの対応をしておくことが必要です。このように、優越的地位の濫用となる行為の誘発を未然に防止するという意味において、発注時に取引条件を明確にすることが困難な事情があるなどの正当な理由がない限り、発注事業者が当該書面を交付しないことは独禁法上不適切です。

　また、下請法は、親事業者が下請事業者に対し製造委託等をした場合には、直ちに、下請事業者の給付の内容、下請代金の額、支払期日および支払方法その他の事項を記載した書面（以下、「3条書面」といいます）を下請事業者

に交付することを義務づけます（同法３条１項本文。実務的には、３条書面の交付によって、下請代金の金額が決まり、以後、下請代金の変更ができなくなるという点が重要です）。したがって、下請法の規制の対象となる場合で、発注事業者がフリーランスに対して、下請事業者の役務等の提供内容、下請代金の額、支払期日および支払方法その他の事項を記載した書面を下請事業者に交付しない場合は、同法３条で定める親事業者の書面の交付義務違反となります。

　また、下請法の書面の交付にあたっては、フリーランスが事前に承諾し保存する前提であれば、電磁的方法による交付も認められています。その際、親事業者が、クラウドメールサービスやオンラインストレージサービス、ソーシャルネットワークサービスといった等のオンラインサービスを用いて書面を交付することも可能です。この場合、ダウンロード機能をもったサービスを用いるなどして、フリーランスが記録できるようにする必要があります。

　なお、親事業者は、下請法の書面の交付や書類の作成・保存について、自身の代理として、第三者に行わせることも認められます。ただし、フリーランスとの間で下請法上の問題が生じた場合は、当該第三者ではなく、親事業者がその責めを負うこととなることには留意しなければなりません（以上について、フリーランス指針第３－２）。

（松本　貴志）

2　独禁法（優越的地位の濫用）・ 下請法上問題となる行為類型

Q 5-2-3　報酬の支払遅延

Q　取引上の地位がフリーランスに優越している発注事業者が正当な 理由なく支払期日に報酬を支払わないことは、優越的地位の濫用と して独禁法上規制されていますが、具体的な想定例を教えてください。

A　契約で定めた支払期日より遅れて報酬を支払う場合だけでなく、 一方的に報酬の支払期日を遅く設定する場合や、支払期日の到来を 恣意的に遅らせる場合も、優越的な地位の濫用として問題となり得ます。具 体的な想定例は、フリーランス指針第3-3⑴が提示しています。

1　独禁法および下請法の規制

　取引上の地位がフリーランスに優越している発注事業者が、正当な理由が ないのに、契約で定めた支払期日に報酬を支払わない場合であって、当該フ リーランスが、今後の取引に与える影響等を懸念してそれを受け入れざるを 得ない場合には、正常な商慣習に照らして不当に不利益を与えることとなり、 優越的地位の濫用として問題となります（独禁法2条9項5号ハ）。

　また、発注事業者が契約で定めた支払期日より遅れて報酬を支払う場合だ けでなく、一方的に報酬の支払期日を遅く設定する場合や、支払期日の到来 を恣意的に遅らせる場合にも、当該フリーランスに正常な商慣習に照らして 不当に不利益を与えることとなりやすく、優越的地位の濫用として問題とな りやすいです。

　また、下請法は、親事業者が支払期日を設定することを義務付け（同法2 条の2）、あわせて下請代金の支払遅延も禁止しています（同法4条1項2号）。

　したがって、下請法の規制の対象となる場合で、発注事業者がフリーラン

スに対して、支払期日の経過後なお下請代金を支払わない場合には、同法上の支払遅延としても問題となります。

2　優越的地位の濫用として問題となりうる想定例

フリーランス指針第3－3(1)では、報酬の支払遅延の想定例として、以下の事例を挙げています。

- 社内の支払手続の遅延、役務の成果物の設計や仕様の変更などを理由として、自己の一方的な都合により、契約で定めた支払期日に報酬を支払わないこと
- 役務の成果物の提供が終わっているにもかかわらず、その検収を恣意的に遅らせることなどにより、契約で定めた支払期日に報酬を支払わないこと
- 取引に係る役務の成果物を自己が実際に使用した後に報酬を支払うこととされている場合に、自己の一方的な都合によりその使用時期を当初の予定より大幅に遅らせ、これを理由として報酬の支払を遅らせること
- 長期間の役務等の提供を受け、非常に高額な報酬を支払うことが契約で定められている場合において、当初、契約で一括払としたにもかかわらず、支払の段階になって自己の一方的な都合により数年にわたる分割払とし、一括払に応じないこと

（松本　貴志）

Q 5-2-4　報酬の減額

Q 取引上の地位がフリーランスに優越している発注事業者が正当な理由がないのに、契約で定めた報酬の減額をすることは、独禁法上規制されていますが、具体的な想定例を教えてください。

A 契約で定めた報酬を減額する場合のほか、契約で定めた報酬を変更することなく、役務等の仕様を変更するなど報酬を実質的に減額する場合も、同様に規制の対象となります。具体的な想定例は、フリーランス指針第3-3(2)が提示しています。

1　独禁法および下請法の規制

　取引上の地位がフリーランスに優越している発注事業者が、当該フリーランスから役務等の提供を受ける契約をした後において、正当な理由がないのに、契約で定めた報酬を減額する場合であって、当該フリーランスが、今後の取引に与える影響等を懸念してそれを受け入れざるを得ない場合には、正常な商慣習に照らして不当に不利益を与えることとなり、優越的地位の濫用として問題となります（独禁法2条9項5号ハ）。契約で定めた報酬を変更することなく、役務等の仕様を変更するなど報酬を実質的に減額する場合も、同様に問題となります（以上について、フリーランス指針第3-3(2)）。

　また、下請法は、親事業者の禁止事項として、下請代金の減額を定めており（下請法4条1項3号）、これは、親事業者の禁止事項の中で勧告事例が圧倒的に多いです。したがって、同法の規制の対象となる場合で、発注事業者がフリーランスに対して、フリーランスの責めに帰すべき理由がないのに、発注時に定めた下請代金の額を減ずる場合には、下請代金の減額として問題となります（フリーランス指針第3-3(2)）。

2　優越的地位の濫用として問題とされる想定例

　フリーランス指針第3-3(2)は、報酬の減額の想定例として、以下の事例

を挙げています。

- ・役務等の提供が終わっているにもかかわらず、業績悪化、予算不足、顧客からのキャンセル等自己の一方的な都合により、契約で定めた報酬の減額を行うこと
- ・自己の一方的な都合により取引の対象となる役務等の仕様等の変更、やり直しまたは追加的な提供を要請した結果、フリーランスの作業量が大幅に増加することとなるため、当該作業量増加分に係る報酬の支払を約したにもかかわらず、当初の契約で定めた報酬しか支払わないこと
- ・作業量や拘束期間が確定しないため、一定の額を報酬総額として取り決めた後、実際に必要となった作業量や拘束期間が自己の当初の見込みよりも少なかったことを理由として、フリーランスと交渉することなく契約時に定めた報酬総額を減額すること
- ・フリーランスは当初取り決めた範囲の役務等の提供がすべて終わっているにもかかわらず、フリーランスに発注した役務等の一部について、フリーランスに事前に連絡することなく並行して自己が実施し、重複が生じたことを理由として、自己が実施した役務等に相当する額を契約時に定めた報酬から減額すること

（松本　貴志）

Q 5 - 2 - 5 　著しく低い報酬の一方的な決定

Q　　取引上の地位がフリーランスに優越している発注事業者が一方的に著しく低い報酬を定めることは、優越的地位の濫用として独禁法上規制されていますが、具体的な想定例を教えてください。

A　　短い納期を設定したため、その分費用も大幅に増加したにもかかわらず、通常の納期で発注した場合と同一の報酬を一方的に定める場合など、さまざまな事例が想定されます。具体的な想定例は、フリーランス指針第3－3(3)が提示しています。

1　独禁法および下請法の規制

　取引上の地位がフリーランスに優越している発注事業者が、当該フリーランスに対し、一方的に、著しく低い報酬での取引を要請する場合であって、当該フリーランスが、今後の取引に与える影響等を懸念してそれを受け入れざるを得ない場合には、正常な商慣習に照らして不当に不利益を与えることとなり、優越的地位の濫用として問題となります（独禁法2条9項5号ハ）。

　また、下請法4条1項5号は、下請代金の額を決定する際に、発注した内容と同種または類似の給付の内容に対し通常支払われる対価に比べて著しく低い額を不当に定めること（買いたたき）を禁止しています。したがって、同法の規制の対象となる場合で、発注事業者がフリーランスに対して、役務等の提供の内容と同種又は類似の内容の役務等の提供に対し通常支払われる対価に比し著しく低い下請代金の額を不当に定める場合には、同法4条1項5号で禁止されている買いたたきとして問題となります。ここでいう「通常支払われる対価に比べて著しく低い額」に当たるか否かは、①下請代金の額の決定にあたり、下請事業者と十分な協議が行われたかどうかなどの対価の決定方法、②差別的であるかどうかなどの対価の決定内容、③通常支払われる対価と当該給付に支払われる対価との乖離状況、④当該給付に必要な原材料等の価格動向等を勘案して総合的に判断されます（下請法ガイドライン第

4 — 5 (1))。

2 優越的地位の濫用として問題となりうる想定例

フリーランス指針第 3 - 3 (3)は、著しく低い報酬額の一方的な決定の想定として、以下の事例を挙げています。

- 短い納期を設定したため、当該役務等の提供に必要な費用等も大幅に増加し、フリーランスが報酬の引上げを求めたにもかかわらず、通常の納期で発注した場合と同一の報酬を一方的に定めること
- 自己の予算単価のみを基準として、一方的に通常の報酬より著しく低い報酬を定めること
- 自己が報酬の見積金額まで記載した見積書を用意し、フリーランスが当該報酬について協議を求めたにもかかわらず、当該見積書にサインさせ、当該見積書に記載した見積金額どおりに報酬を決定することにより、一方的に通常の報酬より著しく低い報酬を定めること
- 発注量等の取引条件に照らして合理的な理由がないにもかかわらず特定のフリーランスを差別して取り扱い、他のフリーランスより一方的に著しく低い報酬を定めること
- 自己の要請に基づいて、フリーランスが、複数回に及ぶ打合せへの出席、人員の手配、他の発注事業者との取引で使用することが困難である新たな機材・ソフトウェア の調達や資格の取得を行うことになるなど、役務等の提供に必要な費用が増加するため、報酬の引上げを求めたにもかかわらず、かかる費用増を十分考慮することなく、一方的に従来の報酬と同一の報酬を定めること
- フリーランスにとって不合理な報酬の算定方法を用いることにより、一方的に通常の報酬より著しく低い報酬を定めること

（松本　貴志）

Q5-2-6　やり直しの要請

Q 取引上の地位がフリーランスに優越している発注事業者が、正当な理由がないのに、当該フリーランスから役務の提供を受けた後に、やり直しを要請することは、独禁法上規制されていますが、具体的な想定例を教えてください。

A たとえば、あらかじめ定められた検査基準を恣意的に厳しくして、発注内容と異なることまたは瑕疵があることを理由に、やり直しをさせることなどが挙げられます。具体的な事例は、フリーランス指針第3―3(4)が提示しています。

1　独禁法および下請法の規制

　取引上の地位がフリーランスに優越している発注事業者が、正当な理由がないのに、当該フリーランスから役務等の提供を受けた後に、当該フリーランスに対し、やり直しを要請する場合であって、当該フリーランスが、今後の取引に与える影響等を懸念してそれを受け入れざるを得ない場合には、正常な商慣習に照らして不当に不利益を与えることとなり、優越的地位の濫用として問題となります（独禁法2条9項5号ハ）。

　また、下請法は、親事業者が、下請事業者の責めに帰すべき事由がないのに、下請事業者の給付を受領した後に給付をやり直させることを禁止しています（下請法4条2項4号）。したがって、同法の規制の対象となる場合で、発注事業者がフリーランスに対して、フリーランスの責めに帰すべき理由がないのに、フリーランスが役務等の提供をした後に、当該役務等の提供をやり直させることにより、フリーランスの利益を不当に害する場合には、下請法4条2項4号で禁止されている不当なやり直しとして問題となります。

2　優越的な地位の濫用として問題となり得る想定例

　フリーランス指針第3―3(4)は、不当なやり直しの想定例として、以下の

事例を挙げています。

- 役務等の提供を受ける前に、自己の一方的な都合により、あらかじめ定めた役務等の仕様を変更したにもかかわらず、その旨をフリーランスに伝えないまま、継続して作業を行わせ、提供時に仕様に合致していないとして、フリーランスにやり直しをさせること

- 委託内容についてフリーランスに確認を求められて了承したため、フリーランスがその委託内容に基づき役務等を提供したにもかかわらず、役務等の内容が委託内容と異なるとしてフリーランスにやり直しをさせること

- あらかじめ定められた検査基準を恣意的に厳しくして、発注内容と異なることまたは瑕疵があることを理由に、やり直しをさせること

- フリーランスが仕様の明確化を求めたにもかかわらず、正当な理由なく仕様を明確にしないまま、フリーランスに継続して作業を行わせ、その後、フリーランスが役務等を提供したところ、発注内容と異なることを理由に、やり直しをさせること

（松本　貴志）

Q5-2-7　一方的な発注取消し

Q 取引上の地位がフリーランスに優越している発注事業者が正当な理由がないのに、一方的に、当該フリーランスに通常生ずべき損失を支払うことなく発注を取り消すことは、独禁法上規制されますが、具体的な想定を教えてください。

A たとえば、フリーランスに対し、契約時に定めていない役務等を無償で提供するよう要請し、当該要請をフリーランスが拒んだことを理由として、既発生の報酬を支払わないまま、一方的に発注を取り消すことなどです。具体的な想定例は、フリーランス指針第3－3(5)が提示しています。

1　独禁法および下請法の規制

　取引上の地位がフリーランスに優越している発注事業者が、正当な理由がないのに、一方的に、当該フリーランスに通常生ずべき損失を支払うことなく発注を取り消す場合であって、当該フリーランスが、今後の取引に与える影響等を懸念してそれを受け入れざるを得ない場合には、正常な商慣習に照らして不当に不利益を与えることとなり、優越的地位の濫用として問題となります（独禁法2条9項5号ハ）。

　また、下請法は、親事業者が、下請事業者の責めに帰すべき事由がないのに、下請事業者の給付を受領した後に給付をやり直させることを禁止しています（同法4条2項4号）。したがって、同法の規制の対象となる場合で、発注事業者がフリーランスに対して、フリーランスの責めに帰すべき理由がないのに、役務等の提供の内容を変更させることによって、フリーランスの利益を不当に害する場合には、同法4条2項4号で禁止されている不当な給付内容の変更として問題となります。

2　優越的地位の濫用として問題となり得る想定例

　フリーランス指針第3－3(5)は、一方的な発注取消しの想定として、以下を挙げています。

- ・特定の仕様を指示した役務等の委託取引を契約し、これを受けてフリーランスが新たな機材・ソフトウェア等の調達をしているにもかかわらず、自己の一方的な都合により、当該フリーランスが当該調達に要した費用を支払うことなく、当該契約に基づく発注を取り消すこと

- ・フリーランスに対し、新たな資格の取得を指示し、当該資格取得後直ちに発注することを説明して発注を確約し、当該フリーランスが当該資格を取得し取引の実現に向けた行動をとっているのを黙認していたにもかかわらず、自己の一方的な都合により、発注を取り消すこと

- ・フリーランスに対し、契約時に定めていない役務等を無償で提供するよう要請し、当該要請をフリーランスが拒んだことを理由として、フリーランスがすでに提供した役務等に相当する報酬を支払わないまま、一方的に発注を取り消すこと

（松本　貴志）

Q5-2-8　役務の成果物に係る権利の一方的な取扱い

Q　フリーランスに当該役務の成果物に係る著作権等の一定の権利が発生する場合に、取引上の地位がフリーランスに優越している発注事業者が、当該役務の成果物に係る権利の取扱いを一方的に決定することは、独禁法上規制されていますが、具体的な想定例を教えてください。

A　たとえば、フリーランスが、著作権等の権利の譲渡を伴う契約を拒んでいるにもかかわらず、今後の取引を行わないことを示唆するなどして、当該権利の譲渡を余儀なくさせることなどです。具体的な想定例は、フリーランス指針第3―3(6)が提示しています。

1　独禁法および下請法の規制

　フリーランスが発注事業者に提供する役務の成果物によっては、フリーランスに当該役務の成果物に係る著作権等の一定の権利が発生する場合があります。この場合において、取引上の地位がフリーランスに優越している発注事業者が、自己との取引の過程で発生したことまたは役務の成果物に対して報酬を支払ったこと等を理由に、当該役務の成果物に係る権利の取扱いを一方的に決定する場合に、当該フリーランスに正常な商慣習に照らして不当に不利益を与えることとなるときは、優越的地位の濫用として問題となります（独禁法2条9項5号ロ・ハ）。

　また、下請法は、親事業者が、自己のために金銭、役務その他の経済上の利益を提供させることを禁止しています（同法4条2項3号）。したがって、下請法の規制の対象となる場合で、発注事業者がフリーランスに対して、自己のために役務の成果物に係る権利を提供させることによって、フリーランスの利益を不当に害する場合には、同法4条2項3号で禁止されている不当な経済上の利益の提供要請として問題となります。

2　優越的地位の濫用として問題となり得る想定例

　フリーランス指針第3－3(6)は、一方的な発注取消しの想定として、以下を挙げています。

- 役務の成果物の二次利用（たとえば、フリーランスが発注事業者の自己使用のために制作したコンピュータープログラムを、他の事業者のために使用すること）について、フリーランスが著作権等を有するにもかかわらず、対価を配分しなかったり、その配分割合を一方的に定めたり、利用を制限すること

- フリーランスが著作権等の権利の譲渡を伴う契約を拒んでいるにもかかわらず、今後の取引を行わないことを示唆するなどして、当該権利の譲渡を余儀なくさせること

- 取引に伴い、フリーランスに著作権等の権利が発生・帰属する場合に、これらの権利が自己との取引の過程で得られたことを理由に、一方的に、作成の目的たる使用の範囲を超えて当該権利を自己に譲渡させること

（松本　貴志）

Q5-2-9 役務の成果物の受領拒否

Q 取引上の地位がフリーランスに優越している発注事業者が、契約をした後に、正当な理由がないのに、当該フリーランスの役務の成果物の全部または一部の受領を拒むことは、独禁法上規制されていますが、具体的な想定例を教えてください。

A たとえば、業績不振に伴い当該役務の成果物が不要になったことを理由に、受領を拒否することなどが挙げられます。具体的な想定例は、フリーランス指針第3―3(7)が提示しています。

1　独禁法および下請法の規制

　取引上の地位がフリーランスに優越している発注事業者が、当該フリーランスから役務の成果物の提供を受ける契約をした後において、正当な理由がないのに、役務の成果物の全部または一部の受領を拒む場合であって、当該フリーランスが、今後の取引に与える影響等を懸念してそれを受け入れざるを得ない場合には、正常な商慣習に照らして不当に不利益を与えることとなり、優越的地位の濫用として問題となります（独禁法2条9項5号ハ）。

　また、下請法は、親事業者が、下請事業者の責に帰すべき事由がないのに、下請事業者の給付の受領を拒むことを禁止しています（同法4条1項1号）。ここでいう「責に帰すべき事由」としては、①下請事業者の給付の内容が下請法3条の書面に明記された委託内容と異なる場合または下請事業者の給付に瑕疵がある場合、②下請事業者の給付が同法3条の書面に明記された納期に行われない場合が挙げられます（下請法ガイドライン第4－1(2)）。したがって、同法の規制の対象となる場合で、発注事業者がフリーランスに対して、フリーランスの責めに帰すべき理由がないのに、役務の成果物の受領を拒む場合には、同法4条1項1号で禁止されている受領拒否として問題となります。

2　優越的地位の濫用として問題となり得る想定例

　フリーランス指針第3-3(7)は、役務の提供の受領拒否として、以下の事例を挙げています。

- ・フリーランスが、発注に基づき役務の成果物を提供しようとしたところ、業績不振に伴い当該役務の成果物が不要になったことを理由に、当該役務の成果物の受領拒否すること
- ・あらかじめ定められた検査基準を恣意的に厳しくして、発注内容と異なることまたは瑕疵があることを理由に、当該役務の成果物の受領を拒否すること
- ・フリーランスが役務の成果物の仕様の明確化を求めたにもかかわらず、正当な理由なく仕様を明確にしないまま、フリーランスに継続して作業を行わせ、その後、フリーランスが役務の成果物を提供しようとしたときになって、発注内容と異なることを理由に、当該役務の成果物の受領を拒否すること
- ・発注した後になって、あらかじめ合意した納期を、フリーランスの事情を考慮せず一方的に短く変更し、その納期までに提供が間に合わなかったとして役務の成果物の受領を拒否すること

（松本　貴志）

Q5-2-10　役務の成果物の返品

Q　取引上の地位がフリーランスに優越している発注事業者が、当該フリーランスに対し、正当な理由がないのに、当該フリーランスから受領した役務の成果物を返品することは独禁法上規制されていますが、具体的な想定例を教えてください。

A　たとえば、単に役務の成果物を購入した客から返却されたことを理由に、フリーランスに返品する場合などです。具体的な想定例は、フリーランス指針第 3 － 3(8)が提示しています。

1　独禁法および下請法の規制

　取引上の地位がフリーランスに優越している発注事業者が、当該フリーランスに対し、当該フリーランスから受領した役務の成果物を返品する場合であって、どのような場合に、どのような条件で返品するかについて、当該フリーランスとの間で明確になっておらず、当該フリーランスにあらかじめ計算できない不利益を与えることとなる場合、その他正当な理由がないのに、当該フリーランスから受領した役務の成果物を返品 する場合であって、当該フリーランスが、今後の取引に与える影響等を懸念してそれを受け入れざるを得ない場合には、正常な商慣習に照らして不当に不利益を与えることとなり、優越的地位の濫用として問題となります（独禁法 2 条 9 項 5 号ハ）。

　また、下請法は、親事業者が、同法の規制の対象となる場合で、発注事業者がフリーランスに対して、フリーランスの責めに帰すべき理由がないのに、フリーランスに役務の下請事業者の責に帰すべき事由がないのに、下請事業者の給付を受領した後に、下請事業者にその給付に係る物を引き取らせることを禁止していいます（同法 4 条 1 項 4 号）。したがって、フリーランスに成果物を引き取らせる場合には、同法 4 条 1 項 4 号で禁止されている返品として問題となります。

2　優越的地位の濫用として問題となり得る想定例

　フリーランス指針第3－3(8)は、役務の成果物の返品の想定例として、以下の事例を挙げています。

- 単に役務の成果物を購入した客から返却されたことを理由に、フリーランスに返品すること
- 直ちに発見できる瑕疵であったにもかかわらず、役務の成果物の検収に要する標準的な期間をはるかに経過した後になって、瑕疵があることを理由にフリーランスに返品すること

（松本　貴志）

Q 5-2-11　不要な商品または役務の購入・利用強制

Q　取引上の地位がフリーランスに優越している発注事業者が、当該フリーランスに対し、取引の対象以外の商品または役務の購入を要請する行為は、独禁法上規制されますが、具体的な想定例を教えていただけますか。

A　たとえば、購入しなければフリーランスとの取引を打ち切るなど、今後の取引に影響すると受け取られるような要請をすることにより、商品を購入させるなどです。具体的な想定例は、フリーランス指針第3—3(9)が提示しています。

1　独禁法および下請法の規制

　取引上の地位がフリーランスに優越している発注事業者が、当該フリーランスに対し、取引の対象以外の商品または役務の購入を要請する場合であって、その購入が当該フリーランスにとって役務等の提供上必要としない、または当該フリーランスがその購入を希望していないにもかかわらず、今後の取引に与える影響を懸念して当該要請を受け入れざるを得ない場合には、正常な商慣習に照らして不当に不利益を与えることとなり、優越的地位の濫用として問題となります（独禁法2条9項5号イ）。当該商品または役務には、発注事業者の供給する商品または役務だけでなく、発注事業者の指定する事業者が供給する商品または役務が含まれます。

　また、下請法は、親事業者が下請け事業者の給付の内容を均質にしまたはその改善を図るため必要がある場合その他正当な理由がある場合を除き、自己の指定する物を強制して購入させ、または役務を強制して利用させることを禁止しています（同法4条1項6号）。これは、親事業者が自己の有利な立場を利用し、自社製品やサービスの押し付け行為を禁止する趣旨です。したがって、同法の規制の対象となる場合で、発注事業者がフリーランスに対して、役務等の提供の内容を均質にし、またはその改善を図るため必要がある

場合その他正当な理由がある場合を除き、自己の指定する物を強制して購入させ、または役務を強制して利用させる場合には、同法4条1項6号で禁止されている購入・利用強制として問題となります。

2 優越的地位の濫用として問題となり得る想定例

フリーランス指針第3－3(9)は、購入・利用強制の想定例として以下の事例を挙げています。

- 購入しなければフリーランスとの取引を打ち切る、取引の頻度を減少させるなど、今後の取引に影響すると受け取られるような要請をすることにより、自己の指定する商品を購入させること
- 発注担当者等のフリーランスとの取引関係に影響を及ぼし得る者が商品を指定し、当該商品の購入を要請することにより、購入させること
- フリーランスに対して、組織的または計画的に自己の指定する商品の購入を要請することにより、購入させること
- 自己の指定する商品についてフリーランスから購入する意思がないとの表明があった場合、またはその表明がなくとも明らかに購入する意思がないと認められる場合に、重ねて購入を要請することにより、または商品を一方的に送付することにより、購入させること
- フリーランスに対し、役務等の提供上必要としないにもかかわらず、自己の取引先が提供する役務を利用するよう一方的に要請し、利用させること

（松本　貴志）

Q 5 - 2 -12　不当な経済上の利益の提供要請

Q　取引上の地位がフリーランスに優越している発注事業者が、正当な理由がないのに、当該フリーランスに対し、協力金等の負担、役務の無償提供、その他経済上の利益の無償提供を要請することは、独禁法上規制されますが、具体的な想定例を教えていただけますか。

A　たとえば、決算対策のための協賛金を要請し、フリーランスにこれを負担させることなどです。具体的な想定例は、フリーランス指針第3―3(10)が提示しています。

1　独禁法および下請法の規制

　取引上の地位がフリーランスに優越している発注事業者が、正当な理由がないのに、当該フリーランスに対し、協力金等の負担、役務の無償提供、その他経済上の利益の無償提供を要請する場合であって、当該フリーランスが、今後の取引に与える影響を懸念してそれを受け入れざるを得ない場合等には、正常な商慣習に照らして不当に不利益を与えることとなり、優越的地位の濫用として問題となります（独禁法2条9項5号ロ）。

　また、下請法は、親事業者下請事業者に対して自己のために金銭、役務その他の経済上の利益を提供させることを禁止しています（同法4条2項3号）。したがって、同法の規制の対象となる場合で、発注事業者がフリーランスに対して、自己のために金銭、役務その他経済上の利益を提供させることによって、フリーランスの利益を不当に害する場合には、同法4条2項3号で禁止されている不当な経済上の利益の提供要請として問題となります。

2　優越的地位の濫用として問題となり得る想定例

　フリーランス指針第3―3(10)は、不当な経済上の利益の提供要請の具体的な想定例として、以下の事例を挙げています。

　・決算対策のための協賛金を要請し、フリーランスにこれを負担させるこ

と

- 契約内容に情報システムの改修・保守・点検を行うことが含まれていないにもかかわらず、フリーランスに対し、情報システムの改修・保守・点検を無償で提供させること

- 契約上、フリーランスが自己の倉庫まで運送することのみが契約内容とされている場合において、当該フリーランスに対して、あらかじめ契約で定められていない自己の倉庫内における荷役等の役務について、無償で従事させること

- 契約で定められた役務の内容ではなく、さらに、発注内容と関連がないにもかかわらず、フリーランスに対し、自己の顧客に対する営業活動に参加するよう要請し、無償で参加させること

- フリーランスの顧客リストについて、発注内容に含まれていないにもかかわらず、無償で提出させること

- 役務等の提供に付随して提供された資料について、使用範囲をあらかじめフリーランスとの間で取り決めているにもかかわらず、フリーランスに追加的な対価を支払わないまま取り決めた使用範囲を超えて使用すること

（松本　貴志）

Q 5-2-13 合理的に必要な範囲を超えた秘密保持義務等の一方的な設定

Q 合理的に必要な範囲を超えた秘密保持義務、競業避止義務、または専属義務の一方的な設定は、独禁法上規制されますが、具体的な想定例を教えてください。

A たとえば、フリーランスへの育成投資や役務に対する報酬の額が著しく低いにもかかわらず、当該フリーランスに、合理的に必要な範囲を超えて長期間、一方的に当該役務等の提供に専念させることです。具体的な想定例は、フリーランス指針第 3 ― 3 (11)が提示しています。

1 独禁法および下請法の規制

「秘密保持義務」とは、フリーランスが発注事業者への役務等の提供を通じて知り得た技術や顧客情報といった営業秘密やその他の秘密情報を漏洩しないことを内容とする義務をいいます。「競業避止義務」とは、発注事業者に対する役務等の提供に係る契約終了後に、フリーランスが自ら当該発注事業者と競合する事業を行わないまたは当該発注事業者と競合する者に対して一定期間役務等の提供を行わないことを内容とする義務をいいます。「専属義務」とは、他の発注事業者に対するフリーランスの役務等の提供を制限し、自己とのみ取引をする義務をいいます。

秘密保持義務・競業避止義務・専属義務は、一般的には、発注事業者が営業秘密やその他の秘密情報の漏えいを懸念することなく取引すること、発注事業者が商品・サービスを供給するのに必要な役務等を提供させるために自己への役務等の提供に専念させること、発注事業者がフリーランスに一定のノウハウ、スキル等を身に付けるようにするための育成投資を行ったうえで、その育成に要する費用を回収することを目的とするものです。発注事業者が、合理的に必要な範囲でこれらの義務を設定することは、直ちに独禁法上問題となるものではありません。

　しかし、これらの義務は、それを設定されたフリーランスが他の発注事業者に対して役務等を提供する機会を失わせ、不利益をもたらす場合があります。したがって、取引上の地位がフリーランスに優越している発注事業者が、一方的に当該フリーランスに対して合理的に必要な範囲を超えて秘密保持義務、競業避止義務または専属義務を課す場合であって、当該フリーランスが、今後の取引に与える影響等を懸念してそれを受け入れざるを得ない場合には、正常な商慣習に照らして不当に不利益を与えることとなり、優越的地位の濫用として問題となります（独禁法2条9項5号ハ）。合理的に必要な範囲を超えるか否かは、これらの義務の内容や期間が目的に照らして過大であるか、与える不利益の内容、補償金等の有無やその水準、他の取引の相手方の取引条件と比べて差別的であるかどうか、通常のこれらの義務の内容や期間との乖離の状況等を勘案して総合的に判断されます。

2　優越的地位の濫用として問題となりうる想定例

　フリーランス指針第3 — 3 (11)は、合理的な範囲を超えた秘密保持義務、競業避止義務、または専属義務を課す場合の例として、以下の事例を挙げています。

- ・フリーランスにとって発注事業者に役務等を提供したという事実が、新たな発注事業者を獲得するうえで重要な情報となっているにもかかわらず、合理的に必要な範囲を超えて一方的に当該事実の公表を制限する秘密保持義務を設定すること
- ・フリーランスへの育成投資や役務に対する報酬の額が著しく低いにもかかわらず、当該フリーランスに、合理的に必要な範囲を超えて長期間、一方的に当該役務等の提供に専念させること
- ・すでにフリーランスの育成に要する費用を回収し終わったにもかかわらず、当該費用の回収を理由として、当該フリーランスに対して、一方的に競業避止義務や専属義務を設定すること

（松本　貴志）

Q5-2-14　その他取引条件の一方的な設定・変更・実施

 Q5-2-3からQ5-2-13までの行為類型に該当しない場合で
あっても、優越的地位の濫用として問題となる行為はありますか。

A 取引上の地位が優越している発注事業者が一方的に、取引の条件
を設定し、もしくは変更し、または取引を実施する場合に、当該フ
リーランスに正常な商慣習に照らして不当に不利益を与えることとなるとき
は、優越的地位の濫用として問題となります（独禁法2条9項5号ハ）。具体
的な想定例については、フリーランス指針は示していませんが、公正取引委
員会の発表している「優越的地位の濫用に関する独占禁止法上の考え方」が
参考になると思われます。

　Q5-2-3からQ5-2-13までの行為類型に該当しない場合であっても、
取引上の地位が優越している発注事業者が一方的に、取引の条件を設定し、
もしくは変更し、または取引を実施する場合い、当該フリーランスに正常な
商慣習に照らして不当に不利益を与えることとなるときは、優越的地位の濫
用として問題となり得ます（フリーランス指針第3－3⑿）。
　フリーランス指針は、具体的な想定例は挙げていませんが、公正取引委員
会が発表している優越的地位濫用ガイドラインにおいて、企業対企業の場合
における以下のような想定例を挙げており、これは企業対フリーランスの場
合における取引においても参考になると思われます。

- 　取引の相手方が取引に係る商品を実際に使用し、または役務の提供を
　実際に受けた後に対価の支払を受けることとされている場合において、
　自己の一方的な都合により、当該取引の相手方がまだ実際に商品を使用
　していないまたはまだ役務の提供を実際に受けていないにもかかわらず、
　当該取引の相手方に対価を前倒しして支払わせること

- 　特定の仕様を指示して商品の製造を発注し、これを受けて取引の相手
　方がすでに原材料等を調達しているにもかかわらず、自己の一方的な都
　合により、当該取引の相手方が当該調達に要した費用を支払うことなく、

部品の発注を取り消すこと

・　取引の相手方に対し、新たな機械設備の導入を指示し、当該機械設備の導入後直ちに一定数量を発注することを説明して発注を確約し、当該取引の相手方が当該機械設備の導入等の取引の実現に向けた行動をとっているのを黙認していたにもかかわらず、自己の一方的な都合により、発注数量を著しく減少するまたは発注を取り消すこと

・　取引の相手方に対し、債務超過等業績が不振な会社の振り出した手形、手形サイトが著しく長い手形等の支払期日までに一般の金融機関による割引を受けることが困難な手形を交付し、通常よりも割高な割引料を負担させること

・　取引の相手方に対し掛け売りに伴う債権保全のために必要な金額を超えた、著しく高額な保証金を一方的に定め、当該保証金を預託させること

・　取引の相手方が納期までに納品できなかった場合または取引の相手方が納入した商品に瑕疵があった場合に、当該取引の相手方に対して課すペナルティについて、その額や算出根拠等について当該取引の相手方と十分協議することなく一方的に定め、納品されて販売していれば得られた利益相当額または当該瑕疵がなければ得られた利益相当額を超える額を負担させること

（松本　貴志）

Ⅲ 仲介事業者が遵守すべき事項

Q5-3-1 仲介事業者とフリーランスとの取引

 フリーランスと取引する仲介事業者とは、どのような事業をする者を指すのでしょうか。

A 仲介事業者とは、特定のサービスの提供者（フリーランス）と利用者（事業者・消費者）との間の取引を仲介することを業とする事業者を指します。

1 仲介事業者とは

　フリーランスは、事業機会を獲得して収入を得るために、仲介事業者を利用することがあります。たとえば、ライドシェアサービスでは、フリーランスであるドライバーと消費者との間の取引を仲介する事業者がありますし（ただし日本では、現状、一般ドライバーによる有償のライドシェアサービスは、道路運送法78条によって原則禁止されています）、料理の宅配サービスでは、料理店、消費者、および料理を宅配するフリーランスの三者間の取引を仲介する事業者が業容を拡大しています。このほか、語学や料理、楽器演奏、IT技術などの講師（フリーランス）と消費者を仲介したり、技術を必要とする事業者とエンジニア（フリーランス）を仲介したりというように、特定のサービスの提供者（フリーランス）と利用者（事業者・消費者）との間の取引をとりもつ事業者が急増しています。

　このような、特定のサービスの提供者と利用者をマッチングさせて取引の仲介をする事業者を、フリーランス指針では「仲介事業者」と定義しています。

2　デジタル・プラットフォーム事業者

　スマートフォンのアプリなどによって仲介サービスの利用者が増加したことにより、仲介事業者の中には事業規模が急速に拡大したものもあります。特定の仲介サービスについて知名度や利便性が向上し、寡占化が進むと、デジタル・プラットフォーム事業者と呼ばれる仲介事業者が出現するようになりました。フリーランス指針では、デジタル・プラットフォーム事業者の定義を「情報通信技術やデータを活用して第三者にオンラインのサービスの『場』を提供し、そこに異なる複数の利用者層が存在する多面市場を形成し、いわゆる間接ネットワーク効果が働くという特徴を有するもの」と定義しています。

　間接ネットワーク効果とは、「多面市場において、一方の市場におけるサービスにおいて利用者が増えれば増えるほど、他方の市場におけるサービスの効用が高まる効果」をいいます。特定のサービスの利用者が、最も選択肢が充実し、検索も容易で、かつ価格も安い仲介事業者を選択するようになれば、当該サービスを提供するフリーランスのほうでも、当該仲介事業者に登録しておくことが、自らの事業機会を増やすのに最適だと考えるようになります。サービスの提供者・利用者の双方が質的および量的に充実してくると、さらに多くの提供者・利用者がこの市場に集まってきます。間接ネットワーク効果とは、簡単にいえばこのような効果を指します。

　間接ネットワーク効果が高まると、特定のサービスに関する寡占が進みますので、仲介サービスの利用者（特にフリーランスなどサービスの提供者）に対し、デジタル・プラットフォーム事業者は取引上優越した地位に立つようになります。こうなると、デジタル・プラットフォーム事業者がその地位を利用して、フリーランスに対し、不当な内容の取引条件を提示してくるおそれが出てきます（Q5-3-2参照）。

（岩野　高明）

Q5-3-2 規約の変更による取引条件の一方的な変更

 仲介事業者が優越的地位を得ることによって、どのような懸念が生じるでしょうか。

A 仲介事業者が優越的地位を得ると、①フリーランスから仲介事業者に支払われる手数料が引き上げられる、②フリーランスに対し、新しいサービスの利用を義務化してその利用手数料を設定する、③発注事業者からフリーランスに支払われる報酬が減るなど、フリーランスにとって不利な内容に取引条件が変更される懸念が出てきます。仲介事業者によるこれらの行為は、優越的な地位の濫用（独禁法2条9項5号ハ）に該当し得るとされています。

1　仲介サービスと規約

　仲介事業者は、通常、仲介サービスに関する規約を策定しており、これによって仲介事業者とサービスの提供者（フリーランスなど）、および仲介事業者とサービスの利用者（消費者・事業者）との間の取引の条件を定めています。仲介事業者と仲介サービスの利用者（特定のサービスの提供者・利用者）との間の契約には、この規約が適用されることになります。仲介事業者は、その提供する「場」をより魅力的なものとするために、特定のサービスの利用者にポイントなどの特典を付与してその便益を高める一方、フリーランスなど当該サービスの提供者からは手数料等の金銭を徴収しています。

2　規約の変更による不利益と優越的な地位の濫用

　このような状況において、仲介事業者、特に、デジタル・プラットフォーム事業者が、仲介サービスの規約を一方的に変更することにより、フリーランスの利益が不当に害されることが懸念されています。

　フリーランス指針では、①フリーランスから仲介事業者に支払われる手数料が引き上げられる場合、②フリーランスに対し、新しいサービスの利用を

義務化してその利用手数料を設定する場合、③発注事業者からフリーランスに支払われる報酬が減る場合などが例示されています。そして、このような規約の変更を一方的に行うことにより、仲介事業者がフリーランスに対し、正常な商慣習に照らして不当に不利益を与える場合には、優越的な地位の濫用（独禁法2条9項5号ハ）に該当し得るとしています。

　その判断にあたっては、①規約の変更によってフリーランスが被る不利益の内容、②規約を変更する合理的な理由の有無、③規約変更の通知から実施までの期間、④新しいサービスの利用にあたって新規システム等の導入が必要な場合、導入する利益がないにもかかわらず、仲介サービスの利用を継続するためにその導入等に伴う不利益を受け入れざるを得ないフリーランスの数等を勘案して総合的に判断する、としています。

　なお、フリーランス指針は、仲介事業者の行為が独禁法上問題となり得るのは、「規約の変更による取引条件の一方的な変更」に限られるものではないとも指摘しています。たとえば、ある仲介事業者がフリーランスに対し、競合する他の仲介事業者に登録することを禁止したり、取引を開始するに際して他の仲介事業者と取引しないことを条件としたりする場合には、同法違反の問題が生じるでしょう。

（岩野　高明）

IV　現行法上「雇用」に該当する場合の判断基準

Q 5-4-1　フリーランスに労働関係法令が適用される場合

Q 　フリーランスに労働関係法令が適用される場合がありますか。適用されるのであれば、それはどのような法律ですか。

A 　労務提供の実態から、労基法の「労働者」や、労組法の「労働者」に当たると判断されることがあります。前者に該当する場合には、そのほかにも最賃法や安衛法、労契法、労災法などが適用されます。

　フリーランスは、発注業者との契約関係が請負契約や準委任契約であることを前提とする働き方ですが、労働関係法令の適用にあたっては、契約の形式や名称ではなく、働き方の実態に基づいて、労基法や労組法が適用されるかどうか、つまり、当該フリーランスがこれらの法律に定める「労働者」に該当するかどうかが判断されます。

　労基法が規定する「労働者」（同法9条）と、労組法が規定する「労働者」（同法3条）は、まったく同じ概念ではなく、後者の概念は、前者より広いものと解されています。労基法の「労働者」に該当しない場合でも、労組法の「労働者」には該当する場合があり得るということです。そのような「労働者」は、労基法の保護を受けることはできませんが、労組法の保護を受けることはできるのです。

　仮に、フリーランスで働く者が、働き方の実態からみて労基法9条に規定する「労働者」に該当するのであれば、発注者との間では、労基法の労働時間や賃金のルールが適用されることになります。この場合、当該発注者と当該フリーランスとの間では、請負契約や準委任契約ではなく労働契約が締結されていると評価されますので、たとえば、フリーランスが働ける時間は原則として1日8時間までということになり、これを超えて発注者がフリーラ

ンスを働かせていた場合には、労基法（32条2項）違反になるとともに、当該フリーランスに対して割増賃金を支払う義務も生じます。一方的な請負契約等の解約は、労働者の解雇と評価されることになります。

　一方、あるフリーランスが労組法3条に規定する「労働者」に該当する場合には、当該フリーランスは、労働組合（多くの場合は個人加盟の合同労組）に加入することによって、発注者との間で団体交渉を行う権利をもつことになります。同一の発注者に対して同種の労務を提供するフリーランスが労働組合を結成し、当該発注者に対して集団で契約内容の見直しを求める場合などが典型です。フリーランスが労組法の「労働者」に該当するのであれば、発注者には団体交渉に応じる義務が生じますが、同法の「労働者」に該当しないのであれば、発注者には交渉に応じる義務はありません。

　なお、あるフリーランスが労基法の労働者と判断された場合、当該フリーランスには、同法以外にも、たとえば最賃法や、安衛法、労契法などが適用されることになります。また、労災法の適用対象にもなりますので、特に労働災害が起きた場合に、労働者性が肯定されるかどうかは実務上非常に重要になってきます。

（岩野　高明）

Q5-4-2　労基法における「労働者性」の判断基準

Q 労基法における「労働者性」の判断基準はどのようなものですか。

A 　①指揮監督下の労働といえるか、および②報酬の労務対償性があるかという2つの基準（「使用従属性」の基準）で一次的に判断されますが、これだけでは判断が難しい場合には、補充的な要素として、事業者性の有無や専属性の程度も考慮されます。

　労基法の労働者に該当するか（労働者性）は、①労働が他人の指揮監督下において行われているかどうか（指揮監督下の労働）、②報酬が指揮監督下の労働の対価として支払われているかどうか（報酬の労務対償性）、という2つの基準によって判断されます。フリーランス指針では、この2つの基準を合わせて「使用従属性」と呼んでいます。

　また、これに加え、労働者性の判断を補強する要素として、フリーランス指針では、㋐事業者性の有無、㋑専属性の程度の2つを考慮すべきだとしています。

「使用従属性」に関する判断基準〈一次的な判断基準〉

① 「指揮監督下の労働」であること（Q5-4-3～Q5-4-7）

　ⓐ 仕事の依頼、業務従事の指示等に対する諾否の自由の有無

　ⓑ 業務遂行上の指揮監督の有無

　ⓒ 拘束性の有無

　ⓓ 代替性の有無

② 「報酬の労務対償性」があること（Q5-4-8）

「労働者性」の判断を補強する要素〈補充的な判断要素〉

㋐ 事業者性の有無（Q5-4-9）

㋑ 専属性の程度（Q5-4-10）

（岩野　高明）

Q5-4-3 「指揮監督下の労働」とは

 Q 使用従属性の基準のうち、「指揮監督下の労働」といえるかどうかは、どのように判断されるのでしょうか。

A 指揮監督下の労働といえるかどうかは、ⓐ仕事の依頼や業務に従事すべき旨の指示等に対する諾否の自由の有無、ⓑ業務遂行上の指揮監督の有無、ⓒ時間的・場所的な拘束性の有無、ⓓ代替性の有無の4つの要素を総合して判断されます。

　指揮監督下の労働といえるかどうかに関しては、フリーランス指針は、さらに4つの判断要素を挙げています。ⓐ仕事の依頼や業務に従事すべき旨の指示等に対する諾否の自由の有無（Q5-4-4参照）、ⓑ業務遂行上の指揮監督の有無（Q5-4-5参照）、ⓒ時間的・場所的な拘束性の有無（Q5-4-6参照）、ⓓ代替性の有無（Q5-4-7参照）の4点です。

　これらの要素を勘案して、フリーランスの労務の提供が「指揮監督下の労働」といえるかどうかを判断するというわけです。

（岩野　高明）

Q5-4-4　仕事の依頼や業務に従事すべき旨の指示等に対する諾否の自由の有無

Q　「指揮監督下の労働といえるか」の判断要素である「仕事の依頼や業務に従事すべき旨の指示等に対する諾否の自由の有無」とはどのようなものでしょうか。

A　発注者からフリーランスに対して仕事の依頼や業務に関する指示が出された場合に、当該フリーランスがこれを受けるか否かを自ら決めることができるか、というものです。この諾否の自由は、発注者との契約において拒否することが可能とされているかどうかという形式的な問題ではなく、実際にフリーランスが依頼や指示を断ることができるように運用されているかどうかの問題です。

　指揮監督下の労働の判断要素ⓐ「仕事の依頼や業務に従事すべき旨の指示等に対する諾否の自由の有無」は、発注者からフリーランスに対して仕事の依頼や業務に関する指示が出された場合に、当該フリーランスがこれを受けるか否かを自ら決めることができるか、というものです。この諾否の自由は、発注者との契約において拒否することが可能とされているかどうかという形式的な問題ではなく、実際にフリーランスが依頼や指示を断ることができるように運用されているかどうかの問題です。依頼を断った場合に、以後の取引が継続されずにフリーランスの受注が危ぶまれるような事態がどの程度懸念されるかといった実質的な判断になるでしょう。フリーランスの生活が当該発注者からの報酬に大きく依存しているような場合には、当該フリーランスが当該発注者からの仕事の依頼を断ることは事実上不可能という場合があり得ます。

　もっとも、フリーランスがいくつかの作業で構成される特定の仕事を自由な判断で受注した場合に、これに含まれる個々の作業の依頼や指示を断ることができないからといって、直ちに「諾否の自由がない」と判断されるものではありません。当初の仕事を受注する際に、個々の作業に従事することは、

当然に予定されているからです。

　また、フリーランスが特定の発注者との間で専属の下請契約を結んでいる場合には、当該発注者からの仕事の依頼を拒否できないことをもって直ちに「諾否の自由がない」と判断されるわけでもありません。専属契約によって諾否の自由が制限されることはあっても、専属契約を締結するかどうかの当初の判断について諾否の自由があれば、専属契約による制約は、フリーランスの自由な意思に基づいていると考えることができるからです。もっとも、専属契約の締結についてもフリーランスに諾否の自由がなかったような場合には、全体としても仕事の依頼等に対する諾否の自由が否定されることになるでしょう。

　さらに、建設工事などで、作業が他の職種との有機的な連続性をもって行われているため、業務従事の指示を拒否することが業務の性質上そもそもできないという場合も、これだけで「諾否の自由がない」ということにはなりません。個々の作業に従事することは、請負契約をした時点で当然に予定されているからです。

（岩野　高明）

Q5-4-5 業務遂行上の指揮監督の有無

 「指揮監督下の労働といえるか」の判断要素である「業務遂行上の指揮監督の有無」とはどのようなものでしょうか。

A 業務の内容や遂行方法について、フリーランスが発注者から具体的な指揮監督を受けているか、という観点からの考慮要素です。発注者からの指示は、大まかな作業内容や成果物の仕様、作業期間等に関するものに限られるべきであり、具体的で詳細な作業方法や作業の進め方は、発注者の指示に反しない範囲で、フリーランスが独自に判断できるようにしておく必要があります。

指揮監督下の労働の判断要素ⓑ「業務遂行上の指揮監督の有無」は、業務の内容や遂行方法について、発注者から具体的な指揮監督を受けているか、という基準です。本来、発注者とフリーランスは、互いに独立した事業主体として、対等な関係で取引の条件を取り決めることが期待されています。フリーランスという働き方は、スキルを要しない単純な労務の提供ではなく、相応の技能や知識、経験を基に仕事を受注し報酬を得るというスタイルを予定しているといえるでしょう。

そうであれば、発注者からの指示は、大まかな作業内容や成果物の仕様、作業期間等に関するものに限られるべきであり、具体的で詳細な作業方法や作業の進め方は、発注者の指示に反しない範囲で、フリーランスが独自に判断できるようにしておく必要があります。事細かに発注者がフリーランスに対して指示をし、当該指示にフリーランスを従わせている場合には、フリーランスの労務の提供は、発注者の指揮監督下の労働と評価される重要な要素になります。

たとえば、運送業務に関して、運送経路や出発時刻の管理を発注者がフリーランスに対して厳格に行っている場合には、フリーランスの業務の遂行は、発注者の指揮監督下で行われていると評価されやすくなりますし、また、本来の注文内容に予定されていない作業にフリーランスを従事させたうえ、

当該作業に対する報酬を支払わないような場合には、フリーランスの業務内容は、発注者の指揮の下に決定されていると評価されてしまいます。

（岩野　高明）

Q5-4-6 時間的・場所的な拘束性の有無

「指揮監督下の労働といえるか」の判断要素である「時間的・場所的な拘束性の有無」とはどのようなものでしょうか。

A フリーランスの働き方の自由度に対する制約という観点からの考慮要素です。労務提供の場所や時間が発注者によって決められていることは、フリーランスに対する発注者の影響力を強める事情です。

指揮監督下の労働の判断要素ⓒ「時間的・場所的な拘束性の有無」については、フリーランスの働き方の自由度に対する制約が問題になります。仕事をする時間や仕事の進め方については、基本的にはフリーランスが独立の事業主体としてその判断に基づき決めるべきだという考え方をベースにすると、労務提供の場所や時間が発注者によって決められていることは、フリーランスに対する発注者の影響力を強める事情だといえます。

ただし、発注した仕事の性質によっては、フリーランスの作業時間や作業場所を指定せざるを得ない場合もあるので、そのような場合には、拘束性を過度に重視するわけにもいきません。たとえば、建設工事などで、他の職種との工程を調整する必要があるために、事実上フリーランスの作業時間や作業場所が発注者によって指定されているような場合にまで、これらの拘束によって当該フリーランスが発注者の指揮監督下に置かれていると評価することは適切ではありません。

（岩野　高明）

Q5-4-7　代替性の有無

Q 「指揮監督下の労働といえるか」の判断要素である「代替性の有無」とはどのようなものでしょうか。

A 受注したフリーランスが自身に代わって他の者に仕事をさせることが認められているか、また、フリーランスが自分の判断で補助者を使うことを許されているかといった観点からの考慮要素です。

　指揮監督下の労働の判断要素⒟「代替性の有無」は、受注したフリーランスが自身に代わって他の者に仕事をさせることが認められているか、また、フリーランスが自分の判断で補助者を使うことを許されているかといった観点で判断します。ただし、労務の提供について代替性が認められないからといって、これにより直ちに指揮監督関係を認めやすくなるかというと、そうともいえません。発注者としては、受注するフリーランスのもつ固有の技能等に期待して仕事を発注することもあるでしょうし、実務においても、請負契約等においては、「受注者は発注者の承諾なく仕事を他人にさせてはならない」旨の取り決めをすることは、珍しいことではありません。むしろ、この判断基準は、代替性が認められている場合には、指揮監督関係を否定する要素として用いられます。

（岩野　高明）

Q5-4-8 報酬の労務対償性とは

Q 使用従属性の基準のうち、「報酬の労務対償性」があるといえるかどうかは、どのように判断されるのでしょうか。

A フリーランスに支払われる報酬が、仕事の成果や委託した業務を遂行したことへの対価ではなく、一定時間労務を提供したことの対価と評価できる場合には、報酬の労務対償性が肯定されやすくなります。

　報酬の労務対償性の基準は、発注者からフリーランスに支払われる報酬の性格が、発注者の指揮監督の下で一定時間労務を提供したことへの対価と評価できるかという観点による基準です。発注者とフリーランスとの間の契約が請負や準委任である場合には、本来、報酬は労務に従事した時間に応じて支払われるべきものではなく、仕事の成果や委任された事務を実際に遂行したか否かに応じて支払われるべきです。仕事の成果はそれほど重要ではなく、作業に従事した時間数に基づいて報酬が支払われている場合には、当該報酬は労務に従事したことへの対価と評価されやすくなります。これは、使用従属性を補強する要素になります。

　たとえば、一定の作業時間を超えた場合に、残業代に相当する追加の報酬がフリーランスに支払われていたり、日給や時給など、報酬の額が労務の提供時間に応じて計算されていたりすれば、当該事情は報酬の労務対償性を肯定する一つの要素となり得ます。フリーランスに仕事を発注する事業者としては、発注する業務の範囲を限定し、その遂行の程度を客観的に評価できるようにしておくべきでしょう。フリーランスに発注する業務は、雑多な作業ではなく、明確な成果を想定したものであるべきです。

（岩野　高明）

Q5-4-9　事業者性の有無とは

 労働者性を判断する際の補充的要素である「事業者性の有無」は、どのような事情が考慮されるのでしょうか。

 仕事に必要な機械、器具等を、発注者とフリーランスのどちらが負担しているか、また、フリーランスに支払われる報酬が高額かといった事情が考慮されます。

　使用者従属性は、Q5-4-2で示した①「指揮監督下の労働であること」および②「報酬の労務対償性があること」の基準に当てはめた評価を総合して判断されますが、これらの評価だけでは判断が難しい場合には、補充的な要素として、さらに⑦事業者性の有無や④専属性の程度が考慮されます。

　まず、⑦事業者性の有無に関しては、仕事に必要な機械、器具等を、発注者と受注者のどちらが負担しているかという事情が考慮されます。受注者が負担していれば、労基法の労働者性を否定する（事業者性を肯定する）方向になり、発注者が負担していれば、労働者性を肯定する方向に傾きます。また、フリーランスが受け取る報酬の額が高額である場合には、フリーランスのもつ特殊な技能や知識が評価されていることが推認されますので、これは労働者性を否定する要素になります。

（岩野　高明）

Q 5-4-10 専属性の程度とは

Q 労働者性を判断する際のもう一つの補充的要素である「専属性の程度」は、どのように評価されるのでしょうか。

A フリーランスが他の発注者からの仕事をどの程度受注しているかを評価します。フリーランスが特定の事業者から受注した仕事のみをし、他の事業者からはまったく仕事を受注していないのであれば、専属性が高いということになります。

　労働者性を判断する際のもう一つの補充的要素である⑦専属性の程度（フリーランスが特定の発注者のみから受注しているかどうか）に関しては、これが認められるからといって、直ちに労働者性が推定されるものではありません。実際、特定の発注者と対等の立場で専属的な契約を結んでいるフリーランスも少なからず存在します。

　ただし、他の発注者からの仕事を受注しないで専属的に労務を提供することが発注の条件になっている場合や、低い報酬で大量の仕事をフリーランスに請け負わせる結果、事実上フリーランスが他の事業者からの仕事を受注できない状況にあるような場合には、専属性の程度は労働者性を肯定する要素になり得ます。

　一方、専属性がないか、その程度が低い場合には、事業者性が認められることになるでしょう。たとえば、労働者として特定の会社に勤務しつつ、副業としてフリーランスで仕事をしている場合には、副業については労働者性が否定される可能性が高くなります。

（岩野　高明）

Q 5 - 4 -11　労組法における「労働者性」の判断基準

Q　労組法における「労働者性」の判断基準はどのようなものですか。

A　①事業組織への組み入れ、②契約内容の一方的・定型的決定、および③報酬の労務対価性という3つの「基本的判断要素」と、④業務の依頼に応ずべき関係、⑤広い意味での指揮監督下の労務提供や一定の時間的場所的拘束という「補充的判断要素」によって判断されます。また、労働者性を否定する方向の要素として、⑥顕著な事業者性が考慮されます。

1　労組法における「労働者性」の判断基準

　フリーランスの立場で発注者と業務委託契約などを締結している事業主体が労組法の「労働者」に該当するかという論点は、具体的には、そのような事業主体が集まって労働組合を結成したり、または個人加盟の労働組合に加入したりしたうえで、発注者に対して取引条件の改善等を求めて団体交渉を求めることができるか、という場面で問題となります。労組法の労働者性が認められるのであれば、発注者は交渉に応じなければなりませんが、これが認められないのであれば、発注者は交渉に応じる義務を負いません。

　実際の裁判では、劇場でオペラを主宰する財団法人とフリーランスの合唱団員の関係（国・中労委（新国立劇場運営財団）事件・最判平23・4・12民集65巻3号943頁）や、住宅設備機器の修理会社とフリーランスのカスタマーエンジニアの関係（国・中労委（INAXメンテナンス）事件・最判平23・4・12労判1026号27頁）、バイク便の運営会社とフリーランスの配達員の関係（国・中労委（ソクハイ）事件・東京地判平24・11・15労判1079号128頁）などが問題となりました。

　裁判所は、いずれの事案においても、これらのフリーランスが労組法の労働者に該当すると判断しましたが、判決では、必ずしも明確な判断基準を提示したわけではありません。そこで、フリーランス指針では、これらの判決

にみられる考慮要素（労働者性を肯定する方向の事情や、これを否定する方向の事情）を抽出したうえで、一定の判断の枠組みを策定しました。それが、以下に示す基本的判断要素（①～③）と補充的判断要素（④⑤）、並びに労働者性を否定する方向の消極的判断要素（⑥）です。

【基本的判断要素】（Q 5 - 4 -12）

① 事業組織への組み入れ

② 契約内容の一方的・定型的決定

③ 報酬の労務対価性

【補充的判断要素】（Q 5 - 4 -13）

④ 業務の依頼に応ずべき関係

⑤ 広い意味での指揮監督下の労務提供や一定の時間的場所的拘束

【消極的判断要素】（Q 5 - 4 -14）

⑥ 顕著な事業者性

（岩野　高明）

Q 5-4-12　基本的判断要素

基本的判断要素とはどのようなものでしょうか。

①事業組織への組み入れ、②契約内容の一方的・定型的決定、③報酬の労務対価性の３つの要素をいいます。これらの事情が認められるかどうかをそれぞれについて検討したうえで、労組法における労働者性が認められるかどうかを総合的に判断します。

1　事業組織への組み入れ

　基本的判断要素①「事業組織への組み入れ」というのは、労務供給者（フリーランス等）が発注者の業務の遂行に不可欠ないし枢要な労働力として組織内に確保されているか、という観点からの考慮要素です。たとえば、ある会社がその主要な事業に関する本来的な業務をフリーランスに恒常的に委託していたとします。この場合、フリーランスがいなくなると、この会社は主要な業務を遂行することがおよそ不可能になってしまうでしょうから、フリーランスはこの会社の事業組織に深く組み入れられているということができます。

　具体例を挙げれば、オペラの公演を主宰する法人が、出演する合唱団員の大半をフリーランスへの業務委託で恒常的に賄っているという場合には、これらのフリーランスがいなくなれば、当該法人がオペラを上演することはおよそ不可能ですので、フリーランスは当該法人の事業組織に組み入れられているといえそうです。また、バイク便の運送事業を営む会社が、配達要員の大半をフリーランスで賄っているという場合にも、これらのフリーランスがいなくなれば、当該会社は事業の運営ができなくなるでしょうから、同じことがいえます（判例についてはQ5-4-11参照）。

　上記の各事例では、合唱も、配達も、発注者の事業の運営には欠くことのできない業務であるところ、そのような不可欠な労働力を恒常的にフリーラ

ンスに依存している場合には、事業組織への組み入れが認められやすくなります。

　そのほか、発注者がフリーランスに対する評価制度や研修制度を設けていたり、業務地域や業務日を割り振っていたりするなど、その業務の遂行を管理していることや、発注者がフリーランスに制服や名刺などを貸し与えることにより、顧客等に対してフリーランスを発注者の組織の一部であるかのように表示していることなども、事業組織への組み入れを肯定する方向の事情になります。

2　契約内容の一方的、定型的決定

　次に、基本的判断要素②「契約内容の一方的・定型的決定」というのは、フリーランスの労働条件や提供する労務の内容に関する考慮要素です。取引の条件を発注者が一方的に決定し、フリーランスが取引条件を主体的に交渉することが困難であれば、強い立場にある発注者がその都合によってフリーランスに取引条件を受け入れさせている構図が窺えます。両者の関係は対等ではなく、発注者がフリーランスに対して優位に立っているという推認が働きます。発注者がフリーランスの報酬を一方的に決定し、交渉によって報酬額を決定した形跡がまったくみられないというような事情も、同じような評価を受けるでしょう。

3　報酬の労務対価性

　基本的判断要素③「報酬の労務対価性」というのは、フリーランスに対して支払われる報酬が、明確な成果に対するものではなく、労務提供の事実（特にその時間数）に対して支払われているとみることができるかどうか、という観点による考慮要素です。たとえば、報酬の額が労務の提供時間に比例して決まるような仕組みであったり、時間外労働手当や休日労働手当に準じるような報酬が支払われていたりすると、労務対価性が認められやすくなるでしょう。

（岩野　高明）

Q 5 - 4 -13　補充的判断要素

 補充的判断要素とはどのようなものでしょうか。

A　④業務の依頼に応ずべき関係、および⑤広い意味での指揮監督下の労務提供や一定の時間的場所的拘束の２つの要素をいいます。これらの事情は基本的判断要素に掲げた事情を補足するものと位置づけられます。

　補充的判断要素は、基本的判断要素に掲げた事情を補足するものと位置づけられます。まず、④「業務の依頼に応ずべき関係」が成立しているかどうかは、実際の運用状況から当事者双方の意識を推認することにより判断されます。個別の仕事の依頼をフリーランスが断るケースがまったくない、もしくはほとんどないという運用がみられるのであれば、それは、フリーランスにおいて「仕事の依頼を拒否できない」という意識をもっていることが推認されます。また、依頼を断られることが実態としてないのであれば、発注者のほうでも、「まさか相手方が断ることはないだろう」という意識の下で発注するようになるでしょう。このような共通認識が醸成されている場合には、両者の間には、業務の依頼に応ずべき関係が成立していると評価することができます。

　また、発注者とフリーランスとの間の契約条項に、「特段の理由がなくても当事者の一方の判断で契約を更新せずに終了させることができる」という取り決めがある場合にも、上記のような関係を肯定しやすくなります。契約が更新されないリスクを考えると、フリーランスとしては仕事の依頼を断ることを躊躇してしまいます。そうなると、両者の関係は対等とはいえなくなってきます。

　⑤「広い意味での指揮監督下の労務提供や一定の時間的場所的拘束」のうち、指揮監督下の労務提供というのは、業務について直接かつ具体的に指揮監督を受けなくても、たとえば、フリーランスがマニュアル等により作業手

順や接客態度等につき発注者から指示を受けているか、また、業務終了時に
フリーランスが発注者に対して報告することを求められているか、といった
広義の監督下にあるかどうかの基準です。これは、労基法の労働者性の判断
で問題とされる指揮監督より広い概念と考えてよいでしょう。

　時間的場所的拘束というのは、文字どおり、業務を遂行するのにフリーラ
ンスが場所的または時間的な拘束を受けるかという考慮要素です。業務量や
労務提供の日時、場所についてフリーランスの側で裁量の余地がないような
場合には、労組法の労働者性が肯定されやすくなります。

（岩野　高明）

5-4-14 消極的判断要素

 消極的判断要素とはどのようなものでしょうか。

⑥顕著な事業者性が認められることを指します。この判断要素が肯定される場合には、労働者性を弱める事情として評価されます。

　消極的判断要素である⑥「顕著な事業者性」は、フリーランスが実態としても発注者と対等の立場で契約内容について交渉することが可能であるような場合や、自ら仕事を取捨選択して受注できる環境にあるような場合に認められやすいでしょう。このような場合には、報酬も労働力の提供の対価とはいえないことから、労働者性を弱める方向で評価されます。

　フリーランスの中にも、特殊な技能や知識を駆使しつつ、発注者と対等以上の立場で契約内容について交渉し、収入を得ている人は少なくありません。特定の発注者からの仕事に縛られず、取引の相手方を自由に選べるような立場のフリーランスについては、労組法による保護の必要性が高いとはいえません。

　顕著な事業者性を認め得る事情としては、このほか、受託した業務を他人に代行させることができる場合や、フリーランスの仕事が副業であり、ほかに本業として他社に雇われている場合、仕事に費やす時間に比較して、相当に多額の報酬を得ている場合などが挙げられます。

（岩野　高明）

【参考資料 5】　フリーランス契約書ひな型

契約書

甲及び乙は、甲が乙に対し、以下の業務を依頼するにあたり、次のとおり契約を締結する。

1．発注内容　※ 1
　(1)　XXXXXX
　　　※ 2　知的財産権が発注内容に含まれる場合
　(2)　規格・仕様
　　　※ 3
　　　□　別に資料あり（　　　　　　　　　　）
　(3)　納入方法・納入場所　※ 4
　　　（　　　　　　　　　　　　　　　　　　　　　　　　　）

2．納期等
　(1)　納期　　　　　XX 年 XX 月 XX 日　※ 5
　(2)　検査完了日　　XX 年 XX 月 XX 日

3．報酬の額
　・金〇〇〇円（消費税等別）　　　※ 6
　※ 諸経費は、甲の負担とする。
　※ 中途で終了した場合でも、実施割合・機能に相当する報酬を支払う。

4．支払期日　※ 7
　□　一括払い
　　　本業務の遂行が完了した月の翌月末日　／　XX 年 XX 月 XX 日
　□　分割払い
　　　①　対価の＿＿＿%　契約締結日の属する月の翌月末日
　　　　　　　　　　　／　XX 年 XX 月 XX 日
　　　②　対価の＿＿＿%　XX 年 XX 月 XX 日

③ 残額 　　　　本業務の遂行が完了した月の翌月末日

　　　　　　　　　　／ XX 年 XX 月 XX 日

５．支払方法

　　乙が指定する金融機関口座に振り込み支払う。振込手数料は、甲の負担とする。

６．その他特記事項

XXXX 年 XX 月 XX 日

甲　東京都千代田区 XXX1－2－3　　　乙　東京都千代田区 XXX4－5－6

　　○○株式会社

　　代表取締役　○○　○○　　　　　　　　△△　△△

※１　発注の内容・規格について

・委託された業務の内容は様々。

・発注の内容には、注文品や作業の内容が十分理解できるよう、できる限り具体的に記載する。以下一例として挙げる。

例１：製造加工

(1) PS-1 の製作

(2) 規格・仕様

　　　　型式：PS-1

　　　　数量：1

　　　　製品番号：570863-2

　　　　☑　別に資料あり（　図面番号 IE-PS-122102、検査事項表　　　　）

(3) 納入方法

　　　　（○○○株式会社 東京営業所（東京都 XXXXXX 1-2-3）3 号棟）

例２：原稿作成

(1) 発注内容

　　　・甲が運営する WEB メディア XX に掲載する○○に関する原稿の作成

　　　・前号に伴う取材、写真撮影、画像データの提供、その他付帯する業務

(2) 規格・仕様

　　　　使用媒体：WEB メディア XX

　　　　分量　　：　・キャッチコピー　1 本（XX 字以内）

　　　　　　　　　　・小見出し 2 本（各 XX 字以内）

　　　　　　　　　　・本文（3,000字以上 5,000字以内）

　　　　納品形式：.word ファイル形式

　　　　納品方法：甲が指定する電子メールアドレスに添付する方法による

　　　　修正指示：〇回まで（1 回あたり金〇〇円（消費税等除く））

例 3 ：イラストの作成

　(1)　発注内容

　　・甲が提供する XX ソーシャルゲームに利用するイラストの作成

　(2)　規格・仕様

　　　　使用媒体：XXX のポスター（〇〇枚掲出）、WEB サイト「XXX」への

　　　　　　　　　　掲載

　　　　数量　　：

　　　　納品形式：.psd ファイル形式（〇〇 dpi）

　　　　ラフスケッチ（下書き）提出後のリテイク：〇回まで（1 回あたり金〇〇

　　　　円（消費税等除く））

　(3)　納品方法

　　　　ラフスケッチを確認の上、本制作に取り掛かる。納品は、本目的物の

　　　　データが記録された CD-ROM を郵送する方法による

例 4 ：カメラ撮影

　(1)　発注内容

　　　　甲が発行する雑誌 ZZZ の表紙に掲載する写真の撮影

　(2)　規格・仕様

　　　　使用媒体：ZZZ パンフレットの表紙として掲載（〇部発行）

　　　　数量　　：　　枚

　　　　納品方法：ネガフィルムを持参する方法による

　　　　レタッチ　有り ・ 無し

例 5 ：コンサルタント

　(1)　発注内容

　　　　XXX に関する助言・指導

　(2)　規格・仕様

　　　　・電子メール又は電話による XXX に関する指導・助言（月〇時間まで）

　　　（上記時間を超える場合は、1 時間あたり XXX 円（端数切り上げ。消費税等除く））

　　　　・XXX に関する知識・技術・ノウハウの提供のための研修の実施（月〇回）

（上記回数を超える場合は、1回あたり XXX 円（消費税等除く））

例6：絵コンテ・レイアウト・原画・動画等

作品名・話数	第　　　話		
発注日	年　　月　　日		
作品仕様	媒体：テレビ放送・ビデオグラム・劇場上映・配信 画質：SD・HD・4K その他の品質（　　　　　　　　　　　　　　　　）		
委託業務	絵コンテ・レイアウト・原画・動画・背景制作 その他（　　　　　　　　　　　　　　）		
業務内容・仕様	※作業等の内容が十分に理解できるように記入		
提供材料		提供日	年　　月　　日
受領（納品）予定日	年　　月　　日	受領（納品）場所	発注者の住所・その他（　　　　　　　　）
検査完了予定日	年　　月　受領（納品日）より●日以内	検査方法	※検査の基準・方法、検査者を記入

※この発注書に記載されていない項目は、●年●月●日までに、（書類名）を補助書面として発行し、通知します。

単価	・　　　　　　　円（消費税等別） ・別紙単価表（　　年　　月　　日発行）による		
発注数量	（　　　　　エピソード・カット・秒・枚・時間／人）	支払い予定金額・算出方法	円 （消費税等除く） ●●×●●
支払期日	日締め　　　日払い	支払い方法	現金・手形・ （その他　　　　　　　　）

※2　発注内容に知的財産権が含まれる場合

・知的財産権が発注内容に含まれ、これを譲渡し又は許諾する場合には、譲渡する権利の範囲、許諾する範囲を記載する必要がある。

例1　譲渡する場合

①　著作者人格権の不行使は合意していない場合

「発注の作成過程において発生する XXX に関する著作権（著作権法第 27 条及び第 28 条に定める権利も含む。）については、発注内容に含み、貴社に譲渡します。」

②　著作者人格権の不行使を合意している場合

「発注の作成過程において発生する XXX に関する著作権（著作権法第 27

条及び第 28 条に定める権利も含む。）については、発注内容に含み、貴社に譲渡します。また、XXX に関して、著作者人格権を貴社に対して行使しないものとします。」

　　例 2　許諾する場合

　　　①：パンフレット等に、本業務の成果であるコラムやイラストを掲載する場合

　　　以下の範囲に限り、納品物の利用を認めます。

　　　目的　　　　　　：印刷物の掲出

　　　印刷物の名称　：XXX

　　　掲出期間　　　：XX 年 XX 月 XX 日から YY 年 YY 月 YY 日まで

　　　印刷部数　　　：XXXX

　　　②：WEB サイトに、本業務の成果である写真や文章を掲載する場合以下の範囲に限り、納品物の利用を認めます。

　　　目的　　　：甲が運営する WEB サイトへの掲載

　　　WEB　　　：サイトの名称：XXXX

　　　URL　　　：https://・・・

　　　掲載期間：XX 年 XX 月 XX 日から YY 年 YY 月 YY 日まで

※ 3　規格・仕様について

　(1)　別に内容を詳細に記載した書面を交付している場合には、その旨を記載する。

　　例：〇年〇月〇日付「型式 DLSS に関する仕様書」

　(2)　納品時のチェック項目リストがある場合には、その旨を記載する。

※ 4　納入方法・納入場所

　1．記載例

　　　例 1

　　　　　甲の指定するウェブサーバー（https://www.XXXX.com/YY/）に PSD 形式でアップロードすることによる

　　　例 2

　　　　　電磁的記録媒体に doc 形式で記録し、当該電磁的記録媒体を、甲の本社 XX 課へ持参することによる

　　　例 3

　　　　　AI データで、甲の指定する電子メールアドレス（ABC@YYY.ne.jp）に添付する方法による

2．下請代金支払遅延等防止法の適用のある取引の場合、納入場所も記載する必要がある。

　　たとえば、例①の場合、指定するウェブサーバーの場所（ここでは、https://www.XXXX.com/YY/）の記載が、また、例②の場合には、具体的に持参する場所（ここでは、甲の本社 XX 課）の記載が必要となる。例③の場合には、電子メールアドレス（ここでは、ABC@YYY.ne.jp）を記載すれば足りる。

　　もっとも、商品のサポートサービス業務のように、委託内容から場所の特定が不可能な役務を委託する場合には、場所の記載をする必要はない。

※5　納期について

・役務を提供する場合で、1日だけでなく、相当期間に渡って提供するときには、
「委託期間 ○○年○○月○○日から○○年△△月△△日」
のように、役務を提供する期間を具体的に記入する。

※6　報酬の額について

(1)　単価表に従い、要した分だけ請求できるとすることも考えられる。

　　例1：

	作業内容	単価（1時間あたり）
1	作業 A	○○円（消費税等除く）
2	作業 B	○○円（消費税等除く）
3	作業 C	○○円（消費税等除く）

　　例2

	担当者	単価（1時間あたり）
1	専門研究員 A	○○円（消費税等除く）
2	専門研究員 B	○○円（消費税等除く）
3	専門研究員 C	○○円（消費税等除く）

　　例3：1字あたり○○円（消費税等除く）

(2)　知的財産権が発注内容に含まれる場合で、これを譲渡するときは、報酬には、作業の対価のほか、著作権に関する対価も含めること。

　　例1－1：報酬に含まれるとする場合

　　　　　金○○円（うち、著作権に関する対価○○円）

　　　　　（※いずれも消費税等を除く）

　　例1－2：報酬に含まれるとする場合

　　　　　　　　　金○○円（著作権に関する対価を含む）（消費税等除く）

　　例2：報酬とは別に対価を要する場合

　　　　報酬　　　　　　　　　：○○円（消費税等除く）

　　　　著作権に関する対価　：○○円（消費税等除く）

(3)　知的財産権が発注内容に含まれる場合で、<u>これの利用を許諾するときは、報酬には、作業の対価のほか、許諾の対価も含めること。</u>

　　例1：

　　　　報酬　　　：○○円（消費税等除く）

　　　　許諾の対価（○年○月○日～○年○月○日までの利用）

　　　　　　　　　：○○円（消費税等除く）

　　例2：

　　　　報酬　　　：○○円（消費税等除く）

　　　　（○年○月○日～○年○月○日までの利用許諾の対価を含む）

※7　支払期日について

・下請代金支払遅延等防止法が適用される取引の場合は、役務等を提供した日から60日を超えて支払期日を設定した場合違反になる点に注意すること。

契約書の記載例

契約書（サンプル）

甲及び乙は、甲が乙に対し、以下の業務を依頼するにあたり、次のとおり契約を締結する。

1．発注内容

(1)　・雑誌「YYYY」に掲載する＊＊＊＊に関するコラムのための原稿の執筆

(2)　規格・仕様

　　掲載媒体：雑誌「YYYY」

　　分量　　：3,000字以上5,000字以内

　　タイトル：15字以内

　　修正指示：2回まで（1回あたり金1,000円（消費税等除く））

　　　☑　　別に資料あり（　「執筆要項」（2020年 6 月改定版のもの）　）
　(3)　納入方法
　　　納品形式：.word ファイル形式
　　　納品方法：甲が指定する電子メールアドレスに添付し送信する方法によ
　　　　　　　　る

２．納期等
　(1)　納期　2021年 2 月28日
　　　　　　　（第 1 回〆切：2020年12月31日、第 2 回〆切：2021年 1 月31日）
　(2)　検査完了日　2021年 3 月15日

３．報酬の額
　・金 50,000円（消費税等別）
　・著作権を甲に譲渡する場合は、著作権に関する対価として、別途金15,000
　　円
　　　※ 諸経費は、甲の負担とする。
　　　~~※ 中途で終了した場合でも、実施割合・機能に相当する報酬を支払う。~~

４．支払期日
　　☑　　一括払い
　　　　~~本業務の遂行が完了した月の翌月末日~~　／　2021年 3 月31日
　　□　　分割払い
　　□　　分割払い
　　　　①　対価の＿＿＿％　契約締結日の属する月の翌月末日
　　　　　　　　　　　　　／　XX 年 XX 月 XX 日
　　　　②　対価の＿＿＿％　XX 年 XX 月 XX 日
　　　　③　残額　　　　　　本業務の遂行が完了した月の翌月末日
　　　　　　　　　　　　　／ XX 年 XX 月 XX 日

５．支払方法
　　　乙が指定する金融機関口座に振り込み支払う。振込手数料は、甲の負担
　　とする。

６．その他特記事項

2020年12月 1 日

甲　東京都千代田区 XXX 1 － 2 － 3　　乙　東京都千代田区 XXX 4 － 5 － 6
　　〇〇出版株式会社
　　代表取締役　〇〇　〇〇　　　　　　　△△　△△

出典：フリーランス指針

《編者》

ロア・ユナイテッド法律事務所

［所在地］　〒105−0001　東京都港区虎ノ門1−1−23

虎ノ門東宝ビル9階

Tel：03−3592−1791(代)　Fax：03−3592−1793

URL：www.loi.gr.jp

〈メルマガ登録のお勧め〉

　ロア・ユナイテッド法律事務所では、人事労務全般にわたる諸問題について、メルマガ登録をしていただいた方に、毎月メルマガを発信させていただいております。ご希望の方は、下記URLの説明に沿ってお申込みをお待ちしております。

https://www.loi.gr.jp/bookseminar/register/

＊執筆者は、全員ロア・ユナイテッド法律事務所所属

《編者代表・略歴》

岩出　　誠（いわで　まこと、弁護士）［代表パートナー］

［略歴］

昭和44年　都立日比谷高校卒業

　　48年　千葉大学人文学部法経学科法律専攻卒業

　　　　　東京大学大学院法学政治研究科入学（労働法専攻）

　　　　　司法試験合格

　　50年　同研究科を修了、司法研修所入所

　　52年　同所修了

　　61年　岩出綜合法律事務所を開設

平成8年　千葉県女性センター運営委員に就任

　　10年　柏市男女共同参画推進審議会会長に就任（〜平成14年3月）

　　　　　東京簡易裁判所調停委員に就任

　　13年　厚生労働省労働政策審議会労働条件分科会公益代表委員に就任

（〜平成年4月）

　　　　　ロア・ユナイテッド法律事務所に改組

　　17年　青山学院大学大学院ビジネス法務専攻講師（労働法）に就任

　　18年　首都大学東京（現・東京都立大学）法科大学院講師（労働法）、

　　　　　青山学院大学客員教授に各就任任（〜平成30年3月）

19年　千葉大学法科大学院講師（労働法）に就任

　　　人事院職員福祉局補償課精神疾患等認定基準研究会委員に就任

20年　千葉大学法科大学客員教授に就任（〜平成29年3月）

22年　東京地方裁判所調停委員に就任

　　　厚生労働省「外ぼう障害に係る障害等級の見直しに関する専門検討会」

　　　専門委員就任

26年　千葉県職員セクハラ・パワハラ相談等処理アドバイザー

30年　明治学院大学客員教授就任

令和2年　日弁連労働法制委員会委員

[主な著書・論文]

〈著書〉『注釈　労働組合法（上・下）』（共著、有斐閣）、『第3版・労使関係の法律相談』（共著、有斐閣）、『注釈労働時間法』（共著、有斐閣）、『注釈　労働基準法（上・下）』（共著、有斐閣）、『労働法実務大系〔第2版〕』（民事法研究会）、『実務　労働法講義（上・下）〔第3版〕』（民事法研究会）、『労災民事賠償マニュアル　申請、認定から訴訟まで』（ぎょうせい）、『論点・争点　現代労働法〔改訂増補版〕』（編著、民事法研究会）、『判例にみる労務トラブル解決のための方法・文例』（編著、中央経済社）、『会社と社員の法律相談（岩出誠ほか編著、学陽書房）、『働く人のための法律相談』（編著、青林書院）、『改正労働法への対応と就業規則改訂の実務』（日本法令）、『労働事件実務マニュアル』（編著、ぎょうせい）、『会社分割における労働契約承継法の実務Q&A』（共著、日本法令）、『雇用機会均等法・育児介護休業法』（共著、中央経済社）、『労基法・派遣法の改正点と企業の実務対応』（日本法令）、『詳解・労基法改正点と企業実務のすべて』（日本法令）、『社員の健康管理と使用者責任』（労働調査会）、『人材ビジネスの法務』（編著、第一法規）、『職場のトラブル解決の手引き』（共著、日本労働研究機構・改訂）、『労働安全衛生法・労災保険法等の改正点と企業の実務対応』（日本法令）、『労働契約法・改正労基法の個別的論点整理と企業の実務対応』（日本法令）、『労働契約法って何？』（共著、労務行政）、『Q&A労働契約法・パートタイム労働法等の要点』（共著、新日本法規）、『変貌する労働と社会システム』（共著、信山社）、ほか多数。

〈論文〉「従業員の健康管理をめぐる法的諸問題」日本労働研究雑誌441号12頁、「雇用・就職情報誌への法的規制をめぐる諸問題」ジュリスト850号82頁、「脳・心臓疾患等の労災認定基準改正の与える影響」ジュリスト1069号47頁、「パワハラによる自殺と企業の賠償責任」ダイバーシティ21・2010／秋第2号12頁、「派遣元・派遣先に求められる実務対応」ビジネスロー・ジャーナル29号38頁、「会社分割に伴う労働契約承継手続と同手続違反の効果—日本アイ・ビー・エム事件—」商事法

務1915号4頁、「偽装請負的態様で就労中の派遣労働者の過労自殺と企業責任」ジュ
リスト1414号252頁、ほか多数。

《執筆者》

村林　俊行（むらばやし　としゆき、弁護士）[パートナー弁護士]
中央大学法学部法律学科卒業
平成9年弁護士登録
青山学院大学大学院ビジネス法務専攻講師（労働法担当、平成18〜29年度）
東京弁護士会副会長（令和元年度）
[著作]『未払い残業代をめぐる法律と実務』（編著、日本加除出版）、『解雇事例を
めぐる弁護士業務ガイド』（編著、三協法規出版）、『有期契約社員の無期転換制度
実務対応のすべて』（編著、日本加除出版）、『労災民事賠償マニュアル』（共著、
ぎょうせい）、『新・労働法実務相談』（共著、労務行政・共著）、ほか多数。

石居　　茜（いしい　あかね、弁護士）[パートナー弁護士]
同志社大学大学院法学研究科修了
平成14年弁護士登録
[著作]『会社と社員の法律相談』（共著、学陽書房）、『人材サービスの実務』（共著、
第一法規出版）、『論点・争点・現代労働法』（共著、民事法研究会）、『Q&A労働
契約法の解説』（共著、ぎょうせい）、『労災民事訴訟の実務』（共著、ぎょうせい）、
『労働訴訟手続法』（共著、青林書院）、ほか多数。

木原　康雄（きはら　やすお、弁護士）[パートナー弁護士]
早稲田大学法学部卒業
平成15年弁護士登録
[著作]『人材サービスの実務』（共著、第一法規）、『労働事件—立証と証拠収集〔改
訂版〕』（共著、創耕舎）、『労災民事賠償マニュアル』（共著、ぎょうせい）、『メン
タルヘルスの法律問題』（共著、青林書院）、『事例で学ぶ労働問題対応のための民
法基礎講座』（共著、日本法令）、ほか多数。

岩野　高明（いわの　たかあき、弁護士）
早稲田大学法学部卒業
平成19年弁護士登録

[著作]『第3版　新・労働法実務相談　職場トラブル解決のための Q&A』（共著、労務行政研究所）、『労災の法律相談』（共著、青林書院）『最新整理　働き方改革関連法と省令・ガイドラインの解説』（共著、日本加除出版）、『労働事件　立証と証拠収集〔改訂版〕』（共著、創耕舎）、『労災民事賠償マニュアル　申請、認定から訴訟まで』（共著、ぎょうせい）、『実務 Q&A シリーズ　懲戒処分・解雇』（共著、労務行政）、『アルバイト・パートのトラブル相談 Q&A』（共著、民事法研究会）、ほか。「労政時報」「ビジネスガイド」の専門誌等への寄稿多数。

難波　知子（なんば　ともこ、弁護士）

首都大学東京（現・東京都立大学）大学院社会科学研究科法曹養成専攻修了

平成20年弁護士登録

東京都港区法律相談委員

[著作]『新型コロナ対応　人事・労務の実務Ｑ＆Ａ』（共著、民事法研究会）、『第3版　新・労働法実務相談　職場トラブル解決のための Q&A』（共著、労務行政）、『労災の法律相談』（共著、青林書院）、『労働事件立証と証拠収集〔改訂版〕』（共著、創耕舎）、『人事労務担当者の疑問に答える平成30年改正労働基準法』（共著、第一法規）、『労災民事賠償マニュアル』（共著、ぎょうせい）、ほか。

中村　仁恒（なかむら　よしひさ、弁護士）

早稲田大学法学部卒業、早稲田大学法科大学院修了

平成27年弁護士登録

東京都港区法律相談委員

東京弁護士会労働法制特別委員会委員

[著作]『実務 Q&A シリーズ　懲戒処分・解雇』（共著、労務行政）、『実務 Q&A シリーズ　募集・採用・内定・入社・試用期間』（共著、労務行政）、『人材サービスの実務』（共著、第一法規）、『証拠収集実務マニュアル　第3版』（共著、ぎょうせい）ほか。「労政時報」等専門誌への寄稿多数。

織田　康嗣（おだ　やすつぐ、弁護士）

中央大学法学部卒業、中央大学法科大学院修了

平成29年弁護士登録

東京弁護士会労働法制特別委員会幹事

[著作]『最新整理　働き方改革関連法と省令・ガイドラインの解説』（共著、日本

加除出版）、『労災の法律相談』（共著、青林書院）、『働き方改革関連法判例解釈で
ひもとく改正法解説と企業対応策』（共著、清文社）、『新労働事件実務マニュアル
〔第 5 版〕』（共著、ぎょうせい）、『労働契約法のしくみと企業対応 Q&A』（共著、ぎょ
うせい）、『実務 Q&A シリーズ　退職・再雇用・定年延長』（共著、労務行政研究所）
ほか。

中野　博和（なかの　ひろかず、弁護士）

中央大学法学部卒業、中央大学法科大学院修了
平成30年弁護士登録
東京弁護士会労働法制特別委員会委員
[著作]『労災の法律相談』（共著、青林書院）、『新・労働法実務相談〔第 3 版〕』（共
著、労務行政）、『新労働事件実務マニュアル〔第 5 版〕』（共著、ぎょうせい）、『労
働契約法のしくみと企業対応 Q&A』（共著、ぎょうせい）などがある。

松本貴志（まつもと　たかし、弁護士）

中央大学法学部卒業、千葉大学大学院法科大学院修了
令和 2 年弁護士登録
[著作]『実務 Q&A シリーズ　退職・再雇用・定年延長』（共著、労務行政研究所）

岩楯めぐみ（いわだて　めぐみ、特定社会保険労務士）

[社会保険労務士事務所岩楯人事労務コンサルティング代表]
平成27年　ロア・ユナイテッド法律事務所客員特定社会保険労務士
[著作]『アルバイト・パートのトラブル相談 Q&A』（共著、民事法研究会）、『実
務 Q&A シリーズ　募集・採用・内定・入社・試用期間』（共著、労務行政）、『最
新整理　働き方改革関連法と省令・ガイドラインの解説』（共著、日本加除出版）、
『労災の法律相談』（共著、青林書院）、ほか。

テレワーク・フリーランスの労務・業務管理Q&A

令和4年1月20日　第1刷発行

定価　本体 3,200円＋税

編　者　ロア・ユナイテッド法律事務所
　　　　編集代表　岩出　誠
発　行　株式会社　民事法研究会
印　刷　株式会社　太平印刷社

発行所　株式会社　民事法研究会
　　　　〒150−0013　東京都渋谷区恵比寿 3 − 7 −16
　　　　〔営業〕☎03−5798−7257　FAX 03−5798−7258
　　　　〔編集〕☎03−5798−7277　FAX 03−5798−7278
　　　　http://www.minjiho.com/　info@minjiho.com

落丁・乱丁はおとりかえします。　ISBN978-4-86556-480-8 C2032 ¥3200E
組版／民事法研究会（Windows10 Pro 64bit+InDesignCC 2022+Fontworks etc.）

新型コロナウイルス感染症対応のリスクマネジメントを具体例で詳解／

新型コロナ対応
人事・労務の実務Ｑ＆Ａ
―災害・感染症から日常のリスクマネジメントまで―

ロア・ユナイテッド法律事務所　編

編集代表　岩出　誠

Ａ５判・739頁・定価6,600円（本体6,000円＋税10％）

▶新型コロナウイルスが引き起こし、顕在化させた様々な相談事例等に即して、その対応と今後の紛争予防、損害拡大防止に向けた各施策についてＱ＆Ａ形式でわかりやすく解説／

▶コロナショックを乗り越えていくための人材確保と労務管理のために、内定取消し、休業と年休、テレワーク、育児休業、非正規雇用、メンタルヘルス、カスタマーハラスメント、給付金等々の問題に具体的な質問形式でわかりやすく回答／

▶地震・台風等の災害時のＢＣＰ（事業継続計画）から労災・従業員の犯罪、個人情報管理など通常活動時の緊急対応まで網羅／

本書の主要内容

発行　⊞ 民事法研究会

〒150-0013　東京都渋谷区恵比寿 3-7-16
（営業）TEL. 03-5798-7257　FAX. 03-5798-7258
http://www.minjiho.com/　info@minjiho.com

**実務で問題となる論点について、労働法全体をカバーしつつ
判例・通説を基本に1冊にまとめた最新版！**

労働法実務大系
〔第2版〕

弁護士　岩　出　誠　著

A5判・893頁・定価 9,900 円（本体 9,000 円＋税 10％）

▶激しく変貌する現代労働法を、実務家のために、実務的かつ理論的に詳説！

▶ 2018 年の働き方改革推進法はもとより、2019 年成立の改正労働施策総合推進法、改正女性活
躍推進法等の最新の法令、最高裁をはじめ直近の重要判例までを織り込み、法曹・企業の担当
者等実務家の利用を想定した、1冊で実務と理論の最新情報を提供！

▶労働関係紛争に適切に対応するためのあらゆる論点と、関係する法・判例・命令等を明示した
解説を凝縮して収録した実務家のための体系書！

本書の主要内容

発行　民事法研究会

〒 150-0013　東京都渋谷区恵比寿 3-7-16
（営業）TEL. 03-5798-7257　　FAX. 03-5798-7258
http://www.minjiho.com/　　info@minjiho.com

同一労働同一賃金ガイドライン案などの最新の法改正に向けた動きを踏まえて解説！

アルバイト・パートの トラブル相談Q&A
—基礎知識から具体的解決策まで—

編集代表　弁護士　岩出　誠
ロア・ユナイテッド法律事務所　編

A 5 判・253 頁・定価 2,640 円(本体 2,400 円＋税 10%)

▶ブラックバイト、パワハラ、セクハラ、勤務先での事故・不祥事や正社員との待遇格差等、アルバイトとパートをめぐる数多くのトラブル事例を、労働法の基礎知識や具体的解決策等についてわかりやすく解説！

▶どのような業態にもみられるトラブルだけでなく、特定業種・職種によくみられるトラブル別ごとに、アルバイト・パートの実態に即して解説！

▶トラブルの相談を受ける高校や大学等の関係者、自治体関係者、企業の労務担当者、法律実務家必携！

■ 本書の主要内容 ■

発行　🅣 民事法研究会

〒 150-0013　東京都渋谷区恵比寿 3-7-16
(営業) TEL. 03-5798-7257　FAX. 03-5798-7258
http://www.minjiho.com/　info@minjiho.com

多様な働き方、同一労働同一賃金導入のための実践的手引書！

〈実務必携Q＆Aシリーズ〉

多様な働き方の
実務必携Q＆A

―同一労働同一賃金など新時代の労務管理―

三上安雄・緒方彰人・増田陳彦・安倍嘉一・吉永大樹　著

A5判・295頁・定価 3,520 円（本体 3,200 円＋税 10％）

▶テレワーク、フレックスタイム制、裁量労働制、高プロ制、限定正社員、副業促進、雇用類似の
　働き方など、多様で柔軟な働き方導入のための指南書！

▶最高裁判例（大阪医科薬科大事件、メトロコマース事件、日本郵便3事件）を踏まえた同一労働
　同一賃金への実務対応を経験豊富な弁護士が丁寧に解説！

▶企業人事・労務担当者をはじめ、弁護士、社労士などの実務家必携！

本書の主要内容

第1章　総論～働き方の多様化・複雑化へ向けた動き～
第2章　各論～Q＆A～
　Ⅰ　多様な働き方
　　1　afterコロナを見据えた働き方
　　2　フレックスタイム制度・裁量労働制・高度プロフェッショナル制度
　　3　限定正社員
　　4　副業促進
　　5　雇用類似の働き方
　Ⅱ　同一労働同一賃金
　　1　働き方改革関連法における同一労働同一賃金規制の概要
　　2　パート有期法要件論
　　3　パート有期法8条効果論
　　4　個別待遇論
　　5　パート有期法9条要件・効果論
　　6　定年後再雇用の特殊性
　　7　パートタイム労働者の特殊性
　　8　説明義務等

発行　民事法研究会

〒150-0013　東京都渋谷区恵比寿 3-7-16
（営業）TEL. 03-5798-7257　FAX. 03-5798-7258
http://www.minjiho.com/　info@minjiho.com